신화,
신들의 역사
인간의 이미지

신화,
신들의 역사
인간의 이미지

|김현자 지음|

책세상

타자화된 정신의 이해를 위하여

이 책은 지난 5년 동안 대학에서 '신화와 역사'라는 교양 과목을 강의하면서 준비한 내용들의 일부를 정리한 것이다. 21세기 문명에서의 신화 붐의 의미, 신화와 관련된 기존의 일반적 편견이나 오해들, 신화의 특성 및 사회·문화적 가치와 기능, 그리고 신화적 사유 방식 및 삶의 방식에 관한 것들이 이 책의 주된 내용이다. 이것들은 일반인들이 신화를 접하면서 흔히 느끼는 문제들로, 신화학사에서 이슈가 되었던 주요 담론들에 속하는 것이기도 하다. 주로 구체적 예를 통해 이 문제들을 다루고 있으므로, 신화에 관심을 갖고 그 세계를 다소 깊이 이해하고 싶어하는 일반 대중들, 그리고 신화를 전문적으로 연구하고자 하는 이들 모두에게 이 책은 유익한 길잡이가 될 것이다.

'신화에 대해 알고 싶으나 시중에 나와 있는 신화학자들의 저서는 너무 어려우니 신화가 뭔지를 좀 쉽게 이해할 수 있도록 해달라'는 요청을 받고 몇 군데서 대중 강연을 한 적이 있었다. 그 강연에서 만난 대중들의 참여 동기는 대학 강의에서 만난 학생들의 수강 신청 동기만큼이나 다양했다.

'그냥 재미있을 것 같아서', '요즈음 신화 열풍이 불고 있는데 왜 지금 고대의 화석 같은 신화에 현대인들이 관심을 가져야 하는지 궁금하다', '주위에서 많은 사람들이 신화, 신화 하는데, 도대체 신화가 뭔지 좀 알고 싶어서', '신화를 소재로 한 판타지 문학이나 인터넷 게임, 영화가 많은데 신화를 너무 모른다. 그래서 수업을 통해 구체적인 신화를 접하고 싶다', '롤플레잉 게임 같은 온라인 게임이나 애니메이션 제작에 도움이 될 것 같아서', '그리스-로마 신화 외에 다른 여러 지역의 신화들을 알고 싶다', '요즈음은 신화를 모르면 왠지 무식한 것 같은 느낌이 들어서', '인류 문화의 근간이 되는 문학과 역사, 그리고 민족 정서의 바탕을 이루는 것이 신화라는 생각이 든다' 등등.

이 다양한 기대를 모두 다 충족시켜주기는 어려웠다. 하지만 이것들이 모두 '신화 붐', '신화의 회귀', '신화 열풍'으로 일컬어지는, 오늘날 전 세계적으로 일고 있는 한 문화적 유행에서 비롯된 것들이기에 학교 강의이건 대중 강연이건 신화에 대한 강의의 방향과 목표를 설정하는 데는 별 어려움이 없었다.

'신화의 특성과 실체를 파악하고, 나아가 신화를 만들어 향유하는 정신과 삶을 이해해보자. 그리고 왜 현대인들이 고대의 신화에 열광하는지를 이해하여, 21세기 문명에서의 신화 붐의 바람직한 전개나 방향을 숙고할 수 있도록 해보자. 이를 가능하게 해주는 신화학사의 주요 논쟁이나 신화학자들의 연구 성과들을 난해

한 학문적 개념들을 통해서가 아니라 구체적인 여러 신화와 알기 쉬운 예들을 통해 공유하도록 해보자.'

특정 시대의 문화 유행은, 그 어떤 것이건, 항상 시대 정신의 욕구와 염원들을 반영하고 있으며, 동시에 새로운 문화의 형성에 영향을 끼치므로 비판적이고 성찰적인 향유가 필요하다. 그런데 국내의 신화 열풍은 다소 맹목적이고 또 지나치게 상업적인 동기에 이끌린 탓인지, 그리스 – 로마 신화의 과다한 확산이라는 편향된 문화 수용

거대한 뱀의 공격을 받은 라오콘과 두 아들. 로마, 바티칸 박물관.

과 같은 우려스러운 양상을 보여주고 있다. 그래서 사실 나는 강의를 시작하기 전부터, 신화 붐의 바람직한 수용과 긍정적 효과를 위해서는 앞에 제시한 바와 같은 그런 방향과 목표가 필요하다고 생각하고 있었다.

20세기 중반에 서유럽에서 시작되어 21세기에는 전 세계적으로 불고 있는 신화 열풍, 그리고 야생의 사고, 원시 정신, 전근대적 삶의 방식 등 여러 용어들로 지칭되는 신화적 사고 및 신화적 삶의 방식에 대한 관심은 서구인들의 근대 합리적 이성에 대한 반성적 성찰들과 맞닿아 있다. 신화 붐의 물꼬를 튼 성찰의 추동력은 여러 곳에서 촉발되어 함께 맞물려 오늘에 이르렀지만, 그 원동력은 19세기에 이루어진 동서양의 만남이었다.

19세기는 아시아 민족들과 원시 민족들이 서유럽 역사의 지평 위로 부상한 시기다. 문헌학자, 역사학자들에 의해 페르시아(오늘날의 이란 지역)와 인도, 중국을 위시한 동양의 고대 경전들이 유럽에 번역·소개되었으며, 민속학자와 인류학자들은 원시 신화를 대량으로 유럽에 소개하였다. 이와 때를 같이하여 고대 이집트의 상형 문자와 중근동의 설형 문자가 본격적으로 해독되기 시작했고, 이집트, 메소포타미아, 그리스에서의 고고학적 작업들이 진척되면서 신화는 허구적 망상이 아닌 '살아졌던 실제'로 증언되었다. 묻혀 있던 정신, 침묵하고 있던 정신의 발견은 근대 서유럽의 정신과는 사뭇 다른 세계를 보여 주었다. 그것은 자신들의 문명의 초기에 볼 수 있었던, 또 당시 그들 문명의 변경에서만 언뜻언뜻 모습을 드러냈던 그런 세계와 흡사해 보였다. '시원의 언어', '이방인의 언어'로 말하는 그 잃어버린 세계, 미지의 세계는 자연적 본성과 생명력으로 충만해 있었다.

서유럽인들이 이렇게 새로운 정신에 눈을
뜨면서 상실된 삶을 기억해낼 즈음 1차
세계대전이 발발했으며, 이는 그들
의 정신을 혼란에 빠뜨렸다. 이성
과 합리성이 세계를 움직이는 것이
아니라, 본능적인 힘, 생의 의지가
역사를 만들고 세계를 움직이는 근
본적인 힘임을 목도했기 때문이었다.
합리적 이성의 한계와 문명의 폐해를 절
감한 사람들은 억압되지 않은 원시적
힘을 표출하는 것으로 보이는 신화와
초월을 지향하는 신비주의 등에 관심
을 돌려 거기서 대안을 찾고자 했다.
이미 19세기와 20세기 초반에 문헌학
과 역사학, 고고학, 민속학, 인류학의
결실들이 이들 신비의 영역의 문을 열
어주며 관심을 유도해왔던지라, 이러
한 경향은 당시 상황으로 볼 때 아주
자연스러운 것이었다.

　20세기 초 프로이트의 무의식의 발견

청동으로 만들어진 달의 신들의 작은 조상.
파리, 루브르 박물관.

은 서유럽에서 새로운 문화 유행을 일으켰다. 많은 예술가들과 상 징주의 · 초현실주의 작가들이 황홀경의 상태에 도달함으로써 무 의식 속에 감추어진 어떤 진실들을 발견하려 시도했다. 냉정한 이 성과 합리성이 지배하는 세계에서 예술적, 문학적 창조력의 고갈 이라는 불모의 위기감과 불안감을 느꼈기 때문이리라. 의식적 활 동을 정지시키고 무의식의 내용들이 드러나도록 하기 위해 몇몇 예술가나 작가들은 마약이나 환각제의 복용까지 서슴지 않았다. 시원으로의 회귀, 이방 세계로의 이끌림은 때로 정신의 위기 상황 을 반영하는 것일까? 자아 상실의 위험을 감수하면서까지 아직 발견되지 않은 혹은 이미 상실되어버린 어떤 실재들에 다가가려 했던 예술가나 작가들의 시도는 세계대전 이후 이성과 합리성의 한계를 인식하고 신화나 신비주의에서 대안을 찾으려 했던 예술 가나 지식인들의 노력과 궤를 같이한다.

서유럽인들의 동양 정신 및 원시 정신과의 만남, 이성에 대한 회의, 어둠 속에 묻혀 있던 무의식의 발견, 이 세 요소의 접합은 한편으로는 민속학이나 인류학, 그리고 역사문헌학에 뿌리를 둔 '비교신화학'이라는 새로운 학문을 잉태시켰으며, 다른 한편으로 는 인간에 대한 이해의 폭을 확대시켜 근대 서유럽 지성사의 새로 운 물결을 형성하는 동력이 되었다. 따라서 '신화의 회귀'라는 작 금의 문화적 현상을 어떻게 수용해야 할 것인가'라는 첫 번째 과 제는 신화학 탄생의 역사적 배경을 검토하고 서구 지성사의 변화 상들을 반영하는 역사관의 변천을 관찰함으로써 별 어려움 없이 해결할 수 있었다.

그러나 '구체적 예들을 통한, 신화와 신화적 사고 및 삶에 대한 이해'라는 과제에 있어서는 해당 주제들과 관련된 구체적인 신화 선별에서부터 시작해 여러 면에서 한계와 어려움을 느꼈다. 어디까지 신화의 범주에 넣을 것인가, 신화의 내용조차 잘 알고 있지 못한 독자들에게 제한된 지면으로 어떻게 신화의 세계를 이해시킬 것인가 등.

한 공동체의 신화는 그 공동체의 과학, 종교, 철학, 문학, 역사가 모두 그곳에서 자신들의 뿌리와 원초적 형태를 발견하는 모태이자 원형적 질료다. 그렇기 때문에 특정 공동체의 구성원들이 자신들의 고유한 언어로 엮어놓은 신화에는 그 공동체의 전통적 지혜와 삶의 방식 그리고 구성원들의 독특한 정신적 성향들이 고스란히 녹아 있다. 만약 우리가 단지 신화의 스토리를 아는 데 만족하지 않고 신화 속에 묻혀 있는 이러한 실체들에 다가가고자 한다면, 먼저 원전을 직접 읽거나 해제가 딸린 원전의 번역본을 읽은 후 신화를 분석하여 의미를 해석해야 한다. 나로서는 언어 능력의 한계로 인해 이것이 가능한 분야가 중국 신화와 한국 신화뿐인지라, 다른 지역의 신화는 그 분야의 전문가의 작업에 의존할 수밖에 없었다.

다른 여타 문화적 실재들도 마찬가지겠지만, 특히 신화는 동일한 관점에서도 여러 가지 해석이 가능한 다의적(多義的) 상징 체계이자, 관점에 따라 달리 해석될 수 있는 다차원적 상징 체계다. 그렇기 때문에 해당 지역의 언어를 알고, 또 그 지역에 대한 역사·문화적 지식을 갖춘 신화학자의 작업이라 할지라도, 그 신화 해석의 타당성이나 자의성(恣意性)을 점검하기 위해서, 최소한 다양한 이본들의 원전 번역은 반드시 갖추어져 있어야 할 기본 여건이다. 유감스럽게도 우리나라에서 이 분야의 작업은 지금까지 거의 이루어지지 않았다고 해도 과언이 아니다. 20세기 후반부터 전반적으로 확대되기 시작한 서구에서의 신화 붐은 동·서양 고대 신화들의 원전 번역과 무문자(無文字) 사회의 원시 신화 소개, 뒤이어 이루어진 체계적 신화 연구, 그리고 이에 토대를 두고 이루어진 여러 문화 영역에서의 신화 재해석의 노력들의 결과다. 반면 우리나라의 신화 열풍은 구미(歐美) 지역 신화 붐의 맹목적 추종 혹은 유입으로 일어난 탓에 본말이 전도된 양상을 보여준다. 국내의 신화 관련 서적의 출판 상황을 보면 난해한 이론서, 비판적 성찰이나 방법론에 대한 성찰도 없이 이루어진 주제별 비교서나 해설서들, 여러 차례의 손길을 거쳐 각색되고 짜깁기되어 출처도 알 수 없는 신화 모음집들이 주종을 이룬다. 이런 것들이 범람한 지금에야 비로소 여러 분야에서 신화에 대한 학문적 접근이 시도되고 있으며——물론 국내에서도 신화 붐이 일기 전인 20여 년 전부터 극히 소수의 연구자들에 의해 신화가 연구되어 왔다——, 원전의 필요성을 절감케 한 이 시도들로 인해 전 세계 신화 원전들의 우리말 번역이 이제 겨우 걸음마를 시작하려 하고 있다.

이런 상황으로 인해, 이 책은 특정 지역의 신화가 아닌 신화 일반에 대한 이해를 목적으로 하고 있으나 본의 아니게 다양한 지역의 신화들을 폭넓게 다루지는 못했다. 또 신화를 나름대로 재해석하는 문학, 철학, 심리학에서의 연구들은 거의 언급하지 않았다. 이들 분야에서의 연구 성과들이 무시할 만하다거나 거론할 필요가 없다고 생각해서가 아니다. 오히려, 이 분야를 위시해서 고대 신화를 창조적으로 재해석하는 여러 문화 영역에서의 작업들은

대우주로서의 비슈누. 런던, 빅토리아 & 앨버트 박물관.

잊혀진 전통적 가치와 의미를 대중들에게 알리는 데 커다란 기여를 할 수 있다. 다만 여기서는 원시 신화와 고대 신화의 특성과 가치, 그리고 그 신화를 만들어 향유했던 주체들의 삶의 방식과 정신 세계를 이해하는 데 초점이 맞추어졌기 때문에 이 부분을 별도로 다루지 않은 것이다.

인간의 정신은 여러 가지 방식으로 자신을 표출한다. 다양한 양태의 정신 표상 중에서 가장 복잡하고 난해한 것을 꼽으라면, 그것은 단연 꿈과 신화일 것이다. 심층심리학이 꿈이나 신경증 등을 통해 인간의 숨겨진 내면을 이해하려 노력한다면, 신화학은 신화를 통해, 야만으로 치부되었던 정신, 장구한 세월 동안 타자화된 정신을 이해하려 노력한다. 이러한 노력들은 비합리주의를 맹목적으로 예찬하거나 이성의 긍정적 역할을 거부하는 것이 결코 아니다.

'우리의 현재는 과거로 채워져 있고, 동시에 미래를 잉태하고 있다.' 그래서 21세기의 신화 열풍은 근대 이후 서구인들의 '합리적 이성의 한계에 대한 인식과 비판적 성찰', 그리고 '타자와의 조우'의 결과라는 역사적 맥락을 이해하고 수용할 때, 우리는 그 힘과 여풍을 잘 활용하여 보다 건강하고 희망적인 미래를 열어갈 수 있다. 대자연과의 대화로 가득 찬 신화의 세계를 제대로 이해한다면 미래의 우리 어린이들에게 별이 총총한 하늘, 맑은 물이 흐르는 강, 생명 에너지를 뿜어내는 초록의 숲을 되찾아주는 데 약간의 도움이 되지 않을까? 이런 바람이, 여러 면에서 느껴지는 부족함들에도 불구하고 이 책을 출간하는 만용을 부리게 하였다.

라마야나 부조. 인도 엘로라.

제 1 장
역사의 지평 위로 부상한 신화

　　1970년대 이후 유럽에서 불기 시작한 신화 열풍이 지금 전 세계에 휘몰아치고 있다. 이 열풍은 새로운 문명의 물길에 졸지에 끼어들어 잠시 후 흔적도 없이 소멸할 소용돌이일까? 뒤메질Georges Dumézil, 레비스트로스Claude Lévi‑Strauss, 엘리아데Mircea Eliade의 신화 연구 성과들을 사상사적 관점에서 조망했던 뒤뷔송Daniel Dubuisson은 유럽에서 불기 시작한 신화 열풍의 원인을 20세기의 위대한 신화학자 뒤메질과 레비스트로스의 신화 연구 업적에서 찾기도 한다.[1]

　　근대 산업 사회가 남겨준 문명의 질곡들, 그 결과 21세기에 맡겨진 과제들 및 현대 서구의 사상적 흐름들을 직시하고, 신화적 사고와 신화의 특성들을 올바로 이해해보자. 그러면 우리는 이 시

---

1) Daniel Dubuisson, *Mythologies du XX siècle*(Lille : Presse Univ. de Lille, 1993).

대의 신화 열풍이 개인의 학문적 업적과의 유관성을 넘어서는 어떤 것, 즉 이성 중심의 서구 합리주의가 부딪힌 한계와 맞물려 있음을 깨닫게 될 것이다.

1. 사회적 기억의 흔적들

현 시대에도 글의 언어는 없고 말의 언어만 있는 무문자 사회²⁾들이 많이 있다. 민속학자와 인류학자들은 '원시 사회'라 불리는 이 사회들에서 입과 귀를 통해 전해지는 이야기들을 모두 신화라고 부른다. 이처럼 어떤 사회에 문헌 전통이 없이 단지 구전 전통만 있을 경우, 신화는 그 사회의 역사이기도 하다. 비록 세부적인 내용이 다소 변형되기는 하지만, 종족이나 씨족 또는 혈통의 실질적인 역사와 전통적 지혜들이 모두 그 속에 내포되어 있기 때문이다. 그런데 신화와 역사의 혼재는 무문자 사회에서만 나타나는 현상일까? 기록 문서들이 증언하는 역사는 신화와 무관하거나 신화에서 자유로운 역사일까?

12 티탄신족의 일원인 기억의 여신 므네모시네는 제우스와 아홉 밤 동안 결합하여 아홉 명의 딸 뮤즈 여신들을 낳는다. '아름다운 목소리의 여인' 칼리오페는 서사시와 웅변의 수호신이며, 손에 파피루스 두루마리를 들고 있는 둘째 클리오는 역사의 수호신이다. 에라토는 연애시와 혼례를, 플루트와 디티람보스를 발명했다는 에우테르페는 축제를 주관한다. 이름 자체가 '노래하다

2) 19세기와 20세기에 민속학자나 인류학자들의 현지 조사 연구 대상이 되었던 무문자 사회들은 '원시 사회'라 불리기도 한다.

뮤즈 여신이 조각된 석관.

melpo'에서 유래한 멜포메네는 원래 영창과 조화를 주관했으나 후에 디오뉘소스와 연결되어 비극시를 주관하는 여신이 된다. 폴림니아는 송가hymne, 무언극, 서정시를 주관하고, 테르프시코레는 춤의 수호신이다. 탈리아는 희극시를 수호하는 여신이고——그래서 그는 희극에서 종종 사용되는 그로테스크한 가면을 든 모습으로 표현된다——, 손에 천구의(天球儀)와 컴퍼스를 들고 있는 모습으로 표상되는 막내 우라니아는 천문시(天文詩)를 수호하는 여신이다.[3]

3) 뮤즈의 혈통과 수, 그리고 세부적인 속성들은 시대에 따라 다양하게 변한다. 여기서 제시한 계보는 헤시오도스가 규정하는 바에 따른 것이다.

오늘날 우리에게 뮤즈는 음악과 예술의 여신으로만 알려져 있다. 그러나 위에 열거한 아홉 뮤즈의 속성들에서도 알 수 있듯이, 이들이 관장했던 영역은 종교와 천문, 역사를 비롯한 문화 영역 전반이다. 이들이 인간들로 하여금 기억하여 반복해서 읊조리게 했던 것들, 현대인들이 그리스 신화라 부르는 이것들은 바로 고대 그리스 사회의 전통, 즉 고대 그리스인들을 공통의 믿음 속에 결속시키고 사회·기술적 역량을 보존·개발하는 데 없어서는 안 될 지식과 인식의 보고였다.

무문자 사회에서, 또 말과 글이 공존했던 사회라 할지라도 문자가 아직 지식과 인식의 전달 수단으로 광범위하게 사용되지 않았던 시대에, 신화는 전통을 보존하고 전수하는 도구였을 뿐 아니라 새로운 문화, 즉 도덕, 지혜, 의례, 경제, 기술 등이 샘솟는 원천이었고, 집단 구성원들 간의 의사소통을 가능케 하는 상징 체계였다. 흔히 '역사는 기억하는 자들의 것'이라고 한다. 인간이 남긴 삶의 흔적들을 역사라고 한다면, 뮤즈들이 기억해서 노래하는 신화와 원시 사회 구성원들이 대대손손 기억하여 입과 귀를 통해 전하는 신화는 역사의 필수불가결한 요소들이다.

사실 신화와 무관한 역사, 신화에서 자유로운 역사는 있을 수 없음을 우리는 이미 알고 있다. 그럼에도 이를 새삼스럽게 지적하는 것은 학계에서건 일반인들 사이에서건 신화와 역사가 종종 허구와 사실이라는 대립 구도로 인식되어왔고, 그리하여 역사 연구 대상에서 신화가 배제되어왔기 때문이다.

동서양을 막론하고 고대에서부터 합리적 이성이 중시되면서 역사–사실, 신화–허구적 망상이라는 인식이 있어왔다. 중국에서는 특히 공자를 비롯한 대다수 유가들의 신화에 대한 인식이 그러했으며, 심지어 그리스에서는 플라톤이 신화를 허황된 미망의 이야기로 간주해 합리적 이성의 영역 밖으로 추방하려 했다.

헤라 여신이 자기 아들 헤파이스토스에 의해 꽁꽁 묶이는 이야기나, 이 아들이 두들겨 맞는 자기 어머니 편을 들려다가 아버지 제우스에 의해 내동댕이쳐진다는 이야기나, 그 밖에 호메로스의 이야기에 나오는 신들의 온갖 전쟁 이야기들은, 거기에 감추어진 뜻이 있건 없건 간에, 우리 도시국가에서는 허용해서 안 될 것일세. 그 이야기는 우화에 지나지 않는다고 하더라도 좋지 않은 영향을 미칠 것임에 틀림없기 때문이네. 왜냐하면 어린 사람들은 그 속에 숨은 뜻이 있고 없음을 판단할 수도 없거니와, 그 나이에 청년의

헤라 여신. 로마, 바티칸 박물관.

머릿속에 받아들여진 것은 무엇이든지 대체로 잘 지워지지도 않으며 바뀌지도 않으니 말일세. 그러므로 청년들이 처음 듣게 되는 이야기들은 되도록이면 덕과 연관되어 가장 고결하게 꾸며진 것이어야 한다는 점이 무엇보다도 중요하게 생각되어야만 할 것이네.[4]

신화가 역사 연구의 대상, 즉 역사적 사실로 간주되지 못하고 허구로 인식된 데는 이유가 있다. 무엇보다도 신화는 인간 활동에 관한 이야기가 아니라 신들이나 초자연적 존재들에 관한 이야기이기 때문이다. 또한, 신화는 천 개의 생식기를 가진 인드라, 황소와 사랑을 나누고 반인반우(半人半牛)의 괴물 자식 미노타우로스를 낳은 파시파에, 천제의 아들 환웅과 곰에서 인간 여성으로 변한 웅녀와의 사이에서 태어나 1,908년을 산 단군 등, 인간 세상에서 도저히 '있음직하지 않은' 내용을 담고 있기 때문이다. 게다가 신화나 전설에서는 동일 인물의 여러 행적이 연대기적으로 상당한 편차를 보이는 사건으로 기술되거나, 동일 사건의 주인공이 다른 이름으로 등장하거나, 동일 인물이 상반되는 행위를 하며 등장하는 등, 사건 및 인물들의 시대착오(혹은 비시간성anachronism)가 빈번히 나타나기 때문이다.

이런 점들로 인해 신화는 객관적 사실이 아니라 터무니없는 환상이나 허구로 인식되었다. 객관적 사실을 중시하며 과학으로서의 역사학을 확립하고자 했던 19세기 실증주의 역사학의 대두는

---

4) 플라톤, 《국가》, 378d-e, 《세계의 대사상 1. 플라톤》, 박종현 · 천병희 옮김(휘문출판사, 1972), 116~117쪽.

신단수 아래의 곰과 호랑이. 고구려 각저총 벽화.

신화를 아예 역사가들의 관심 밖에 머물러 있게 했다. 객관적 사실만을 역사학의 연구 대상으로 삼아야 한다고 주장했던 실증주의적 역사관은 곧이어 크로체Benedetto Croce, 콜링우드Robin George Collingwood, 카Edward Hallett Carr와 같은 이른바 신역사주의자들에 의해 비판받지만, 이 신역사주의자들에게도 신화는 여전히 역사 연구 대상으로 수용되지 못했다. 그러나 1970년대 이후 역사학자들은 점점 신화에 적극적인 관심을 기울이게 되었다. 주로 문헌학, 종교학, 민속학, 인류학, 고고학의 영역에서만 다뤄졌던 신화가 이제 본격적으로 역사학의 영역 속으로 진입하고 있는 것이다.

이러한 상황은, 한편으로는 신화 자료의 가치를 올바로 인식하여 이에 대한 연구를 통해 인간 정신의 어떤 특성들을 이해하고자 했던 신화학자들의 노력 덕분이고, 다른 한편으로는 비판적이고 성찰적인 시각으로 인간에 대한 이해라는 역사 연구의 궁극적 목적에 다가가고자 했던 역사학자들의 노력 덕분이다. 그러므로 먼저 신화학이 탄생하게 된 역사적 배경과 신화 연구의 올바른 방법을 정립하기 위해 노력한 신화학자들을 간단히 언급한 후, 역사관의 변천과 현대 역사학의 몇몇 흐름들을 일별해보자.

2. 신화학의 탄생

신화학은 문화적 실재로서의 신화의 변별적 특징들을 파악하고, 신화를 만들어내는 정신의 특성과 신화를 향유하는 삶, 즉 인간의 한 존재 방식을 이해하려는 학문이다.

서구에서 인도-유럽어족에 대한 관심이 비등했던 19세기 후반에, 한편으로는 역사 · 문헌학의 전통 속에서 고대 문명 사회의 신화들에 대한 연구가 활발해지면서, 다른 한편으로는 민속학자나 인류학자들이 채록한 무문자 사회의 이른바 '원시 신화'들을 대량으로 접하게 되면서, 신화 자체를 체계적이고 종합적으로 이해하여 인간의 존재 방식을 규명하고자 하는 학문이 탄생한다. '비교신화학comparative mythology'이 바로 그것이다.

비교신화학의 등장은 무엇보다도 인도-유럽어의 발견과 밀접히 관련되어 있다. 18세기에 영국이 인도에 진출했을 때, 윌리엄 존스William Jones는 캘커타 대법원 판사로서 인도에 체류하면서 산스크리트를 습득했다. 이미 그리스어와 라틴어, 아랍어 등 여러 언어들에 해박했던 그는 자신이 알고 있는 유럽 및 근동의 여러 언어들과 산스크리트가 동일한 의미, 동일한 형태의 어휘를 공통적으로 지니고 있음을 깨달았다. 그는 이 언어들이 일찍이 태고에 있었던 어떤 하나의 언어에서 분파된 것이 아닌가 하고 생각했으며, 이러한 생각을 아시아 학회의 기념 강연에서 발표했다. 그 후 유럽의 문헌학자들은 존스의 생각을 바탕으로 아랍어, 히브리어를 비롯한 셈족의 언어들과 유럽의 다양한 언어들 및 산스크리트에 대한 세밀한 연구를 오랜 세월에 걸쳐 진행했다.

그 결과 19세기에 인도, 중근동 그리고 유럽에서 사용되는 대다수의 언어들이 동일한 뿌리에서 파생돼 나온 것으로 간주되었다. 언어학자들은 이를 인도-유럽어Indo-European〔인구어(印歐語)〕[5]라 불렀으며, 인도-유럽어에서 파생된 것으로 추정되는 인도-유럽 지역의 여러 언어들Indo-European Languages을 하나로 묶어 인도-유럽어족Indo-European family이라 불렀다. 오늘날 인도-유럽어족에 속하는 언어를 사용하는 민족들을 총칭하여 인도-유럽제족(諸族)Indo-European peoples이라고 하며, 인도-유럽제족의 조상을 아리아족Aryan[6]이라고도 부른다.[7]

<hr />

5) 인도-게르만어라고도 한다. '인도-게르만'은 클라프로트Heinrich Julius Klaproth가 독일 국가주의를 지원하기 위해 1823년부터 '인도-유럽어' 대신 사용하기 시작한 용어다.
6) 페르시아인들은 《아베스타Avesta》에서 자신들을 'airya'〔고귀한 (사람)〕라 불렀고, 인도인들은 베다에서 자신들을 'arya'라 불렀다.
7) 인도-유럽제족의 고대어들에서 발견되는 공통 어휘들을 통해 인도-유럽족은 농경, 가축 사육의──그러나 농경보다는 목축을 더 선호하는──사회였고, 말〔馬〕을 사용했음을 알 수 있다고 한다. 이들이 사용했던 이륜 전차와 금속은 이른바 쿠로 아락사스Curo-Araxas라 불리는 아나톨리아 문화에서 전해졌으리라 추정된다. 또 희생 제의를 가리키는 공통 용어는 없었으나, 다양한 형태의 희생 제의에 상응하는 다양한 지칭들이 있었다고 한다. 언어학, 역사학, 문헌학, 고고학 등 다방면에서 1세기 이상 동안 온갖 노

인도-유럽제족의 언어와 문화를 더욱 체계적으로 비교 연구하려는 노력들은 비교신화학과 비교문법comparative grammer이라는 새로운 학문을 태동시켰다. 종교학의 원류인 비교신화학은 비교문법과 함께 역사·문헌학의 전통 속에서 인도-유럽이라는 영역을 공유하면서 탄생했으나, 인류학의 발달로 인해 무문자 사회의 신화들을 대량으로 접하게 되면서 인도-유럽이라는 지역 기반을 벗어나 영역을 확대하게 된다. 그렇기 때문에 초기 비교신화학자들은 대부분 인도-유럽 지역의 신화를 연구한 문헌학자이자 언어학자이거나 민속학자, 인류학자들이었다. 우리에게 잘 알려진 초기 비교신화학자로는 자연신화학파nature myth school의 대표자이자 종교학의 아버지라 불리는 막스 뮐러Friedrich Max Müller와 《황금가지 The Golden Bough》의 저자 프레이저James G. Frazer가 있다.

19세기 말과 20세기 초의 신화학자들은 시대적 편견에서 자유롭지 못했기에, 대다수의 학자들이 신화를 지적으로 덜 발달된 미개 정신의 산물로 간주했다. 무질서하고 무분별한 본능과 감정들을 통제하여 질서와 평정을 유지하도록 해주는 것이 바로 이성이라고 생각한 그들은 이성의 활동을 곧 인간성의 척도로 보았다. 게다가 그토록 황당무계한 패륜의 이야기들이 고대 정신이나 원시 정신의 창조물이 아니던가. '지적으로 열등한 미개 정신의 산

력을 경주한 결과, 학자들은 목축·유목 생활, 가부장적 가족 구조, 침략적 성향, 정복을 위한 군사 조직을 인도-유럽 사회의 특성으로 간주했다. Mircea Eliade, "Megaliths, Temples, Ceremonial Centers : Occident, Mediterraneans, Indus Valley", *A History of Religious Ideas, vol. I, From the Stone Age to the Eleusinian Mysteries*(Chicago : The Univ. of Chicago Press, 1978), 113~162쪽. .

고대 이집트인들은 태양이
아침에 하늘의 여신 누트의
몸에서 태어나 저녁에 다시
누트 여신의 몸 안으로 들어
간다고 생각했다. 〈황도대의
열두 궁으로 둘러싸여 있는
누트〉. 런던, 대영 박물관.

물이 곧 신화'라는 인식의 바탕에는 감성에 대한 이성의 우위를 주장하는 합리주의적 사고, 그리고 인류의 과거 조상들과 현대의 무문자 사회 구성원들을 지적 미개인으로 취급하는 오만한 현대 서구인들의 자문화 중심적인 지적 우월 의식이 작용하고 있었던 것이다.

어느 분야에서건 초기 연구들이 대체로 그러하듯, 막스 뮐러와 프레이저를 위시한 초기 비교신화학자들의 비교 방법은 많은 문제점을 지니고 있었다. 그들은 겉으로 보기에 유사해 보이는, 그러나 실제로는 다른 의미를 지닌, 여러 지역의 신화들을 한데 묶어 그 의미를 도출하려 했다. 초기 비교신화학자들의 신화 연구는 이러한 비교 방법에서도 문제를 보이지만, 무엇보다 신화를 병든 정신의 산물이나 지적으로 덜 발달된 미개 사고의 산물로 간주하는 보다 근원적인 편견을 가지고 있었다.

인도-유럽 신화들을 연구한 막스 뮐러는 온갖 신들의 탄생 과정, 즉 거대한 신화 체계가 형성되는 과정에서 작용하는 사유의 거듭되는 착각을 말했다. 인도-유럽어족에 나타나는 신들이 대부분 자연의 몸과 힘들이라는 사실을 인식한 막스 뮐러는 인도-유럽제족의 종교뿐 아니라 인류의 종교적 진화의 출발점이 자연의 몸들과 힘들의 신격화라고 확고히 믿었다. 그가 보기에 자연이 제공하는 변화무쌍한 풍광들은 인간의 정신에 종교적 관념을 불러일으키는 데 필요한 모든 조건들을 다 갖추고 있었다. 자연은 놀람, 공포, 경이의 대상이었으며, 이러한 느낌들이 종교적 사유와 종교적 언어들을 자극했다고 생각했다.

가령 불이 최초로 어떤 방식으로 자신을 현시하였건——번개

불의 신 아그니를 조각한 17세기의 목탄 조각상. 파리, 기메 박물관. 숫양을 타고 있는 아그니의 두 머리 위로 불꽃이 타오르고 있다. 제사에서 사제들이 소마와 공물을 제단의 불(아그니)에 던져 넣으면 아그니는 불꽃의 입에 소마와 공물을 넣고 있다가 신들에게 전달한다.

에서 왔을 수도 있고, 나뭇가지들이 서로 부딪쳐 생겼을 수도 있으며, 아니면 돌 틈에서 반짝거렸을 수도 있다──그것은 움직이면서 진행하는 것이었다. 불은 몸에 지니고 있으면 몸을 태워 파멸시키기도 하고, 잘 보존할 경우에는 추위와 어두움에서 보호해 주기도 하는, 공격적이면서 또 방어적이기도 한 무기로 쓰였다. 불 덕분에 인간은 날고기를 익혀서 먹을 수 있었다. 또 불로 금속들을 제련하여 도구와 무기들도 만들 수 있었다. 그래서 불은 예

장 노크레가 그린 〈올림포스 왕실 가족〉. 베르사유 궁전 박물관.

술적이고 기술적인 모든 진보의 불가결한 요인이 되었다. 불뿐만
이 아니다. 막스 뮐러는 자연에는 우리를 감싸고 지배하는 무한의
느낌을 불러일으키지 않는 것은 없다고 했다.

그러나 이 자연의 힘들이 인간의 정신에 물질적 또는 추상적 형

태로만 표상되면 종교가 될 수 없다. 자연의 힘들이, 살아 있으면
서 영력을 소유한 생각하는 신이라는 인격적 주체로 변해야 한다.
예컨대 아그니라는 불의 힘이 불의 신 아그니로 변환되어야 한다.
막스 뮐러는 바로 언어가 사고에 작용하여 이러한 변형을 가능케

했다고 한다. 막스 뮐러가 설명하는 그 변형의 과정을 뒤르켐 Èmile Durkheim은 다음과 같이 요약한다.

번개는 '떨어지면서 땅을 가르거나 화재를 일으키는 어떤 것', 태양은 '사방에 황금 화살을 쏘는 어떤 것', 바람이란 '신음하거나 입김을 내뿜는 어떤 것', 강은 '흐르는 어떤 것'으로 불린다. 이처럼 언어는 자연 현상을 인간의 행위와 동일하게 표현한다. 이 단계까지만 해도 자연의 무한성에 대해 경탄하고 두려워하는 인간의 느낌이나 감정은 언어 속에 고스란히 보존되어 있다. 그러나 문제는 다음 단계에서 생긴다. 이 어떤 것들이 인간의 행위와 유사한 방식으로 표현되면서, 인격적인 주체로, 인간과 다소 유사한 주체의 형태를 지닌 것으로 여겨진다. 그리하여 인격적 수식어로 표현되었던 자연 현상이 이제 인격적 존재 자체로 이해되기 시작한다.

이와 같이 언어는 우리의 감각에 드러나는 대로의 물질 세계에다 영적 존재들로 가득 찬 새로운 세계를 추가하는데, 이 영적 존재들의 세계는, 전적으로 언어가 만든 세계이지만, 물리적 현상들의 결정 원인들로 간주된다. 언어의 작용은 여기서 그치지 않는다. 민중의 상상력이 사물들의 배후에 놓았던 인격체들을 가리키기 위한 낱말들이 일단 만들어지면, 여기에 다시 성찰이 작용한다. 이처럼 성찰이 적용된 말들은 온갖 종류의 불가사의들을 상정한다. 바로 이 문제들을 해결하기 위해 신화들이 만들어진다.

동일한 대상들이 여러 이름을 갖는 경우가 있는데, 이는 한 대상이 경험 속에서 여러 면모들을 드러내기 때문에 생기는 현상이다. 베다에서 하늘을 가리키는 말이 20개가 넘는 것도 바로 이 때문이다. 그런데 이 20개가 넘는 말들은 각기 다른 말들이므로 사람들은 이것들을 그만한 수만큼의 다른 인격체에 해당된다고 믿는다. 그러면서도 그들 간에 친근한 유사성을 느낀다. 이 유사성을 설명하기 위해 이들이 한 가족을 이루고 있다고 상상한다. 그리하여 사람들은 이번에는 신의 계보를 만들어내고, 그 신들의 이야기를 꾸며낸다.

　다른 사물들이 동일한 용어로 지칭되는 경우에는 동의어들을 설명하기 위해 해당되는 사물들이 각기 다른 것들의 변형이라고 받아들인다. 그러고는 이 변모를 설명하기 위해 새로운 이야기를 꾸며내어 새로운 사물들을 만들어내고, 그런 다음 이들을 또 새로운 인격체들로 변형시킨다. 사유의 이런 계속되는 착각에 의해 점점 많은 신화들이 끊임없이 만들

제우스. 그리스 시대 대리석상의
로마 시대 모각(模刻)품.

어진다.

이러한 뮐러의 설명을 따른다면, 결국 신이란 자연 현상을 인간의 행위처럼 표현한 은유와 환유 등 온갖 종류의 비유들의 작용에 의해 탄생된 셈인데, 그는 이러한 비유의 사용을 '언어의 질병'이라 불렀다. 그는 언어와 사유를 불가분의 것으로 보았다. 따라서 뮐러의 논리대로라면, 신화는 병든 사유의 산물이며, 종교 역시 병든 사유가 만들어낸 허구체계와 다름없게 된다. 이 당혹스러운 귀결에서 벗어나기 위해 뮐러는 신화와 종교를 구별하여, 건전한 도덕의 규칙들과 신학의 가르침에 합치하는 믿음들만을 종교로 간주하고, 신화는 종교들에 이식되어 종교를 왜곡시키는 기생적인 존재들이라고 설명했다. 예를 들면 그리스인들에게 있어서 지고의 신, 인류의 아버지, 법의 수호자, 죄의 응징자로서의 제우스의 이미지들은 종교에 속하고, 나머지 이미지들(결혼, 모험 등)은 신화에 해당된다.[8]

뮐러에게 있어 신화를 만드는 정신은 이성이 올바르게 작동하는 정신이 아니라 말하자면 착란에 사로잡힌 정신이다.《황금가지》의 저자 프레이저의 신화적 사고에 대한 인식 또한 이에서 크게 벗어나지 않는다.

인도-유럽 지역의 신화들과 무문자 사회의 원시 신화들을 함께 비교 연구한 프레이저는 고대 신화 및 원시 신화의 많은 주요

---

8) 이러한 막스 뮐러의 구분에 대해 뒤르켐은 다음과 같이 비판한다. "종교적 믿음들 중 올바르고 건전해 보이는 것들만 취하고 우리를 당혹스럽게 하고 기분을 망치는 것들은 종교라 부를 만한 가치가 없는 것으로 내몰지 않도록 조심하자. 신화는 아무리 비합리적으로 보여도 모두 신앙의 대상이다." Émile Durkheim, *Les formes élémentaires de la vie religieuse, Le système totémique en Australie*(Paris : Le Livre de Poche, 1991), 165쪽.

모티브들을 풍요 의례나 계절 축제와 연결지어 해석함으로써, 이
해 불가능해 보였던 많은 신화의 의미들을 규명해주었다. 그러나
그는 신화적 사고를 주술적 사고와 동일시하면서, 주술적 사고를
관념들을 잘못 결합하여 적용하는 비합리적 미개 사고로 규정했
다.[9] 프레이저는 합리성을 기준으로 주술과 과학을 구분하는 한
편, 도덕성을 기준으로, 또 행위의 동기가 신의 찬양에 있느냐 인
간의 이익에 있느냐를 기준으로 종교와 주술을 구분했다. 프레이
저의 이러한 인식은 결국 사고의 지적 발달 정도에 따라 인류의
역사는 '주술의 시대→ 종교의 시대→ 과학의 시대'로 발전해왔
다는, 실증주의자들의 역사 발전 단계에 관한 인식과 궤를 같이한
다.

　원시 사고의 특징을 신비적 참여mystic participation로 규정한
레비브륄Lucien Lévy-Bruhl의 견해 역시 신화적 사고는 지적으로
덜 발달된 미개한 사고라는 관점을 내포하고 있으며, 오늘날 많은
사람들이 즐겨 활용하는 융Carl Jung의 심리학적 신화 연구[10] 또

---

9) "주술의 치명적 결함은 주술이 법칙에 의해서 결정된 현상의 계기(繼起)를 전체적으로
　가정하는 데 있지 않고, 그 계기를 지배하는 특수한 법칙들의 성질을 전체적으로 오인
　하는 데 있다. 만일 우리가 앞서 검토하여 적절한 연구 자료로 간주한 공감 주술의 여러
　예를 분석하면, 그 예들이 이미 설명한 대로 사고의 2대 근본 법칙, 즉 유사(類似)에 의
　한 관념 연합과, 공간 혹은 시간상의 연속성에 의한 관념 연합의 어느 하나를 그릇되게
　적용한 것들임을 알 수 있다. 유사한 관념의 그릇된 연합은 유사 주술이나 모방 주술을
　산출하고, 서로 접한 관념의 그릇된 연합은 감염 주술을 산출한다. 연합의 원리는 그것
　자체는 탁월하며, 또 진실로 인간의 심리 작용에 본질적인 것이다. 합리적으로 이용되
　면 그것들은 과학을 낳고, 비합리적으로 이용되면 과학의 이복형제인 주술을 낳는다."
　제임스 프레이저,《황금가지 I》, 장병길 옮김(삼성출판사, 1982), 90쪽.
10) 그러나 이러한 활용은 대개의 경우 융의 주요 개념들을 제대로 이해하지 못한 채 몇몇
　신화적 표상들을 원형적 이미지로 유형화하고 그 틀에 맞추어 신화의 의미를 기계적으
　로 해석하는 환원적 오류를 범하고 있다.

한 신화적 사고는 전(前) 의식적, 비합리적 사고이며, 신화는 반성적 사고가 생기기 이전에 형성된 것이라는 견해를 바탕에 깔고 있다.[11]

20세기 중반 이후에는 신화 연구가 이성 중심의 지적 편견에서 벗어나 좀더 객관적이고 엄격한 방법으로 이루어지기 시작한다. 그리하여 신화는 인간 정신의 가장 풍부하고 역동적인 작용의 산물임이 밝혀졌다. 또 신화를 만드는 정신은 지적으로 덜 발달된 미개 사고가 아니라 여러 영역의 질서를 연결하여 통합적으로 바라보는 총체적 사고이고, 이 사고는 과거에 비해 비록 활동의 폭이 좁아지긴 했으나 오늘날에도 인간의 삶에 윤기와 부드러움과 온기를 주면서 생생하게 살아 작용한다는 사실이 알려졌다. 이에 대한 공로는 누구보다도 말리노프스키Bronislaw Kasper Malinowski, 레비스트로스와 같은 인류학자들, 또 뒤메질이나 엘리아데 같은 종교학자들에게 돌려져야 한다. 특히 뒤메질의 비교 연구와 레비

---

11) 꿈속에서 개인적인 것이 아닌 요소, 혹은 꿈을 꾼 사람의 개인적인 경험으로부터 끌어낼 수 없는 요소가 종종 발견된다. 이것을 프로이트는 '고대의 잔재' 라 불렀으나, 융은 '원형', 또는 '원시적 이미지' 라 불렀다[카를 구스타프 융, 《무의식의 분석》, 권오석 옮김(홍신문화사, 1991), 99∼101쪽]. 한 개인의 삶에 나타나는 어떤 것으로부터도 그 존재를 설명할 수 없는 이것을, 융은 '원초적이고 유전적인 인간의 마음의 형태' 로 간주했다. 그리고 이 마음은 "아직 동물에 가까운 아득한 고대의 인간이 가지고 있는 생물학적, 선사적, 무의식적 발달에 관한 것이다"라고 말한다(같은 책, 101쪽). 융에 의하면 원형은 신화나 종교, 철학 등을 만들어내며 모든 국가 혹은 역사의 어떤 시기에 영향을 주고 그 특징을 규정하는 것이다(같은 책, 121쪽). 그런데 이 원형은 사람들이 종종 잘못 이해하는 것처럼 신화적 이미지가 아니라, "사실상 본능적인 경향성으로서, 둥우리를 짓는 새의 충동이라든가 조직화된 집단을 형성하는 개미의 충동과 같은" 것이다(같은 책, 102쪽). 신화적 사고, 융의 표현을 따르면 "무의식의 본능적 경향인 원형적 사고"는 비논리적 사고이며(같은 책, 120쪽), 신화적 모티브는 반성적 의식이 생기기 훨씬 이전에 형성된 것이라고 융은 주장한다(같은 책, 110, 117쪽).

스트로스의 구조 분석은 각자 고대 신화와 원시 신화의 연구 방법에 획기적 전환을 가져다줌으로써 신화학의 새로운 지평을 연 것으로 평가된다. 고대 신화 연구에서건 원시 신화 연구에서건, 아직까지 이들을 넘어선 신화학자는 나오지 않았다.

19세기와 20세기 중반까지 주로 문헌학, 고고학, 인류학 및 종교학 분야에서 이루어지던 신화 연구는 20세기 중반 이후에 역사학, 문학, 철학, 심리학, 언어학 등 온갖 분야에서 이루어졌고, 이에 따라 신화의 다양한 면모들이 드러났다. 인류의 태곳적 삶의 흔적, 원시 과학, 인간의 상상력과 상징력의 가장 풍부한 발현, 인간 무의식의 비밀을 밝혀줄 중요한 단서, 인류의 보편적 염원이 투사된 곳, 집단의 정신을 통제하고 이끌어가는 강력한 이데올로기 등의 면모들이 드러난 것이다. 그리하여 21세기는 가히 신화의 회귀, 신화 열풍이라 부를 만한 현상을 목도하게 되는 시대가되었다.

이제 근대 이후의 역사관의 변천과 현대 역사학의 몇몇 흐름들을 살펴봄으로써 어떻게 해서 신화가 역사 연구의 대상이 될 수 있었는지 살펴보자.

3. 역사관의 변천과 역사학의 지평 확대

통상적으로 역사(歷史)라는 말은 대체로 두 가지 의미로 사용된다. '역사란 인간 삶에 대한 기록이다' 라고 할 때의 역사, 즉 인간 세계에서 발생하는 사건 및 사실(事實)들에 관한 기록을 우리는 흔히 역사라 부른다. 뿐만 아니라 인간 세상에서 발생하는 사건이나 사실들에 대한 연구, 즉 역사가에 의해 연구되는 학문인 역사학도 우리는 역사라 칭한다. 역사를 역사학이라는 후자의 의미로 사용할 때, 전자는 사료로 간주된다. 기록으로서의 역사, 연구로서의 역사 그 어느 경우건, 역사는 사건과 사실에 바탕을 두고 있다.

그런데 인간사의 모든 사건이나 사실들이 다 기록되거나 연구되지는 않는다. 다시 말해서 모든 사실이 다 역사적 사실이 되는 것은 아니다. 헤겔Georg Wilhelm Friedrich Hegel은 사건 및 사실로서의 역사〔歷〕를 역사의 객관적 측면으로, 기록·연구로서의 역사〔史〕를 주관적 측면으로 구분했다. 하지만 주관성과 객관성의 구분이란 그렇게 명료하고 간단하게 해결될 수 있는 것이 아니다. 어떤 사실(事實)이 기록되거나 연구될 만한 가치와 의미를 지닌 역사적 사실(史實)로 받아들여지느냐, 그렇지 않느냐는 기록자나 연구자의 개인적 관심 및 그들이 살았던 시대적 관심에 따라 다르며, 또 그로 인해 서술 내용 및 서술 방식과 연구의 지평도 달라지기 때문이다. 역사관의 변천과 1970년대 이후 서구에서 이루어진 현대 역사학의 몇몇 경향들에 눈길을 돌려보면 이를 잘 알 수 있다.

(1) 과학으로서의 역사(학)

19세기 이전의 역사는 중요시되는 사건들을 시대 순으로 기록한 연대기나 통치자들의 생활을 기록한 궁정사학이었다. 게다가 이러한 역사 기록은 사실 그대로의 가치 중립적 서술을 취하지 않고 윤리적 가치 판단이 가해진 해석을 담고 있었다. 실증주의 역사학자들은 이러한 도덕주의적 역사학에 반기를 들면서, 과거의 사실 자체만을 중시하고 역사가의 가치 판단을 배제한 역사, 즉 과거 사실의 자율성에 입각한 역사를 주창했다.

1830년에 랑케Leopold von Ranke는 역사가의 할 일은 "도덕주의적 역사에 대해 정당한 항의를 하고, 오직 틀림없는 사실을 보여주는 것뿐이다"[12]라고 천명한다. 그는 역사가는 자기 자신을 죽이고, 과거가 본래 어떠했는가를 밝히는 것을 지상 과제로 삼아야 하고, 이때 오직 역사적 사실로 하여금 이야기하게 해야 한다면서 자연과학에 버금가는 과학으로서의 역사를 정립하고자 했다.

역사가의 주관적 개입을 배제하고 사실로 하여금 스스로 말하게 하라고 주장하는 이 실증주의적 역사관은, 카의 지적대로, 주관과 객관의 완벽한 분리를 전제로 한 19세기 영국 철학의 지배적 조류인 경험주의적 인식론——로크John Locke와 흄David Hume, 러셀Bertrand Russell에 이르는——의 전통과 완벽한 조화를 이룬다. 이들에게 사실이란 '추론과는 전혀 다른 경험의 소여(所與)'로서, 감각적인 인상과 마찬가지로 외부에서 관찰자에게로 부딪쳐오는 것이며, 따라서 관찰자의 의식과는 별개의 것이다.

이러한 실증주의적 역사관에 대해 카는 반론을 제기한다. 사실이란 과연 관찰자의 의식과는 무관하게 자율적으로 존재하는가? 인간 세상에서 일어나는 사건이나 사실 모두가 기록되거나 역사가에 의해 연구되는 것은 아니다. 이때 역사적 사실(史實)과 다른 사실(事實)을 구별하는 기준은 무엇인가? 역사가의 주관적 판단

---

12) E. H. 카, 《역사란 무엇인가》, 권오석 옮김(홍신문화사, 1988/10쇄, 1995), 9쪽.

배제와 사실의 자율성 주장은 자칫 역사를 연대기나 기술과학으로 머물게 할 수 있다. 역사란 과연 사건과 사실의 단순한 나열이나 사건들의 발생 과정을 기술하는 것에 그쳐야 하는 것일까? 역사학에서 객관성이란 무엇인가?

메뚜기나 쥐 등의 동물들은 인간의 의식과 무관하게 객관적 실재로서 존재하며 활동하고 있다. 그들의 움직임은 말 그대로 경험적이고 객관적인 사실이다. 그러나 역사가들은 동물들의 움직임을 모두 기록하거나 연구하지 않는다. 동물들의 활동이 농경지를 황폐화시키거나 전염병을 퍼뜨려 공동체의 안녕을 위협할 때라야 그들은 비로소 기록과 연구의 대상이 된다. 우주 구성물이나 자연적 사건들은 인간사가 아니며 인간의 의식과는 무관하게 존재하는 경험적 사실이다. 하지만 그것들이 인간 삶에 어떤 식으로건 관여할 때, 즉 그들의 존재가 인간에게 유의미한 것으로 인식될 때에는 역사적 사건이 된다. 인간의 일이라 할지라도 개개인의 일상사가 모두 기록되거나 연구되지는 않았다. 정신적으로건 물질적으로건 집단 구성원들에게 영향력을 가진 특정 개인들의 삶만이 기록되거나 연구되었다.

실증주의 역사학자들이 주장하듯이 역사적 사건이나 사실은 스스로 발언하여 이루어지는 것이 아니다. 역사란 수많은 실재들 중에서 의미 있고 가치 있는 것으로 여겨지는 것들만을 취사선택하여 기록하거나 연구하고, 취사선택에 관여하는 것, 곧 사실이나 실재들에 선별적으로 의미와 가치를 부여하는 것은 바로 시대의 관심이다. 예컨대 여성과 자연, 일상생활이 역사적 관심의 대상이 되기 시작한 것은 20세기에 들어서면서부터다. 그 이전에는 여성과 자연, 일상생활들은 역사의 지평 위에 자리잡지 못했다. 알다시피 여성사, 환경사, 일상생활사는 현대의 관심과 더불어 생겨난 역사학 분야들이다.[13)

역사가가 자료로 이용하는 과거 사실의 기록에도 이미 기록자의 판단, 믿음, 생각, 염원들이 투영되어 있다. 다시 말해서 역사가가 사용하는 말뿐 아니라 기록자가 사용한 말, 즉 사료 자체도 당시의 시대 정신을 반영하고 있다는 것이다.

중국의 고대 역사서 가운데 하나인 《죽서기년(竹書紀年)》[14)에는

---

13) 일상사(日常史)는 서민들의 의식주, 노동과 여가 활동, 질병과 죽음, 가족 생활과 이웃 관계, 신앙과 공동체적 관습 등 일상적 삶의 온갖 다양한 측면에 관심을 갖고, 이를 역사 연구와 서술의 대상으로 삼는다. 1980년대에 독일에서 젊은 세대의 역사가들과 일반 대중들이 대학의 전문 역사가들이 서술하는 기존의 역사와는 다른 성격의 역사를 시도하면서 생겨난 역사 연구 경향이다[안병직, 〈오늘의 역사란 무엇인가〉, 《오늘의 역사학》(한겨레신문사, 1998), 23∼78쪽]. "환경사적 역사 의식은 미래에 일어날 환경 재난에 대한 두려움에서 생겨났다. 그리고 바로 이 점에서 환경사는 탈근대적 역사관을 내포한다"[김기봉, 〈환경사 : 성찰적 현대화를 위한 역사〉, 《역사 비평》(역사문제연구소, 1999년 봄), 113쪽]. 산업 사회에서 탈산업 사회로의 이행은 산업 사회를 특징지었던 계급 사회의 종말을 가져온 대신 자연 환경 파괴를 초래했다. 그래서 환경사가들은 이제 우리 삶의 총체적 위기는 계급 간의 갈등이 아니라 생태계 파괴에서 비롯될 것이라고 예견한다(같은 책, 101∼116쪽). 여성사가 역사학의 한 영역으로 자리잡게 된 요인은 세 가지로 지적된다. 여성과 같은 주변적 집단들의 역동적인 역할을 강조하게 했던 프랑스의 1968년 운동이 가져다 준 사회적 변화, 1970년대 이후 더 발전, 확산된 페미니즘 운동의 영향으로 나타난 정치적 변화, 그리고 새로운 문제를 제기하고, 새로운 접근들을 통해 새로운 연구 대상들을 발굴하여 그것들에 역사적 의미를 부여하려 했던 역사학 내부의 노력이 그것이다[변기찬, 〈여성사 : 또 하나의 역사〉, 《역사비평》(1999년 봄), 86∼100쪽].

14) 《진서(晉書)》, 〈동석전(東晳傳)〉에 의하면, 진(晉) 태강(太康) 2년에 전국 시대(기원전 453∼기원전 221) 위(魏)나라 양(襄)왕의 묘를 도굴하여 여러 수레의 죽서(竹書)를 얻었다고 한다. 이 죽서들 중 하나인 《죽서기년(竹書紀年)》은 일종의 연대기 사서다. 중국 학자들의 주장대로 죽간이 이미 은(殷)대 초기부터 사용되었다 할지라도[전존훈(錢存訓), 《중국고대서사(中國古代書史)》, 김윤자 옮김(동문선, 1990), 101쪽], 전국시대 위나라 양왕의 묘에서 발견되었다는 죽간문(竹簡文) 중의 하나인 《죽서기년》의 하(夏) 왕조, 상(商) 왕조에 대한 기록들은 상고대 문헌 및 구비 전승들에 의거한 후기 기록물일 개연성이 크다.

〈일월부상도〉. 조선시대 민화.

다음과 같은 기록들이 있다. 하(夏)나라 12대 왕인 제근(帝厪) 8
년에 "하늘에 요사스러운 일이 생겼다. 열 개의 해가 동시에 나타
났다(天有妖孽, 十日竝出)"라는 기록이 있으며, 하나라의 마지막
왕인 제계[帝癸, 걸(桀)왕이라고도 부른다] 29년에 "세 개의 해가
동시에 나타났다(三日竝出)"라는 기록, 또 은(殷)나라[또는 상(商)
나라]의 마지막 왕인 제신[帝辛, 주(紂)왕이라고도 부른다] 48년
에 "이상한 양이 출현하고, 두 개의 해가 동시에 나타났다(夷羊見,
二日竝出)"라는 기록이 있다.

　여러 개의 해가 동시에 나타나는 일은 실제로 일어날 수 있는

사실은 아니지만, 두 개 또는 세 개의 태양이 동시에 하늘에 떠 있는 듯한 현상을 보는 것은 경험적으로 가능한 일이다. 해와 달은 만월의 때에 180도로 마주 대하는 대척의 위치에 있다. 낮의 길이가 긴 여름의 보름경에는 간혹 지는 해와 떠오르는 달을 동시에 볼 수 있다. 하나는 달이고 하나는 해이나 그 크기와 붉기가 비슷하여 보는 이에게는 마치 두 개의 태양처럼 느껴진다. 일훈(日暈) 또는 환일(幻日)[15] 현상은 무지개와 마찬가지로 햇빛이 미세한 얼음 알갱이로 가득 찬 대기와 함께 빚어내는 자연의 경이들이다. 일식 중간에 태양이 사라지고, 잠시 후 원래의 태양과 더불어 두 개의 환일이 나타나 세 개의 태양이 보이는 경우가 있는데, 이것이 바로 환일 현상이다. 예외적인 경우지만, 기록에는 두 개의 환일이 아침 일찍부터 저녁까지 태양을 쫓아다녔던 경우도 있다고 한다.[16]

그러나 앞에서 살펴본《죽서기년》의 기록들을 이러한 비일상적 현상들에 대한 기록으로 보기는 어렵다. 열 개의 태양이 동시에 나타났다는 것, 두 개의 태양이 동시에 나타난 사건과 세 개의 태양이 동시에 나타난 사건이 중국인들에게 폭군의 전형인 걸과 주의 치세 때 있었다는 것, 그리고 두 개의 태양이 동시에 나타나고 이상한 양이 출현했다는 것, 이런 점들로 미루어 볼 때, 이 기록은

---

15) 햇무리라고도 한다.
16) 1557년경에 펴낸《기적의 책》에서 콘라드 리코스테네스는 기원전 2307년에서 1556년 사이에 일어난 천문학 사건과 기상학 사건을 정리하여 완전한 목록을 만들었다. 1168년에는 달이 두 개로 갈라져 보이는 환월 현상이 관찰되었다. 극지방에서 돌아온 탐험가들은 여섯 개의 태양이 동시에 떠오른 것처럼 보인 이야기를 들려주곤 했다고 한다. 장 피에르 베르데,《하늘의 신화와 별자리 전설》, 장동현 옮김(시공사, 1997), 124, 126쪽을 참조하라.

비록 연대기이긴 하지만 경험적 사실을 다룬 것이 아니다. 이것은 고대 중국인들의 믿음과 사유 습관을 반영한 기록, 즉 고대 중국 인들의 어떤 심성(心性)을 드러내는 기록이다.

고대 중국인들에게 하늘의 둥근 해는 왕, 곧 하늘의 아들[천자 (天子)]이었다. 그래서 태양에 이상이 생기는 일식 현상은 곧 천 자의 통치에 이상이 있음을 뜻하는 것으로 간주되었다. 《서경(書 經)》의 〈윤정(胤征)〉편은 왕이 고대의 천문·역법가 희(羲)와 화 (和)의 반란을 평정하러 가기 전에 군사들 앞에서 행한 훈시를 기 록한 글이다. 또 중국의 고대 신화에 의하면, 희화는 열 개의 태양 을 낳은 태양들의 어머니, 시간의 여신이다. 이런 고대 전승들에 근거해 판단해볼 때, 《죽서기년》이 말하는 걸과 주의 재위 첫해의 세 개의 태양과 두 개의 태양의 병출 현상은 폭정과, 그로 인해 곧 다가올 왕권 투쟁을 경고하고자 후세 사가들이 기록한 것이라고 볼 수 있으며, 하나라 윤갑(胤甲)의 마지막 해에 기록된 열 개 태 양의 병출 사건은 고대의 천문·역법가 희와 화의 반란이 초래한, 또는 초래할 무질서를 표현한 것일 개연성이 크다.

과거의 기록들이 과거에 살았던 이들의 당대적 관심 및 추구에 대한 자기 인식을 담고 있다면, 여성사, 환경사, 일상생활사는 곧 우리 현대인들의 자기 인식을 담고 있다.

시대의 관심에 의해 취사선택된 사실 또는 실재들을 우리는 '역사적 사실'로 간주한다. 카의 지적대로 '사실은 그 스스로 말 한다는 사실의 자율성 주장은 불가능한 환상이다'. 기록자나 연 구자의 의식 작용, 그들이 살았던 당대의 시대 정신이 배제된 역 사는 있을 수 없다. 사실은 역사가 또는 시대가 문제 의식을 가지고 발언하게 했을 경우에만 말하는 것이다. 그래서 '역사가는 사실에 대한 연구를 시작하기 전에 사실의 기록자와 그 시대를 먼저 연구해야 한다'는 방법론적 요구들이 나타났다. 이처럼 역사가들이 역사는 항상 인간의 자기 인식[17]과 성찰에 토대를 둔 문제 제기와 함께 시작함을 인식할 때 역사는 철학과 지평을 공유하게 된다.

(2) 철학으로서의 역사(학)

《죽서기년》의 앞의 기록은 비록 역사학자들이 사료로 간주하는 연대기에 실려 있는 것이긴 하나, 객관적 사실을 중시하는 역사학자의 관심을 끌지는 못한다. 또 이 기록이 역사학자들의 관심을 끈다 하더라도, 그들이 고대 중국인들의 역사 기록 방식과 그들의 정신 세계를 이해하지 못한다면 사료로서의 가치를 지닌 것으로서 그들에게 인정받지 못한다. 정신 세계에 대한 연구는 콜링우드가 강조했던 바이며, 특히 정신 세계의 일부를 이루는 심성은, 자연과 마찬가지로, 현대에 이르러서 프랑스 아날 학파에 의해 본격적으로 연구되기 시작했다.

모든 역사적 사실(史實)은 시대 정신을 담고 있으므로, 역사가는 자신이 다루고 있는 과거의 사건, 사람, 상황들과 어떤 심적인 접촉을 하지 못하는 한 역사를 쓸 수 없다. 다시 말해서 과거를 연구하는 역사가들은 인류가 남겨놓은 삶이나 사고의 흔적들을 자

---

17) 생각한다는 것thinking과 인식한다는 것knowing, 즉 사상과 인식을 구별해야 한다. 자기 인식이란 인간이 무엇인가를 인식하면서 자기가 인식한다는 것을 아는 능력, 즉 인간의 사고, 이해, 추리에 관한 인식을 말한다. R. G. 콜링우드, 《역사의 인식》, 소광희 · 손동현 옮김(경문사, 1979), 207쪽.

신들의 관념 체계나 삶의 양태들로 판단하지 말고, 무엇보다도 먼저 그가 연구하는 그 시대 사람들의 삶의 양식과 사고방식 및 그들이 처했던 제반 상황들을 추체험해야만 한다. 뿐만 아니라, 적어도 역사가 지향하는 궁극적 목표가 인간에 대한 이해라면, 역사가는 이러한 추체험의 결과를 단순히 열거하여 기술하는 데 그쳐서는 안 되고 그것들의 바탕에 깔려 있는 사상을 설명하는 데까지 나아가야 한다.

역사 연구에서의 이런 문제점들을 인식한 콜링우드는 역사철학은 '과거 그 자체'를 다루는 것도 아니고 '과거 그 자체에 관한 역사가의 사상'을 다루는 것도 아니며 '상호간의 관계에서 양자'를 다루는 것이라고 했다.

역사적 인식이란 과거에 행한 것에 관한 인식이요, 동시에 정신mind이 과거에 행한 것을 재행위하는 것, 과거의 행위를 현재에 영속화하는 것이다. 그러므로 그 탐구 대상은 단순한 객체, 대상을 인식하는 정신 밖에 있는 어떤 것이 아니다. 그 대상은 사고 활동으로, 인식하는 정신이 사고 활동을 재연reenact하고 또 그렇게 함으로써 재연하는 정신 자체를 동시에 인식하는 한에 있어서만 인식되는 대상이다.[18]

카도 거듭 강조했듯이, 역사가가 연구하는 과거는 죽은 과거가 아니라, 어느 의미에서는 아직도 현재 속에 살아 있는 과거다. 그러나 과거의 행위는 역사가가 그 밑에 깔린 사상을 이해하지 못하

---

18) R. G. Collingwood, *The Idea of History*(Oxford : Oxford University Press, 1963/초판, the Clarendon Press, 1946), 218쪽.

는 한 그에게 있어 죽은 것, 곧 무의미한 것이다. 이와 같은 의미에서 '모든 역사는 사상의 역사이며, 또한 역사는 역사가 자신이 연구하고 있는 역사 사상을 그의 마음속에 재현하는 것'이다. 역사가의 마음속에서 행해지는 과거의 재구성은 경험적인 증거에 의거한다. 그러나 재구성 그 자체는 경험적 과정이 아니며, 또 사실의 단순한 나열이 아니다.

역사가 과거 사실의 단순한 나열이 아니라 그러한 사실들을 삶으로 살았던 인간 정신에 대한 이해라면, 역사는 사실들을 선택하여 추체험하고 그 의미를 특정한 관점 하에 해석하는 연구자의 주관적 재구성 없이는 이루어질 수 없다. 오히려 재구성 과정은 사실의 선택 및 해석을 지배하는 것이며, 바로 이것이야말로 사실을 역사적 사실로 만드는 것이라고 카는 역설한다.[19] 바로 이런 의미에서 크로체는 '모든 역사는 현대사'라고 언명했다.[20]

그런데 과거 사실들은 늘 사료들이 채워주지 못하는 빈 자리들을 가지고 있으며, 종종 그 모습을 파악하기도 힘들 만큼 파편화된 조각으로 나타나기도 하고, 때로는 일치되지 않는 상반된 증언들을 남기기도 한다. 게다가 역사가들은 때로 증거의 전적인 결여에 직면하기도 한다.

역사가들이 행하는 추체험, 즉 과거로의 시간 여행은 오늘날 공상과학 영화에서 보듯이 시공간이 온전하게 재현되는 그런 시간

---

19) E. H. 카, 《역사란 무엇인가》, 27쪽.
20) 여기서 '현대사'란 통상적 의미에서의 현대사, 즉 '비교적 가까운 과거의 역사'를 의미하는 것이 아니라, 과거의 사건에 대한 증거가 지금 여기 역사가 앞에 현존하여, 역사가 그것을 사고한다는 것을 뜻한다. R. G. 콜링우드, 《역사의 인식》, 203쪽.

여행이 아니다. 역사가는 일정 부분이 통째로 잘려나간 빈 시공간에 들어갈 수도 있으며, 일그러진 형상이나 일부 흐릿한 흔적만을 볼 수도 있고, 여기저기서 다양한 다른 목소리를 들을 수도 있다. 보이지 않는 곳에서 형체를, 들리지 않는 곳에서 소리를 식별해야 하거나 상반된 다양한 음색들의 원인을 찾아야 하는 상황에서, 역사가는 때로 현재의 사실들로 미루어 유추하거나 자신의 상상력을 이용하여 여백들을 채워가기도 한다. 그래서 역사적 사실은 고정 불변의 확정된 사실이 아니라 때로는 현재의 역사가에 의해 상상된 사실일 수도 있고 역사가의 상상적 이해일 수도 있다. '역사는 픽션이다', '역사는 역사가의 창조물이다'라는 명제들은 역사가들이 종종 처하게 되는 바로 이런 상황 때문에 나온 것이다.

　이 경우, 카가 지적했듯이, '역사는 사실의 객관적인 편찬'이라는 실증주의적 역사관에 반발했던 신역사주의적 문제 의식은 '역사는 역사가의 정신의 산물'이라는 결론에 도달함으로써, 결국 역사를 사실이 아닌 해석의 문제로, 그리하여 역사를 자칫 심리학으로 환원시킬 위험을 내포하고 있다.

　카는 현재적 문제 의식에서 출발한 역사가의 상상적 사실 이해의 위험을 두 가지로 지적한다. "역사 서술에 관한 역사가의 역할만을 강조할 경우 그것을 논리적 귀결까지 끌고 가면, 결국 객관적 역사를 배제하게 되고, 역사는 역사가가 만들어내는 것이 되어 버린다."[21] 보다 더 큰 위험은 옳은 역사 해석의 기준이 현재의 어떤 목적에 대한 적합성이 되어 "역사상의 사실은 무(無)가 되고

---

21) E. H. 카, 《역사란 무엇인가》, 33쪽.

해석이 전부가 된다"[22]는 것이다. 그는 콜링우드 사관이 초래할 수도 있는 위험을 피하고 역사적 사실의 객관성을 확립하기 위해 "역사가와 역사상의 사실은 서로가 필요한 것이다. 사실을 소유하지 못한 역사가는 뿌리도 없고 열매도 맺지 않는다. 반면에 역사가 없는 사실은 생명도 없고 의미도 없다"라고 강조한다. 그리하여 카는 "역사란 역사가와 사실 사이의 부단한 상호 작용의 과정이며, 현재와 과거 사이의 끊임없는 대화"[23]라고 언명하면서 사실과 해석 사이의 중재를 역설한다. 그리고 이를 통해 주관적 해석학이나 심리학이 아닌 객관적 학문으로서의 역사학을 재정립하고자 노력한다.

오늘날 역사(학), 나아가 모든 학문이 객관성을 언급하거나 강조할 때, 이때의 객관성은 이제 더 이상 사실의 객관성을 의미하지 않는다. 그것은 먼저 연구 방법에서의 객관성을 뜻한다. 예컨대 과거를 연구하는 역사가는 사료들을 자신 또는 자기 시대의 관념체계나 삶의 양태들로 판단하는 시대착오적 오류를 범하지 말고, 무엇보다 먼저 그가 연구하는 그 시대 사람들의 삶의 양식과 사고방식 및 그들이 처했던 제반 상황들을 추체험해야 함을 뜻한다.

소크라테스는 사약을 마시기 전에 에스클레피오스에게 빚진 수탉 한 마리를 자기 대신 갚아줄 것을 크리톤에게 부탁했다고 한다. 플라톤의 저서를 통해 전해지는 이 일화를 접하면서 '위대한 철학자가 죽음을 앞두고 겨우 수탉 한 마리 빚진 것을 대신 갚아달라고 유언하다니', '대철학자 소크라테스가 이토록 개인의 명

---

22) 앞의 책, 34쪽.
23) 앞의 책, 38쪽.

자크 루이 다비드가 그린
〈소크라테스의 죽음〉. 뉴
욕, 메트로폴리탄 미술관.

예에 집착했던가'라고 생각할 수도 있다. 오늘날 우리가 고대 중
국인들의 심성과 역사 기록 방식을 이해하지 못한 채 앞에서 언급
한 《죽서기년》의 기록을 읽게 되면 터무니없어 황당하다는 느낌
만 갖게 된다. 그래서 그것이 진정으로 말하고자 하는 바가 무엇
인지를 이해하려 하기보다는, 허황된 기록으로 치부하고 관심을
다른 데로 돌려버리기가 쉽다. 마찬가지로 고대 그리스인들의 삶,
그리고 영혼과 육체 및 삶과 죽음에 관한 소크라테스의 사상에 대
한 이해 없이 이 일화의 의미를 올바로 이해할 수는 없다.

　《파이돈Phaedon》이 전하는 바에 의하면, 소크라테스는 육체를
순수한 영혼의 활동을 저해하는 감옥 같은 것으로 간주했다. 육체
는 물질적 욕망과 사악한 정념들로 가득 차 있는 반면, 영혼은 순

수한 지식, 이데아를 갈구한다. 살아 있는 동안 인간의 영혼은 육체와 결합되어 있다. 그러나 죽음 후에 육체는 다른 물질과 마찬가지로 썩어서 한 줌 흙으로 변해버리지만, 영혼은 육체를 떠나 계속 생존한다. 육체 안에 갇혀 있을 때는 현실적이고 감각적인 쾌락에 이끌리는 육체의 욕망과 정념에 사로잡혀 참다운 지식을 깨우칠 수 없었던 영혼은, 죽음을 통해 육체에서 자유로워지면 참된 지(知)의 세계에 도달한다. 그렇기 때문에 철학자〔애지자(愛知者)〕는 죽음을 두려워하지 않고 오히려 기꺼이 죽음을 받아들인다.[24]

에스클레피오스는 의술의 신이고, 수탉의 울음은 태양빛의 생

---

24) 플라톤, 《파이돈》, 《세계의 대사상 1. 플라톤》, 419~436쪽.

명력이 사방으로 퍼지기 시작하는 여명을 알리는 화성(和聲)이다. 그래서 고대 그리스인들은 질병을 치유하여 생명력을 회복하게 되면 의술의 신 에스클레피오스의 신전에 수탉 한 마리를 갖다 바쳤다고 한다. 소크라테스가 사약을 마시기 전에 크리톤에게 부탁했던 것은 바로 이러한 재생의 의식이다. 그에게 육체의 죽음은 곧 영혼의 해방, 고귀한 영적 존재로서의 재탄생을 의미하기 때문이다.

크로체, 콜링우드, 카와 같은 역사가들이 사실의 객관성에 문제를 제기하며 역사는 인간의 삶, 인간의 정신에 대한 이해여야 함을 역설했음에도 불구하고, 20세기 중후반까지 신화는 역사적 사실로 간주되지 못했다. 콜링우드의 지적대로 '신화는 인간에 관한 인간의 지식이 아니라 신들에 관한 인간의 지식'이기 때문이었다.

신화는 인간의 행위에 전혀 관여하지 않는다. 인간적 요소는 완전히 일소되어버리고 이야기의 등장 인물은

의술의 신 에스클레피오스. 베를린, 페르가몬 박물관. 뱀이 휘감고 있는 지팡이를 들고 있는 목이 달아난 조상. 원래는 터키 페르가몬 유적지 주변에 있는 에스클레피온 유적지에서 발견되었다.

신들뿐이다. 그리고 기록된 신적 행위들은 과거의 특정 시기의 사건이 아니다. 그것들은 사실 과거에 발생했던 것으로 여겨지긴 하나, 너무나 아득해서 그때가 언제인지는 아무도 모르는 무시간적 과거에 일어났던 것들이다. 신화적 과거는 우리의 시간 측정 밖에 있으며, 그래서 '만물의 시작'이라 일컬어진다. 그런 까닭에, 어떤 신화가 순차적으로 이어지는 사건들을 이야기해 시간 형태처럼 표현되었다 하더라도, 그 형태는 엄밀히 말해서 시간적인 것이 아니라 유사(類似) 시간적인 것이다. 화자는 시간 계기(繼期)의 언어를 메타포로, 그가 실제로 시간적인 것으로 생각지 않는 관계들을 표현하기 위한 메타포로 사용하고 있다. 시간 계기의 언어로 그렇게 신화적으로 표현되는 주제들은 신화 본래의 면에서는 제(諸)신들 간의 관계 혹은 신적 본성을 지닌 다양한 요소들 간의 관계다. 그러므로 고유한 의미에서의 신화는 항상 신통기(神統記)의 성격을 갖는다.[25]

그래서 "역사가 신학으로——다시 말해서 인간 활동에 관한 연구가 아니라 신의 의도에 관한 연구로——타락해버린다든가, 문학으로——다시 말해 목적도 의미도 없는 이야기나 전설로——타락해버린다든가 하는 것이 가능하다"[26]라는 카의 언설이 말해주듯이, 20세기 중반까지 신화, 전설, 서사시, 민담, 발라드 등은 역사학이 아니라 신학(또는 신화학)이나 문학에서 다루어져야 하는 것으로 인식되었다.

현대 역사학의 한 흐름인 해체주의 역사학은 사실의 객관성 자

---

25) R. G. Collingwood, *The Idea of History*, 15쪽.
26) E. H. 카, 《역사란 무엇인가》, 166쪽.

체를 부정한다. 해체주의자들 또는 포스트모더니스트들은 자연적인 것, 객관적인 것으로 간주되어온 모든 것을 다 인공물로, 주관적인 것으로 간주한다. 앞에서 살펴보았듯이 신역사주의적 문제 의식 또한 역사적 사실이란 모두 주관의 산물이라는 인식에서 출발했으므로, 포스트모더니스트들과 신역사주의자들은 역사적 사실에 관한 기본 전제에 있어서는 어느 정도 공유점을 갖는다. 하지만 해체주의 역사학자들에게 신화는 역사의 저 밖에 물러서 있는 것이 아니라 역사학의 지평 속에 당당하게 자리잡고 있는 엄연한 역사적 사실이다. 신화는 오늘날 역사의 주요 연구 대상인 '문화'의 일부를 이루고 있기 때문이다.

(3) 문화로서의 역사, 문화적 실재로서의 신화

19세기와 20세기에 활발하게 이루어진 민속학과 인류학, 그리고 고고학 분야의 연구 성과들은 역사학에 문화사라는 새로운 장을 마련해주었다.

문화란 인간 개개인의 주관적 삶의 경험들이 언어, 색채, 음성, 몸짓 등의 매개체를 통해 표출되어 시간이 지나면서 객관화된 것들이다. 통상적으로 방언 속에서, 체제 속에서, 심미적 관습 또는 종교적 관습들 속에서, 복식 속에서 잘 드러나는 각 사회의 독특한 문화는, 그 사회 구성원들이 그들 나름대로 세계를 이해하여 그 안에서 인간의 위치를 자각하고 삶에 의미를 부여하고 또 재평가하는 데 작용하는 가치 체계들이다. 그렇기 때문에 문화적 형성물은 그것을 향유하는 집단의 의식을 가장 잘 대변하는, 집단 심성의 직조물이다. 또 각 개인에게 선천적으로 주어지는 문화는 그가 사회적 구성원의 자질을 형성하는 데 바탕이 되지만, 동시에 특정 시대의 개인들은 자신들의 욕구에 맞게 자신들의 문화에 새로운 색채와 소리를 부여하고 이전과는 다른 재료를 사용하여 문화를 주조함으로써 그 형태를 변화시킬 수 있다. 그래서 문화적 형성물은 또한 역사적 구성물이다.

주지하듯이 초기 민속학과 인류학의 주 연구 영역은 무문자 사회들이었다. 이 사회들은 역사가들이 과거를 증언하는 가장 소중한 증거로 간주하는 '문헌'을 가지고 있지 못한 탓에 역사가들의 관심과 손길이 전혀 닿지 않았던 곳이었다. 무문자 사회에서 현지 조사를 한 민속학자나 인류학자들은 그곳에서 비록 과거를 증언해줄 자료는 발견하지 못했으나 기나긴 과거의 삶의 흔적들이 중첩되어 얽혀 있는 그 시대의 문화를 접할 수 있었으며, 이를 통해 그들의 정신 세계에 다가갈 수 있었다.

한편 19세기 말부터 서구 학자들에 의해 고대 중근동의 설형 문자와 고대 이집트의 상형 문자들이 해독되면서 서유럽과 미국, 캐나다에서는 태곳적부터 사람들의 입과 귀를 통해 전해져 내려온 대표적인 집단 심성의 직조물, 문화적 구성물인 신화에 대한 관심이 이미 한층 고조되어 있었다. 당시 중근동과 이집트뿐 아니라 세계 전역에서 발굴된 고고학적 발견물들은 고대 사회나 원시사회의 신화를 모르고는 의미와 가치를 파악할 수 없는 것들이었기 때문이다. 신화를 비롯한 이 고대의 문화적 형성물들은 기록된 문서들이 침묵하거나 왜곡했던 민중들의 삶의 모습을 생생하게 담고서 해독을 기다리고 있었다.

우리가 고대 그리스 정신 또는 고대 그리스인들의 삶으로 알고 있는 것은 사실은 고대 아테네인들의 그것이라는 사실이 역사가들에 의해 종종 지적되어왔다. 아테네인들만이 그들의 정신과 삶의 모습들을 기록해 남겼기 때문이다. 그러나 크레타 섬에서 발견된 고고학적 증거물들은 그 섬에서 융성했던 여러 도시의 삶의 모습들을 말해줄 뿐 아니라, 아테네의 문화가 상당 부분 크레타 문명의 영향을 받았음을 알려준다. 당대의 문화를 통해, 또는 고대 문명의 잔존물들을 통해 인간의 정신 세계에 다가가려 했던 민속학자와 인류학자, 그리고 고고학자들의 노력은, 근대 역사학이 사실들의 보고(寶庫)로 간주한 기록 문서가 의식적 정신의 산물이라면, 이를 제외한 여타의 문화들은 의식적·무의식적 정신의 산물로서 인간 정신의 총체적 모습을 더 잘 반영하고 있음을 일깨워주었던 것이다.

문화사가들은 '현재와 과거 사이의 대화'에서 과거인들과의 진정한 대화는 "과거인들이 당시 그들의 삶 속에서 무엇을 중요하게 생각했고, 또 어떤 방식으로 그들의 삶 속에서 그 중요한 것들을 성취했는지를 결정하는 그들 삶의 의미 체계에서 출발해야 한다"고 주장한다. 그래서 '현재와 과거와의 대화'를 '오늘의 사회와 어제의 사회 사이의 대화'[27]로 이해하는 데서 벗어나 '현재의 문화와 과거의 문화 사이의 대화'라는 문화사적 역사관으로 전환해야 한다고 역설한다.[28]

역사학이란 인간의 삶과 그 정신 세계를 이해하려는 학문이기 때문에, 역사가는 인간의 정신이 남긴 흔적은 무엇 하나 소홀히

---

27) E. H. 카, 《역사란 무엇인가》, 71쪽.
28) 김기봉, 〈역사 서술의 문화사적 전환과 신문화사〉, 《오늘의 역사학》, 135쪽.

여겨서는 안 된다. 그리하여 포스트모더니스트들은 언어적 구성
물에서 벗어나 인간이 만들어낸 모든 문화적 형성물을 다 텍스트
로 간주하며 거기에 담긴 의미를 읽어내고자 노력한다. 이들에게
텍스트란 한 개인이 고정불변의 메시지를 담아놓은 초역사적 작
품이 아니라 집단 심성의 직조물, 문화적 형성물, 역사적 구성물
이다.[29]

바르트Roland Barthes는 1954~1956년에 당시 프랑스의 대중
문화를 분석하여 1957년에 이를 《신화지*Mythologies*》라는 책으로
출판했다. 여기서 바르트는 두 가지 작업을 행한다. 하나는 대중
문화의 언어에 대한 이데올로기를 비판하는 것이고, 다른 하나는
이 언어에 대한 최초의 기호학적 분해, 즉 탈신비화démystification
를 행하는 것이다. 그는 당시의 대중 문화는 중산층petit bourgeois
의 가치를 보편적이고 자연적인 가치로 위장하여 전달하고 있다
고 보았다. 그래서 그는 중산층 문화를 보편적 자연으로 변형시키
는 신비화mystification를 상세히 설명하고자 했다.[30] 이러한 바르
트의 작업은 모든 역사적 사실은 집단 심성의 산물, 문화적 구성
물이라는 탈근대적 문제 의식에서 출발했으며, 인간의 정신적 삶
의 이해에서 문화가 차지하는 위상을 중시하는 경향이 확대되어
가는 시대 분위기를 반영하고 있다.

또 한편에서는 프로이트Sigmund Freud가 무의식을 발견함으로

---

29) 그렇기 때문에 해체주의자들이 주로 하는 작업은 텍스트에 대한 치밀한 분석을 통해
   그것의 구성 방식과 작동 방식을 드러내는 것이다. 이들이 해체주의자라고 불리는 것
   은 바로 이러한 텍스트 분석, 즉 모든 문화 기호의 해체 작업에서 연유한다.

30) Roland Barthes, *Mythologies*(Paris : Seuil, 1957), 7~8쪽.

써 인간 정신의 영역을 확대하고 꿈과 상징에 대한 연구에 활기를 불어넣으면서, 가장 복잡하고 무질서해서 해독이 불가능해 보였던 정신의 두 표상 방식인 꿈과 신화에 대한 연구가 더욱 활성화되었다. 이와 함께 신화를 그것이 형성된 고대 문화나 원시 문화의 틀 속에서 그들의 사고방식과 언어를 통해 이해하려는 종교학자, 인류학자, 역사학자, 고고학자들의 지난한 노력들이 이어졌다. 그 후 20세기 초·중반경부터 신화에 부정적 평가를 덧씌우게 만든 신화의 특성들이 새로운 각도에서 조명되기 시작했다. 특히 종교학자와 인류학자들의 원시, 고대 신화에 대한 연구 결과는 단지 비합리적인 것들을 인간성의 차원에 포함시키는 것에 그치지 않았다. 그들은 끊임없이 방법론에 대해 성찰하고 시행착오 과정을 겪으면서 원시·고대 사회들의 신화를 분석했고, 그리하여 20세기의 서구인들 못지않은 고도의 지적 정신을 만났으며, 인간 사회와 자연계를 상호 연관된 유기체로 간주하는 환경생태적 사고, 이성과 감성이 함께 작동하여 어우러지는 조화의 세계를 만났다.

흔히 역사란 과거 사실의 기록 또는 연구라고 말해질 만큼 역사는 과거의 문제들만을 주로 다루어왔다. 역사가들은 과거의 문제들을 반추하여 현재의 문제들을 해결하고 좀더 완전한 미래를 준비하려 했다. 그러나 20세기 산업자본주의와 과학 기술 문명의 발달이 생태계에 엄청난 파괴를 불러오면서 오늘날의 인류는 현재와 미래의 삶이 심각하게 위협받는 상황에 직면하게 되었다. 그래서 현대 역사가들은 미래의 환경 재앙들을 고려하고, 또 그 재앙들을 피할 수 있는 대안들을 심각하게 고려하지 않을 수 없게 되었다. 환경사가들은 이 대안들을 자연과 인간이 조화를 이루며 살았던 과거인들의 삶 속에서 찾으려 하고 있다. 여기서 역사란 과거와 현재의 문제가 아니라 미래와 과거의 문제다.

새로운 문제 제기와 시대적 관심은 연구 대상을 확대시키므로, 탈근대적 역사가들의 새로운 문제 의식과 자각들은 곧 역사학의 지평 확장으로 이어진다. 이렇게 해서 20세기 이후 신화는 기존의 역사 연구에서 배제되었던 미래, 비이성적 존재로서 동물이나 자연에 가까운 것으로 치부되었던 여성, 그리고 자연 환경과 더불어 역사의 지평 위로 부상하여 어엿이 자리잡는다.[31]

4. 21세기 문명과 신화

르네상스 이후 현대까지 서구 사회를 지배해온 정신적 흐름은 알다시피 경험주의적 인식론, 실증주의 역사관 등 이른바 합리주의적 사고에 토대를 둔 사상 조류들이다. 그러나 극단적인 과학적·이성적 사고는 20세기 들어 곳곳에서 한계와 위험을 노출시켰다. 산업자본주의의 확대와 과학 기술의 발달이 초래한 대량 학살의 전쟁과 무자비한 환경 파괴, '이성적 존재인 인간'이라는 반쪽짜리 모습의 인간 이해와 이로 인한 성(性)

31) "지금까지 인류는 과거를 기억하는 한편 미래를 상상했다. 그러나 탈근대적 역사 의식을 함축하는 환경사는 파국으로서의 미래를 기억함으로써 우리 역사 현실의 대안이 되는 과거를 상상하고자 한다. 다시 말해서 환경사는 역사의 진보에 대한 믿음을 통해 불완전한 과거를 기억함으로써 완전한 미래를 상상하는 역사 서술을 지양하고, 역사의 파국에 대한 두려움을 떨치기 위해 미래의 위험을 기억하면서 안전했던 과거를 상상한다." 김기봉, 〈환경사 : 성찰적 현대화를 위한 역사〉, 《역사 비평》, 113~114쪽.

차별, 인종 차별 등이 그것이다. 따라서 세계의 언론들은 지난 세기를 마감하면서 20세기를 '피와 눈물의 세기'라 명명했다. 과거 몇 세기가 가져다준 이러한 문명의 질곡들로 인해 오늘날 우리는 온갖 종류의 재앙이 일상을 위협하는 '위험한 사회'에 살고 있다.

합리주의적 사고가 가져다준 인류의 여러 갈등과 자연 생태계 파괴는 서구인의 지적 관심을 감성의 영역, 상상의 영역으로 돌렸으며, 미래의 환경 재앙을 피할 수 있는 대안들을 심각하게 고려하도록 만들었다. 게다가 19세기 말과 20세기 동안에 인류학의 발달이 가져다준 성과가 역사학의 주 관심을 엘리트 문화에서 민중 문화 쪽으로 이동시키고 있다. 이런 흐름들은 그동안 무시되어 왔던 비이성적 영역, 일상 생활 영역 쪽으로 사람들의 관심을 돌렸으며, 서구인들로 하여금 환경 파괴를 피할 대안들을 자연과 어울려 살았던 과거인들의 삶 속에서 찾게 했는데, 신화는 이 여러 영역을 동시에 아우르고 있는 것 가운데 하나였다.

신화는 이성의 영역보다는 감성의 영역에 더 가까우면서 이성과 감성이 함께 작용하여 만들어진 것이다. 그것은 개인 심리의 표현이라기보다는 집단의 사고와 정서를 담고 있는 집단 표상들로 구성된 것이다. 또 신화적 사고는 인간과 자연의 관계를 인간이 자연을 지배하여 이용하는 종속 관계도 보지 않고, 인간이 자연의 일부로서 자연의 다른 요소들과 조화를 이루는 유기체적 상호 협조 관계로 간주한다.

이성과 감성의 작용은 상호 무관한 것으로, 영혼과 육체의 실체를 각기 다른 것으로 간주했던 근대의 합리적 정신, 메마른 이성이 직면했던 한계와 폐해는 오늘날 인문과학과 자연과학의 교류를 적극적으로 모색하게 만든다. 다행히도 뇌 과학이 발달한 덕분에 이제 우리는 지성의 산실로만 생각했던 인간의 두뇌가 사실은 본능, 감정, 이성과 관련된 세 개의 뇌로 이루어져 있다는 사실, 그리하여 본능적 몸짓, 희로애락의 감정, 냉철한 지성이 모두 뇌의 활동에서 비롯되며 상호 관련되어 있다는 사실을 깨닫게 되었다. 더구나 뇌의 이러한 구조는 몇천 년 전 인도의 요기들이 이미 통찰했던 뇌의 구조와 일치한다는 사실도 알게 되었고, 그 결과 고대인들의 삶이 근대 정신이 생각했던 것처럼 근거 없는 주술이나 미신에 함몰된 것이 아니었다는 사실도 깨달았다.[32]

게다가 때맞춰 컴퓨터 공학이 발달해 한곳에 앉아 다양한 정보를 접할 수 있게 되면서, 과거에는 상호 접촉이 어려워 서로 동떨어져 있었던 여러 분야들 간의 의사소통이 가능해졌다. 온갖 질서의 혼합으로 인해 미개성의 표시로 인식되었던 통합적 사고 양태가 역설적이게도 첨단 과학 시대의 사고 양태, 전(前) 시대 문명의 질곡을 해결해줄 대안적 사고 양태와 유사한 것으로 나타나고 있는 것이다.

오늘날 신화는 롤플레잉 게임 등과 같은 인터넷 문화 콘텐츠 제조자들의 관심을 사로잡고 있다. 현실 세계의 규범들을 벗어나 마

---

32) 인도의 요가 전통은 인간의 뇌를 하뇌, 중뇌, 상뇌로 나눈다. 그리고 하뇌는 생명 활동과 관련된 것, 중뇌는 감정과 관련된 것, 상뇌는 지성 및 영성과 관련된 것으로 설명한다. 이러한 설명은 뇌를 파충류 뇌, 변연계, 신피질 뇌로 명명하고, 첫 번째 것은 생명 활동을, 두 번째 것은 감정 조절을, 세 번째 것은 이성과 논리를 관장하는 것으로 파악한 현대 뇌 과학자들의 설명과 일치한다. 뿐만 아니라 인문과학과 자연과학의 가교를 건설하는 뇌 과학과 생물학의 연구자들은 상반되는 두 생리 상태 및 심리 상태에서 작용하는 두 호르몬의 상호 작용을 음양의 원리로 설명하기도 한다. 뇌의 구조와 기능, 그리고 다양한 감정, 고통과 호르몬 분비 작용과의 상관 관계에 관해서는, Jean-Didier Vincent, *Biologie des passions*(Paris : Odile Jacob, 1986)을 참조하라.

북유럽 신화 라그나로크(신들의 황혼)를 배경으로 한 온라인 게임 〈라그나로크〉.

음껏 상상의 공간을 즐기고자 하는 욕구에서 생겨난 새로운 놀이 문화인 온라인 게임은 현실적 제약을 초월한 내용들로 가득 찬 신화를 불러들이고 있다. 물론 이들이 신화에 관심을 쏟는 이유가 신화학자들의 그것과 같지는 않다. 곳곳에서 대량으로 쏟아져 나오는 문화를 매일 접하고 있는 대중들은 일상적이고 익숙한 내용들의 진부함에 식상해서 뭔가 색다른 것, 낯선 것, 기이한 것, 신비스러운 것, 요즘의 어법대로 말하자면 한마디로 '엽기적인' 것들을 찾는다. 이해 불가능하기 때문에 한편으로는 다소 혐오스럽거나 불편하면서도 다른 한편으로는 신기하고 매혹적인 것들, 대중들은 그런 것들에 몰입하는 것에 재미를 느끼게 된다. 그런데 엽기적이라는 말은 이성이 권세를 떨친 이래로 줄곧 경계 밖으로 배제되어온 신화에 붙었던 딱지가 아니던가!

우리가 일상을 벗어난 환상과 신화에 몰입하는 까닭은 그것들이 우리 안 깊은 곳에 내재해 있는 욕망이나 열정들, 혹은 존재의 본질들을 통찰하는 심오한 영적 지혜들, 아니면 온갖 것이 다 녹아 있는 인류의 유년기의 삶의 흔적들이기 때문일까? 그리하여 이 몰입은 억압된 욕구나 열정을 배출시킴으로써, 혹은 잊혀진 태고의 지혜와 삶을 기억함으로써 야만으로 치부되어왔던 또 다른 나의 타자, 우리의 타자를 감싸 안아 온전한 인간이 되려 하는 존재론적 몸부림일까? 어쨌든 과거의 문화 유산인 신화가 오늘날 새로운 문화 창달의 소재로 적극 활용되고 있다.

그런데 흥미로운 사실은 사이버 공간에서의 담론 형성 과정이 신화의 형성 과정과 어떤 점에서 유사성을 드러낸다는 것이다. 신화는 고대부터 세인들의 입과 귀를 통해 전해진 이야기로서 구술 문화적 성격을 지닌다. 말의 문화는 기록으로 고착되기 전까지는 누군가가 기억하여 계속해서 말해주지 않으면 사라져 존재의 흔적조차 남기지 않는다. 기억과 구술의 반복 과정에서 대중은 그들이 '원하지 않는 것', '그럴듯하지 않은 것' 들은 누락시켜버린다. 그렇기 때문에 어떤 신화가 비록 특정 개인의 창조적 정신의 산물이라 할지라도, 거기에는 그 개인이 속한 사회 구성원들의 삶의 양태, 사고방식, 믿음, 사상, 제도, 풍속 등이 담겨 있어 개인의 작품이 아닌 집단 정신의 산물로 간주된다.

사이버 공간에서의 담론도 마찬가지다. 거기서는 특정 개인의 힘이 큰 위력을 발휘하지 못한다. 누구든 자신의 목소리를 낼 수 있다. 그렇지만 무수한 개인의 입과 눈을 거치는 동안 독특한 개성은 집단의 소리 속에 용해되어 결국 집단 정신으로 응결되어 나타난다. 나의 목소리가 섞여 들어갔으되 그것은 더 이상 나의 목소리가 아니고, 수많은 개성들의 합도 아니며, 심지어 때로는 거기에 동참한 나의 음색과 상반되는 것처럼 보이기도 한다. 신화처럼 그것은 집단 표상이자 구술 문화적 성격을 띤다.

사이버 공간의 담론과 신화의 유사성으로서 또 하나 지적할 수 있는 것은, 인터넷을 통해 수집되는 방대한 정보에 의거한 지식의 구축 양상이 기억과 구술에 의거한 신화의 구성 양상과 유사하다는 점이다. 인상적이고 유관성 있어 보이는 정보들을 끌어 모아 그럴듯한 하나의 내용으로 엮어내는 콜라주 방식은 연상과 친연성에 의해 오랜 기간에 걸쳐 여러 단편들이 섞여 엮어지는 신화의 구성 방식과 비슷하다. 그래서 오늘날의 많은 지식들은 시대가 중첩되고 공간이 겹쳐지는 신화처럼 경계가 불분명하며 출처가 모호하다. 물론 앞에서 언급한 요소들과 달리 이런 유사성들이 21세기에 불고 있는 신화 열풍의 원인들로 간주될 수는 없지만, 새 시대의 주된 문화의 어떤 성격과 그 형성 방식 및 과정이 신화의 그것들과 비슷하다는 사실은 자못 흥미롭다. 21세기를 사는 현대인들이 까닭 없이 고대 신화에 열광하겠는가?

네페르타리와 이시스, 왕비들의 계곡; 네페르타리의 무덤.

제 2 장

문명 속의 신화

그리스 신화 연구자 데티엔Marcel
Detienne은《신화의 제조L'invention de la mythologie》[1]에서 신화학자
들의 이론적 작업들과 기원전 5~6세기 이래 이루어진 신화 관련
담론들을 총체적으로 점검한다. 그는 이 담론들 속에서 작용하고
있는 문명 대 야만, 종교 대 신화, 역사 대 신화, 과학 대 신화, 철
학 대 신화 등의 다양한 편 가르기를 간파하고, 담론의 주체들이
명시적으로, 때로는 암묵적으로 기대고 있는 인식의 도그마를 해
체한다. 데티엔이 보기에 이 인식의 도그마들은 늘 '철학적 합리
성'을 기준으로 경계선을 그으면서 한쪽 편을 배제한다. 이들은
신화를, 때로는 입으로 말해진 전통 쪽으로, 때로는 글로 씌어진

---

1) 우리나라에서는 '신화학의 창조'라는 제목으로 번역되었는데[남수인 옮김(이끌리오,
   2001)], 이는 책의 내용을 오인하게 만들 소지가 크다. 책의 내용과 저자의 의도를 감안
   하면 '신화의 의미론'이라는 제목이 적절했을 테고, 굳이 원제를 고수하자면 '신화의
   제조'쯤으로 옮기는 것이 더 적합했을 것이다.

전통 쪽으로, 때로는 그 경계선상에, 경우에 따라서는 경계선 양쪽을 모두 넘나드는 곳에 둔다. 그렇기 때문에 그 경계선은 명료하게 드러나지 않고 늘 모호해 보인다. 오늘날 사람들은 가장 생명력 넘치는 자발적인 원초적 본능의 표상들을 신화라 부르기도 하지만, 가장 의도적으로 만들어낸 억압적 이데올로기 또한 신화라고 부른다는 사실에서도 우리는 이 경계선의 모호함을 재확인할 수 있다. 그래서 가장 무질서한 것처럼 보이는 신화 언어에서 논리를 파악해냈다는, 20세기의 위대한 신화학자 레비스트로스마저도 신화학의 연구 대상인 신화를 명확히 정의하지 않은 채 다만 '사람들이 신화라 부르는 것은 모두 다 신화라고 할 수 있다'고 말했다. 결국 우리 스스로가 어떤 기준을 설정해서 또 다른 편 가르기를 하는 대신 기존의 신화 담론들로써 신화가 무엇인지를 파악하려 한다면, 신화는 실체가 모호한, 그러나 결코 사라지지 않는 신기루로 다가온다. 그리하여 데티엔은 신화를 물속에서 용해되는 물고기에 비유한다.[2]

우리가 신화라 부르는, 신화학의 연구 대상인 문화적 실재는 분명 존재한다. 우리가 신화라는 것이 무엇인지를 알려 들면 곧바로 곳곳에서 그 향과 맛을 감지하게 된다. 사람들은 신화적 향내와 맛이 감지되는 것들은 모두 신화라고 불러왔으며, 지금도 그렇게 부른다. 분명히 있으나 찾으려 하면 물속에 용해되어 '찾을 수 없는 신화le mythe introuvable', 데티엔이 무수한 신화적 담론들을 점검하며 도달한 결론이 바로 이것이다.[3]

---

2) Marcel Detienne, *L' invention de la mythologie*(Paris : Gallimard, 1981), 238쪽.
3) 앞의 책, 225~242쪽.

비록 우리가 신화 이해의 여정 끝에 이르게 되는 곳이 잡을 수 없는 신기루라 할지라도, 신화는 태곳적부터 곳곳에 스며들어 인간의 삶을 일구어왔기에 신화를 모르고는 인간을 제대로 이해할 수 없게 된다. 정의란 일종의 편 가르기이며, 편 가르기에는 항상 어떤 기준이 있다. 그럼에도 우리는 신화 이해의 첫발을 여기서부터 내딛을 것이다. 모든 정의는, 불완전하고 편파적이기는 하나 자기 발견적 도구이므로.

1. Myth와 Mythology

오늘날 현대 신화를 거론하며 현 시대의 신화를 연구하는 학자들도 있지만 일반적으로 '신화' 하면 사람들은 원시 신화나 고대 신화를 떠올린다. 학계에서 통상 신화학자라 불리는 사람들의 연구 대상도 이런 것에서 크게 벗어나지 않는다. 학자들 사이에서 고대 신화는 대개 고대라 일컬어지는 역사적 시기의 신화들을 의미하고, 원시 신화는 현대의 무문자 사회에서 구전되는 이야기 전체를 의미한다. 이처럼 원시 신화니 고대 신화니 하는 것은 시대적 구분에 따른 것이 아니므로, 고대의 문헌을 통해 오늘날 우리에게 전해지는 특정 유형의 문학 형태——그 말의 가장 넓은 의미에서——를 고대 신화로, 그리고 현대의 무문자 사회에서 사람들의 입과 귀를 통해 전해졌거나 또는 전해지고 있는 이야기들을 원시 신화로 이해하더라도 크게 무리는 없을 것이다. 현대인의 입장에서 본다면 전자는 문화 유산이고, 후자는 작금의 문화의 일부라는 표면상의 차이가 있을 뿐이다.

한국, 중국, 일본 등 이른바 한자 문화권의 나라들에서 사용되는 신화(神話)라는 말은 영어의 myth 또는 mythology를 번역한 것이다. 구미의 학자들은 mythology를 경우에 따라 신화, 신화 체계, 신화론 또는 신화학 등 여러 의미로 사용한다. myth와 mythology 둘 다 신화를 뜻할 때는, 전자는 개개의 신화를, 후자는 장르로서의 신화를 가리킨다. 하지만 학자들마다 이 용어를 제각각 다른 의미로 사용하고 있다 해도 과언이 아닐 정도로 신화의 의미 스펙트럼은 넓고 다양하다.

신화myth가 그리스어 '뮈토스muthos'에서 유래했다는 사실은 널리 알려져 있다. 한자어 신화(神話)의 문자 그대로의 의미는 '신성(神聖)한 이야기' 또는 '신이(神異)한 이야기' 정도가 되겠지만, 고대 그리스에서 뮈토스는 '입과 귀를 통해서 전해지는 이야기'를 의미했다. 그런데 이 둘은 전혀 다른 것이 아니다. 전자는 어떤 유형의 이야기의 '내용'에 주목한 것이고, 후자는 어떤 유형의 이야기의 전승 '방식'에 주목한 것이다. 이처럼 특정 대상의 내용, 형식, 기능 등 여러 모습 중 어느 면에 주목하느냐에 따라 동일한 대상이 다르게 규정될 수 있다.

오늘날에는 고고학, 인류학, 종교학, 문학, 철학, 역사학, 언어학 등 온갖 분야의 학자들이 신화에 관심을 기울이면서 다양하게 신화를 정의하고 있다. 신화는 연구자가 신화의 어떤 면에 관심을 가지느냐에 따라, 또 어느 시대, 어느 지역, 어느 사회의 신화를 연구하느냐에 따라 다르게 정의된다. 그렇기 때문에 이런 점들을 고려하지 않은 채 여러 학자들의 정의를 평면적으로 비교하여 그 적합성을 논하는 것은 무익한 작업일 뿐만 아니라, 신화의 문화적 복합성을 단순화하고 획일화하는 오류를 범하는 것이다. 또 어느한 정의를 기준으로 하여 여러 지역의 다양한 신화들을 이해하려한다면, 그것은 신화를 만든 지역적 · 시대적 · 사회적 정신의 특수성을 간과하거나 편파적 잣대로 전체를 판단하는 오류를 범하게 될 것이다.

신화에 대한 여러 정의는 각각 나름대로 신화의 어떤 면들을 조명해주거나 특정 사회, 특정 지역, 특정 시대의 신화의 모습들을 말해주므로 신화의 전반적인 모습을 파악하는 데 도움을 줄 수도있다. 그러나 신화의 실체는 다양한 정의들의 집합을 통해서가 아니라 개별 신화들에 대한 심층적 연구의 집적을 통해서 올바로 밝혀질 수 있으므로, 여기서는 다양한 정의들을 모두 열거하지 않고말리노프스키, 엘리아데, 그리고 뒤메질의 경우만 소개하겠다. 엘리아데와 뒤메질은 다양한 지역과 상이한 문명의 신화들을 폭넓게 접했을 뿐 아니라 겉으로 드러난 현상들을 통해 실체를 파악하는 예리한 지적 통찰력을 지닌 학자들이다. 게다가 신화에 대해특별한 정의를 내리지 않는 대다수의 다른 신화 연구자들과 달리다소 길게 신화를 정의했다는 공통점이 있다. 말리노프스키는 오스트레일리아와 그 주변 지역의 무문자 사회의 신화를 다루었으나, 그가 구별할 것을 주장하는 설화 유형들은 오늘날 세계 전역의 설화 연구자들이 분류하는 유형들과 거의 일치한다.

설화 연구자들은 설화를 대체로 신화 · 전설 · 민담이라는 세 유형으로 구분한다. 여기에는 등장 인물이 신적 또는 초자연적 존재들인가 인간인가, 이들이 활동하는 때가 특정 시기로 명시되는가아니면 막연히 '태초에' 또는 '옛날 옛날에'로 시작되는가, 교훈적 목적을 가지고 만들어졌는가 아니면 단순히 재밋거리로 만들어졌는가, 종교적 의식 속에서 낭송되었는가 등 몇 가지 구별의 기준들이 있다. 신화의 경우, 신적 또는 초자연적인 인물이 등장하고, 그 등장 인물들이 태초, 즉 역사 이전의 시간에 활동하며, 대체로 종교 의식과 관련 있는 내용이 담겨 있다. 전설과 민담의 등장 인물은 주로 인간이며, 때로 동물이 주인공으로 등장하기도 한다. 그런데 민담은 대개 '옛날 옛날에'로 시작되고 때로 교훈적 목적을 띠기도 하지만 주로 재미 삼아 만들어진 것인 반면, 전설은 주인공의 활동 시기가 역사적인 특정 시기로 명시되고 이야기가 일반적으로 교훈적 색채를 띤다.

그러나 우리가 신화나 전설 또는 민담이라 불리는 이야기들을 직접 접해보면 금방 깨닫게 되는 사실이 하나 있는데, 그것은 고대 사회의 것이건 원시 사회의 것이건 이런 이야기들이 실제로 이 기준들에 따라 신화·전설·민담으로 명확하게 구별되는 이야기들이 거의 없다는 것이다. 그 이야기들은 대개 서로 경계를 넘나들며 중첩되어 있다. 그렇기 때문에 오늘날 대다수의 신화 연구자들은 신화의 의미를 다소 유연하게 받아들인다.

엘리아데의 신화 이해는 신화·전설·민담을 엄밀히 구분하는 말리노프스키의 신화 이해와 맥을 같이한다. 그러나 엘리아데는 설화를 크게 세 종류로 구분하는 말리노프스키[4]와 달리, 설화를 두 종류로 양분한다. 하나는 참된 이야기로서의 신화이고, 다른 하나는 민담·전설·우화 등과 같은 신성성이 결여된 이야기들

---

4) 앞으로 보겠지만, 이러한 구분은 말리노프스키가 자의적으로 한 것이 아니라 그가 직접 현지 조사를 한 트로브리안드 섬 원주민들의 자체 구분을 따른 것이다.

이다. 하지만 말리노프스키와 엘리아데는 공히 신화를 다른 설화 유형들과 구별하여 신화의 고유한 의미와 가치를 부각시키기 위해 노력했다. 반면 뒤메질은 '신화란 본래 이런 것이다' 라는 태도를 견지하며 신화를 다른 이야기들과 구별하는 것이 아니라 시간 속에서 변화하는 신화의 모습들 전부를, 여건과 성격에 따라 다양한 양상으로 변화하는 신화의 모습 전체를 모두 신화의 영역에 포함시키고, 그 신화를 만들어낸 사회 구성원들이 신화로 간주하는 것 모두를 신화로 받아들인다. 엄격한 영역 구분과 경계선의 애매모호함으로 인한 영역 확대는 둘 다 실체를 꿰뚫어 보는 예리한 통찰에서 나온 것이므로 신화를 보다 깊이 이해하고자 할 때 나름대로의 타당성을 지니고 있다.

(1) 말리노프스키, 설화의 세 유형[5)]

말리노프스키는 신화·전설·민담과 같은 설화 유형들을 구별해야 한다고 주장한다. 트로브리안드 섬에서 원주민들이 공동체 내에서 이야기되는 설화를 그 내용과 구술 목적 및 기능에 따라 실제로 크게 세 종류로 구별하여 지칭하고 있음을 직접 목격했기 때문이다.

트로브리안드 섬의 원주민들이 쿠콰네부kukwanebu라 부르는 설화는 특정한 계절에 전문 이야기꾼들이 들려주는 이야기로, 오락을 목적으로 하는 일종의 놀이 문화의 유산이다. 트로브리안드 섬의 11월 말경은 습기 많은 날씨가 계속되어 고기잡이를 위한

---

5) 이하의 내용은, B. 말리노프스키, 《원시신화론》, 서영대 옮김(민속원, 1996), 25~34쪽을 참고한 것이다.

바다 항해가 어려워지고, 작물 수확이 막 끝나 아직 축제 분위기가 가시지 않은 때다. 사람들이 모여 한가하게 시간을 보내며 교제하는 이때, 여러 촌락에서 관습적으로 이야기되는 것이 바로 쿠콰네부다. 태양을 방문한 이야기, 식인귀가 전원을 망쳐놓은 이야기, 한 여자가 대단히 탐욕스러워서 장례식에 쓰일 모든 음식을 훔친 이야기 등 우리가 민담이라 부르는 설화 유형이 여기에 속한다. 쿠콰네부는 공동체 구성원 중의 특정인에 의해 전승된다. 이 이야기꾼들은 대화 부분에서는 목소리를 꾸며내기도 하고, 분위기에 맞춰 도중에 민요, 예컨대 곡물이나 식물이 잘 자라도록 하는 주술적 힘을 가진 것으로 믿어지는 노래 등을 부르기도 하면서 일반 청중들의 기호에 맞게 이야기해낼 수 있어야 한다. 고대 그리스의 희극이나 비극은 배우 외에도 합창단chorus이나 가면을 활용하여 극적 효과를 고양시켰지만, 쿠콰네부 전승자들은 오로지 혼자 힘으로 청중에게 스릴을 맛보게 해주거나 웃음이 터져 나오도록 하기 위해 온갖 방법들을 고안해내고 터득해야 한다. 광대 이야기꾼이자 소리꾼이 되어야만 훌륭한 이야기꾼이라고 평가받을 수 있는 것이다.

리브워그워libwogwo라 일컬어지는 설화는 공동체의 연장자들이 젊은이들에게 전하는, 조상이나 자신들의 경험담이다. 전쟁이나 원정, 유명한 주술, 특별한 경제적 업적, 큰 가뭄, 가공할 만한 기근, 가난, 투쟁, 사람들을 격분시키는 범죄 등 여러 세대를 통해 전승되어온 갖가지 전설이나 풍문들이 여기에 속한다. 항로에서 벗어나 식인종이나 적대 부족 가운데에 상륙한 항해자들에 관한 여러 가지 이야기가 있으며, 이중에서 어떤 것은 노래로 불리고,

트로브리안드 섬의 춤.

또 어떤 것은 전설의 형태를 띠기도 한다. 또 유명한 무용가의 매력, 기술, 연기 등이 노래나 설화의 주요한 주제가 되기도 한다. 그 밖에도 멀리 떨어져 있는 화산 섬에 관한 이야기, 부주의한 자들이 목욕을 하다 삶아져 죽은 일이 있는 온천에 관한 이야기, 보통 인간과는 완전히 다른 남녀가 살고 있다는 신비한 나라 이야기, 원양 항해자들의 이상한 모험 이야기, 괴상한 물고기나 문어, 뛰어오르는 바위, 변장한 사술사(邪術師)sorcerer 등에 관한 이야기 등, 고대 중국인들이 《산해경(山海經)》을 통해 전하는 이야기와 유사한 풍문이나 설화들이 리브워그워에 속한다. 사업, 전쟁, 모험, 춤이나 의례적 교환에서의 성공과 연결되어 있는 설화는 몇 몇 사람과 그의 자손들 혹은 전 공동체의 명예로 전승되어온다.

세 번째 종류의 설화인 릴리우liliu는 여타 두 종류의 설화와는 매우 상이한 것으로, 원주민들이 진실한 것, 장엄하고 신성한 것으로 간주하는 신성 설화sacred tales, 즉 신화다. 특정한 계절에 전문 이야기꾼에 의해 이야기되는 쿠콰네부나, 젊은이들이 그들이 속한 공동체의 역사에 접근할 수 있도록 연장자들에 의해 이야기되는 리브워그워와는 달리, 트로브리안드 섬의 원주민들에게 신화는 '이야기되는 것'이라기보다는 일상 생활에서 '살아지는 것'이다. '이야기되는 설화'가 아닌 '일상에서 살아지는 신화', 즉 릴리우의 구체적 예는 제6장에서 언급하겠다.

(2) 엘리아데, 신적 존재들의 창조적 활동에 관한 신성한 이야기
    엘리아데는 수없이 다양한 면들을 지닌 신화를 몇 마디 말로 정의하는 것이 얼마나 무모하고 또 어려운 일인지를 누구보다도 잘 알고 있었다. 그래서 신화를 정의하기 전에 그는 먼저 이렇게 자문한다.

신화는 지극히 복합적인 문화적 실재이므로 이에 대한 접근과 설명은 수많은 보충적인 관점들 속에서 이루어질 수 있다. 모든 학자들에게 또 동시에 비전문가들에게도 다 받아들여질 수 있는 한 정의를 찾기는 어렵다. 게다가 모든 고대 사회와 전통 사회들에서의 신화의 전 유형들과 모든 기능들을 다 포괄할 수 있는 정의를 찾는 것이 가능할까?[6)]

이러한 회의적 자문 후에 엘리아데는 자신이 보기에 가장 포괄적인, 그래서 가장 덜 불완전해 보이는 정의를 시도한다.

신화는 '신성한 역사une histoire sacrée(a sacred history)'를 이야기한다. 그것은 원초의 시간, 우화적인 시초의 시간에 일어났던 어떤 사건을 언급한다. 달리 말하면 신화는 어떻게 초자연적 존재들의 무훈 덕분에 하나의 실재——그것이 우주라는 총체적 실재이건, 아니면 단지 한 단편[어떤 섬, 어떤 식물 종(種), 인간의 어떤 활동, 어떤 제도]이건——가 존재하게 되었는가를 이야기한다. 따라서 신화는 늘 어떤 사물이 어떻게 생겨났는지, 어떻게 존재하기 시작했는지를 말해주는 어떤 창조의 이야기다. 신화는 실제로 일어났던 것, 온전하게 모습을 드러낸 것에 대해서만 말한다. 신화의 인물들은 초자연적 존재들이다. 이들은 특별히 장엄한 시초의 때에 그들이 행했던 것으로 인해 알려졌다. 신화는 이들의 창조적 활동을 드러내 보이고 이들 작품의 신성성sacralité(또는 단순히 초자연성surnaturalité)을 공표한다. 신화는 신성한 것들(또는 초자연적인 것들)이 다양하게, 때로는 드라마틱하게 세계 속으로 뚫고 들어오는, 성(聖)의 세계 속으로의 침투를 묘사한다. 실제로 세계를 건설하고 또 그것을 오늘날의 세계로 만든 것은 바로 이 성(聖)의 침투다. 게다가 인간이 오늘날처럼 죽을 수밖에 없는 존재, 성(性)적으로 구별된 문화적 존재가 된 것도 초월적 존재들의 개입의 결과다.[7]

6) Mircea Eliade, *Aspects du mythe*(Paris : Gallimard, 1963), 16~17쪽. 1945년에 미국에서 처음 출간되었으며 이 책은 우리나라에서도 번역되었다. 《우주와 역사 ― 영원회귀의 신화》, 정진홍 옮김(현대사상사, 1976).

엘리아데가 볼 때 진정한 의미에서의 신화란, 언제나 종교적 행위를 정당화하는 숭배 의식과 관련돼 있고, 신적인 존재들, 초자연적 존재들, 천체의 존재들의 태초의 활동을 이야기한다는 점에서 신성한 이야기이며, 하늘과 땅, 인류, 동·식물 또는 인간이 사용하는 제도나 도구 등을 만들어내는 창조의 작업을 이야기한다는 점에서 항상 창조의 이야기다. 또 인간이 오늘날과 같은 유한한 조건들 속에서 살아가게 된 것, 남녀의 상이한 성적 특성에 따라 역할이 구분된 문명이 존재하기 시작한 것도 모두 신적 존재들이 개입한 결과다. 그래서 그는 신화를 전설이나 민담 같은 이야기 유형과 엄밀히 구별하고, 후자를 신성성이 결여된, 다시 말해 위상이 격하된 신화들로 간주한다.

엘리아데는 뒤메질이나 레비스트로스와 같은 다른 신화학자들에 비해 신화의 범위를 다소 협소하게 규정하는데,[8] 이는 그가 인간의 행동에 대해서뿐만 아니라 인간이 처해 있는 조건에 대해서, 즉 현실의 양태 일반에 대해서 본받아야 할 신적 모델을 제시하는 이야기들만을, 종교적 의례 속에서 낭송되는 신화나 그와 관련된 신화들만을 진정한 의미의 신화로 간주하기 때문이다.

무문자 사회인 현대의 원시 사회에서, 또 고대 사회나 전통 사회에서 살아 작용하는 신화의 기능과 가치에 주목하고 그러한 신화들에 더욱 깊은 관심을 가졌던 엘리아데와 달리, 수많은 문헌

---

7) Mircea Eliade, *Aspects du mythe*, 16~17쪽.
8) 대체로 역사-문헌학자들은 전설, 민담, 서사시, 발라드 등을 모두 넓은 의미에서 신화로 보며, 민속학자나 인류학자들은 무문자 사회들에서 구전되는 이야기 전부를 신화로 간주한다.

전통이 집적되어 있는 인도-유럽제족의 신화 전체를 연구했던 뒤메질은 전설, 민담, 서사시, 발라드 등을 모두 넓은 의미에서의 신화 범주에 포함시킨다.

(3) 뒤메질, 이야기의 범주를 넘어서

뒤메질도 엘리아데와 마찬가지로 엄밀한 의미에서의 신화는 주술-종교적 의례와 어떤 식으로든 관련되어 있다고 보았다. 그러나 뒤메질은, 여러 유형의 신화들과 전 세계의 신화들을 검토·연구해보면, 신화는 의례하고만 관계를 맺고 있는 것이 아니라 다른 신화들, 전설, 민담, 서사시, 우화 등과도 연관되어 있으므로, 신화를 좀더 유연하게 이해할 필요가 있다고 역설한다.

> 엄밀한 의미에서의 신화는 통상 종교적 규율, 또는 주술-종교적 규율인 의례와 어떤 식으로건 관련되어 있다. 하지만 이 정의는 몇 가지 설명들에 의해 완화되어야만 한다.
> 종종 종교적 변천 과정에서 신화는 의례에서 벗어나 독자적인 삶을 누리는 방향으로 나아가, 예전에 신화의 실제 활용이 보장했던 통제의 범위 밖에 있게 된다. 신화는 역사의 성격을 띠기도 하고 문학의 성격을 띠기도 하는데, 특히 정의하기는 어려우나 쉽게 인식할 수 있는 이른바 민담(또한 속담, 비법, 우화, 동요……)은 문학의 성격을 띤다. 이 두 극단의 유형 사이에는 당연히 온갖 종류의 중간물들이 있다.
> 환경milieu이 끼치는 영향도 이에 못지않다. 만약 신성한 기법들의 전문가가 종교적 의례 해설 속에 신화를 기록했다면, 신화가 유지하는 의례와의 관계는 동시대에 시인이 송가(頌歌)나 서사시 속에서 이야기

했을 때보다 더 강하게(때로는 지나치게) 표시가 날 것이다. 문학 요소의 중요성은 물론 경우에 따라 다르게 나타난다. 그래서 우리는 종종 동일한 이야기의 다양한 동시대 변이본들——엄밀한 의미의 신화에서 역사적 전설이나 민담에 이르기까지——을 만나게 된다.

세 번째로는 신화와 관련된 의례의 성격이 작용한다. 예컨대 기념을 정당화하고 의식의 효력을 보증하는 '창설 이야기récit de fondation'는 의례와 더 밀접하게 결합되어 남아 있을 가능성이 많아서, 단지 동일한 의식의 기념을 누락할 위험만을 보여주는 이야기보다 대중 문학이나 지식층 문학의 공유지 침입에 더 잘 저항할 가능성이 있다. 하지만 후자의 이야기도 전자와 마찬가지로 신화다.

모든 인간 집단과 집단 내의 모든 유자격 개인은 여러 의례와 여러 신화들을 알고 있다. 이 신화들 속에서는 적어도 부분적으로나마 동일한 고유명사들(장소, 존재……), 동일한 사회적·우주적 제도들이 나타난다. 사용자들은 비록 전통의 다양한 요소들과 몇몇 모순들을 조화시키려는 노력을 거의 하지 않는다 할지라도, '어떤 전체적 조화un ensemble'를 느끼지 않는다 할지라도, 최소한 동일 장르의 것들이라는 느낌은 가진다. 이 느낌만으로도 충분히 '개별 신화들mythes' 위에 그 단편들을 신중히 분리해야만 하는 '신화 체계une mythologie'를 구축할 수 있다.

이러한 확인은 신화를 정의하는 데 중요하게 작용한다. 어떤 이야기들은 구체적인 규율과 관련이 없거나, 이제는 더 이상 관련을 갖지 않는다. 하지만 이 이야기들도 신화의 장르(동일 인물, 동일 틀, 동일 장르의 다른 이야기들의 암시)에 속한다. 따라서 이들도 고유한 의미에서의 신화와 동일 평면상에서 검토되어야만 한다. 이것들은 말하자면 신화의 보완물들로, 신화라 불린다 해도 전혀 불합리하지 않다. 창세에 관한 이야기, 인류의 시초에 관한 이야기, 천문학이나 기상학적 현상에 관한 이야기들이 그렇다. 이 마지막 경우, 그와 관련된 자연 현상들이 규칙적인 작용의 결과처럼 보일 때, 인간의 의례와 동일한 유형의 우주의 작업의 결과처럼 보일 때, 신화라는 명칭이 그만큼 더 정당화된다.[9]

뒤메질에 의하면, 넓은 의미에서의 신화는 역사와 문학이라는 양 축을 가지고 있다. 전설légende은 역사의 축 가까이에, 민담conte은 문학의 축 가까이에 자리잡고 있으며, 이 두 축 사이에 우화fable, 서사시épopée, 서정시lyrique, 전쟁시chant de guerre, 연가chant d'amour 등, 온갖 종류가 자리잡는다. 이 외에도 모든 나라에는 속담proverbe이나 절기담(節氣談)dicton de calendrier, 민간에 떠도는 농작물 재배법, 음식 조리법, 약제 비법, 도구 제조법 등이 있다. 이들 중에는 원래 신화의 일부였으나 시간이 지나면서 원래의 신화적 문맥을 벗어나 자율적 삶을 누리게 된 것들이 상당히 많다.

예를 들면, "구년지수(九年之水) 해 바라듯", "대한(大旱) 칠 년 비 바라듯"이라는 중국 속담이 있다. 우리나라 고전 소설 《춘향전》에서도 언급되는 이 속담은 각각 중국 하(夏) 왕조의 우(禹)왕 전설과 상(商) 왕조의 탕(湯)왕 전설에서 떨어져 나온, 신화의 편린들이다.

---

9) Georges Dumézil, "Le mythe et l'histoire", *Recherche Philosophiques*, t.5(1936), 235~251쪽.

또 주로 고대의 농경력(曆)이나 천체력의 일부를 이루는 절기담들이 있다. 예컨대, "승냥이가 짐승들을 (잡아 늘어놓고) 제사를 지낸 후에야 전렵 사냥을 한다(豺祭獸然後田獵)"라는 고대 속담은 '승냥이가 짐승들을 잡아 마치 제사를 지내듯 늘어놓는(豺祭獸) 시기' ──9월 말과 10월 초 사이── 라는 시간 지표를 제시하면서 이때 맞춰 행해졌던 제사, 즉 중국 상고대인들의 어떤 종교적 규율[10]을 일러주는 절기담이다. 공동체의 삶에 질서를 부여하는 이런 절기담들은 전통적 지혜로 간주되어 나라마다 다양한 방식으로 전승되면서 그 자체로 신화가 되기도 하고, 여러 이야기들이 거기에 덧붙여져 신화로 발전되기도 한다. 그리스의 경우, 헤시오도스의 《노동과 나날》 곳곳에서 이런 절기담들을 접할 수 있다.

아틀라스의 딸들인 플레이아데스 성단(星團)이 아침에 떠오르면 수확을 시작하고, 그 별들이 아침에 지면 쟁기질을 시작하라. 플레이아데스 성단은 사십 일 낮밤을 숨어 지내다가 한 해 중 낫을 갈 때쯤이면 아침에 처음으로 나타난다.[11]

작열하는 태양이 비지땀을 흘리게 하는 열기를 누그러뜨리면, 전능하신 제우스 신은 가을비를 내려주시고 사람의 피부는 훨씬 가벼움을

---

10) 고대에 사냥이라는 집단 의례는 군사 훈련과 식량 획득이라는 군사적 · 경제적 목적뿐만 아니라 종교적 목적도 가지고 있었다. 계절마다 행해졌던 사냥은 목적이 각기 달랐으므로 명칭 또한 달랐으며, 각 사냥에서 획득된 사냥감은 제사에서 공물로 바쳐졌다.
11) 헤시오도스, 《노동과 나날》, 《신통기 : 그리스 신들의 계보》, 김원익 옮김(민음사, 2003), 141~142쪽.

구스타브 모로가 그린 〈헤시오도스와 뮤즈 여신〉. 파리, 루브르 박물관. 날개 달린 뮤즈 여신은 헤시오도스의 시적 영감을 자극한다.

느낀다. 시리우스가 낮에는 잠시 동안만 인간의 머리 위를 스쳐 지나가고, 오히려 밤 시간에 더 오랫동안 빛나기 때문이다. 그때는 나무를 도끼로 쓰러뜨려도 벌레 먹지 않는 가장 좋은 시기이고, 나무들이 나뭇잎을 떨어뜨리고 성장을 멈추는 때다. 그러니 그때 나무를 베서 필요한 물건을 만들 생각을 하라. 절구통은 3피트의 높이로, 절구공이는 3큐빗의 길이로 만들어라. 그러기에는 이 시기의 목재가 적당하다.[12]

뒤메질은 전설과 민담뿐만 아니라 속담과 절기담, 다양한 종류의 민간 비법이나 제조법들까지도 모두 넓은 의미에서 신화라는 장르에 포함시킬 수 있다고 보았다. 그래서 그가 규정하는 신화는 이야기의 범위를 넘어선다.

엘리아데는 신화를 다소 엄격하게, 뒤메질은 다소 유연하게 규정하긴 하나, 이들은 모두 엄밀한 의미에서의 신화는 의례와 관련 있다는 점에 동의한다. 고대 사회와 원시 사회에서 의례와 밀접히 연관되어 있는 신화들이 종종 확인되기 때문이다. 예컨대 인도의 가장 오래된 문헌인 베다Vedas서의 신화들은 거의 대부분 종교적 의례에 사용되었던 찬가나 기도문, 주문(呪文), 질병 치료법, 명상법 등과 관련된 것들이다. 두 학자가 모두 깊은 관심을 가졌던 인도의 경우는 특히 초기 신화들 대다수가 그러하며, 고대 이집트, 메소포타미아, 페르시아 등 다른 지역에서도 많은 신화들이 의례 속에서 낭송되었던 것으로 확인된다. 그래서 신화는 흔히 의례의 구술적 상관물이라고 이야기되곤 한다.

---

12) 앞의 책, 143~144쪽.

신화와 의례와의 긴밀한 상관성은 한때 다른 논란을 불러일으키기도 했다. '신화가 먼저 있었느냐, 의례가 먼저 있었느냐'의 논란으로, 전자를 주장하는 학자들은 신화학파, 후자를 주장하는 학자들은 의례학파라 불린다. 하지만 오늘날 신화학자들은 더 이상 이런 논란에 빠져들지 않는다. "신화는 의례하고만 관계를 맺고 있는 것이 아니라 다른 신화들, 전설, 민담, 서사시, 우화 등과도 연관되어 있다"고 뒤메질이 확인했듯이, 신화와 의례의 발생적 선후 관계가 경우에 따라 달리 나타나기 때문이다.

신화와 의례 간의 복합적 상호 관계를 좀더 구체적으로 확인하기 위해, 그리고 다소 난해하게 보이는 뒤메질의 신화 정의를 좀더 명확히 이해하기 위해 의례와 관련된 신화들을 몇 가지 검토해 보자.

2. 신화와 의례

(1) 의례에서 구술되는 신화

고대 그리스의 황금빛 이삭의 여신 페르세포네는 지하 세계의 신 하데스에게 납치된다. 땅과 곡식의 여신 데메테르는 사랑하는 딸 페르세포네를 찾아 온 세상을 헤맨 끝에 페르세포네가 하데스의 세계로 납치된 사실을 알고는 화가 나서 땅과 곡식을 돌보지 않았다. 그리하여 가축들은 죽어가고, 땅이 황폐해져 곡식은 더 이상 열매를 맺지 않았다. 데메테르는 딸을 찾으러 지하 세계로 내려가기 전에 제우스를 찾아가 하데스가 납치한 딸을 다시 지상으

〈헤르메스와 페르세포네〉
기원전 460년경의 적색상
암포라의 일부. 뉴욕, 메트로
폴리탄 미술관. 하데스가 페
르세포네를 납치했을 때 헤
르메스는 그녀를 다시 데메
테르에게 돌려주라는 제우
스의 명령을 전했다.

로 데려오게 도와달라고 부탁한다. 이에 제우스는, 지하 세계는
하데스의 관할 영역인지라 신들의 우두머리인 자신도 마음대로
할 수 없으나, 만일 페르세포네가 땅 밑에서 아무것도 먹지 않으
면 그녀를 지상으로 데려올 수 있다고 했다. 그러나 페르세포네는
이미 하데스가 준 석류를 먹어버렸기 때문에 지상으로 다시 올라
오는 것이 불가능해졌다. 제우스는 또다시 눈물로 애원하는 데메
테르의 간청을 못 이겨 페르세포네로 하여금 1년의 3분의 1은 지

하 세계에서 보내고 나머지 3분의 2는 지상에서 생활하도록 허락
했다.

오늘날 우리가 알고 있는 이 신화는 데메테르와 그의 딸 페르세
포네를 숭배하는 고대 그리스의 신비 종교 엘레우시스 비의(秘
儀)에서 구연된 시가(詩歌)에서 비롯된 것이다. 기원전 7세기경부
터 연극이나 야외극 형태로 상연되면서 전해오는 노래에서는 근
심에 싸인 데메테르가 딸에게 다음과 같이 묻고 있다.

애야, 저 아래 세계에 있을 때, 어떤 음식을 먹은 적이 있니?
말해다오. 만약 네가 아무것도 먹지 않았다면,
너는 네 아버지 제우스와 내 곁에서 불멸의 생을 누리는 모든 신과
함께
칭송받으며 살 것이다.
그러나 네가 무엇이든 먹었다면,
너는 매년 3분의 1을 땅속 깊은 곳까지 다시 내려가
그곳에서 살아야만 된단다.
그리고 봄에 모든 향기로운 풀들과 더불어 땅이 다시 녹게 되면,
너는 흐릿한 어둠 속에서 일어나 다시 돌아오게 되고
신과 인간들에게는 놀랄 만한 일이 벌어질 거란다.[13]

곡물의 씨앗은 어두운 땅속에 묻혀 죽은 듯이 일정 기간을 보낸
후 발아하여 땅을 뚫고 나오며, 잎을 피워 성장한 후 다시 곡물을

---

13) J. B. 노스, 《세계종교사(상)》, 윤이흠 옮김(현음사, 1986), 115쪽.

만들어낸다. 죽음과 삶을 되풀이하며 영위하는 곡물의 생은 죽음
에서 비롯되는 삶의 신비와 역설을, 삶-죽음-재생의 모습을 그
대로 드러내 보여준다. 재생을 통한 불멸, 신과의 합일을 추구했
던 엘레우시스 신비 종교의 신도들이 풍요와 죽음의 여신들을 그
들의 입문 의례와 연결시키는 것은 지극히 자연스럽다. 입문 의례
에서 그들은 땅과 곡물 신의 삶을 노래하며 자신들의 삶이 죽음-
재생의 리듬에 동화되기를 염원했을 것이다.

　인도네시아 세람 섬의 한 신화에 의하면, 태초에 인간들이 아직
불멸의 삶을 누리고 있었을 적에 한 처녀가 '태양의 인간'이라 불
리는 어느 괴한에게 납치되었다. 괴한은 처녀를 산 채로 묻어 죽
게 했다. 바로 이 최초의 살인에 대한 벌로서 남자들은 죽어야 할
운명을 지니게 되었다. 나중에 평등의 정령은 여자들 역시 같은
운명을 맞게 했다. 그때부터 매년 사람들은 살인이 그들을 죽어야
하는 운명에 처하게 만들었다는 사실을 잊지 않기 위해 의식을 통
해 이 처녀와 살인자를 되새겨왔다.

　인간은 유한한 삶을 살다 죽을 것이냐, 아니면 영원히 살 것이
냐를 스스로 선택할 수 없다. 생명의 유한성은 실존적 결단의 문
제가 아니라 인간에게 거역할 수 없는 운명으로 주어진 것이다.
이 신화는 태초에는 인간도 불멸의 삶을 누렸으나 살인 행위로 인
해 영생의 삶을 상실한 것이라고 이야기해준다. 세람 섬의 원주민
들은 의례에서 이 신화를 낭송하여 살인에 대한 가혹한 응징——
불멸의 상실——을 상기시킴으로써, 인간의 유한성을 환기시킴
과 동시에 사회에서 살인의 금기가 지속적으로 준수될 수 있게 한
다.

데메테르와 페르세포네의 이야기, 그리고 세람 섬의 신화가 원래 의례 속에서 낭송되기 위해 만들어졌는지는 알 수 없다. 확실한 것은 모든 의례에는 어떤 믿음이 전제되어 있고, 이 믿음은 종종 신화의 형태로 의례 속에서 낭송되어 표현되기도 하며, 몸짓이나 행위를 통해서만 표출되기도 한다는 점이다. 앞의 두 경우처럼 신화가 의례 속에서 낭송될 경우는 의례의 의미가 비교적 분명히 드러난다. 하지만 애초에 어떤 신화와 의례가 연결되어 있었다 하더라도 시간이 지나면서 각자 분리되어 독자적인 삶을 누리게 되는 경우가 허다하다. 의례의 틀을 벗어난 신화의 일부는 다른 새로운 신화를 만드는 데 차용되기도 하고, 신화와 분리된 의례는 그 원래 의미가 잊혀지기도 한다. 신화가 떨어져나간 의례의 경우, 그리고 몸짓이나 행위를 통해서만 의례의 근간이 되는 믿음이 표현되는 경우에는, 의례의 의미가 제대로 드러나지 않아서 종종 왜 그러한 의례가 기념되는지 이해하기 어렵다. 그리하여 사회에 현존하는 의례를 정당화하기 위해 새로운 신화가 만들어지기도 하는데, 오늘날 우리에게 전해지는 신화의 상당수가 바로 이러하다. 뒤르켐이 지적했듯이, "일반적으로 신화의 목적은 과거의 사건들을 기념하는 것이라기보다는 존재하는 의례들을 해석하는 것이다. 그것은 역사라기보다는 오히려 현존하는 것에 대한 설명이다."[14]

---

14) Émile Durkheim, *Les formes élémentaires de la vie religieuse : Le système totémique en Australie*, 240쪽.

제2장 문명 속의 신화

(2) 존재하는 의례를 정당화하는 신화

현존하는 의례들을 설명하기 위해 의례보다 후에 만들어진 신화는 무수히 많지만 여기서는 그중 한 예만 살펴보자.

인도의 쉬바파 신도들은 링가라는 남근 형상물을 조각하여 자그마한 나무 상자에 넣어 목에 걸고 다닌다. 또 쉬바 신의 사원에는 링가가 조각되어 있고, 신도들은 그 앞에서 기도를 드리고 봉헌한다. 이방인들은 이런 모습을 보고 다소 우스꽝스럽고 미개하다고 여긴 모양으로, 쉬바파 신도들을 '생식기 숭배자들' 이라 부르기도 한다. 하지만 쉬바파 신도들은 생식기 자체를 숭배하는 것이 아니라, 링가를 쉬바 신의 현현으로 간주하기 때문에, 마치 기독교 신자가 십자가를 목에 걸고 다니듯이 그 신의 형상을 목에 걸고 다니는 것이며, 또 그 앞에서 경건한 의식을 치르는 것이다. 한 인도 신화에 의하면, 쉬바가 링가의 형태를 갖게 된 것은 브리구라는 한 리시rishi〔현인(賢人)〕의 분노 때문이었다고 한다.

브리구는 신들에게서 브라흐마, 비슈누, 쉬바 세 신 가운데 과연 누가 가장 뛰어난지를 확인해달라는

남근의 기원, 남인도.

부탁을 받았다. 브리구가 쉬바 신을 찾아갔을 때 쉬바는 그를 반기지 않았다. 아내와 한창 사랑을 나누고 있던 터라 방해받고 싶지 않았기 때문이다. 냉대를 받은 브리구는 앞으로 쉬바는 링가의 형상으로만 숭배받게 될 것이라고 저주를 내렸다. 브리구가 그 다음으로 찾아간 브라흐마는 자만심에 넘쳐 브리구를 제대로 대접하지 않았다. 마지막으로 브리구는 비슈누를 찾아갔다. 비슈누는 브리구가 방문했을 때 깊은 잠에 빠져 있었는데, 브리구가 발로 걷어차자 잠에서 깨어났다. 비슈누는 수면을 방해한 것에 대해 화를 내기는커녕, 오히려 브리구의 발이 다치지 않았는지 물었다. 이에 브리구는 신들에게 진정한 자비와 겸손을 보이는 자, 즉 비슈누가 가장 위대한 신임을 알려준다.

아리아족이 인도에 들어가기 이전에 거주했던 인더스 강 유역의 모헨조다로와 하라파 문명권에서 발굴되는 고대 유물들 가운데는 남근석들이 상당히 많다. 학자들은 대체로 이것들이 모두 인도 원주민들의 다산(多産)과 풍요의 상징물이었다고

남근의 신전. 인도 엘레판타 섬.

본다. 쉬바 신도들의 링가 숭배는 바로 풍요, 다산과 관련된 의례에서 사용되었던 인더스 문명기의 상징물이 원래 의미는 상실한 채 쉬바 신앙 체계 속에 흡수되어 후대에까지 존속하고 있음을 보여준다. 풍요로운 생산과 관련된 행위가 고대에는 신이나 조상들의 축복과 은혜를 드러내는 종교적 활동이었으나 차츰 그 종교적 의미를 탈각한 채 세속적 행위로 전락해버리듯, 원래 품고 있던 풍요 · 다산의 의미를 잃은 링가는 성적 상징물로 보일 수도 있다. 앞에 언급한 신화는, 쉬바보다 비슈누의 위대함이 강조되는 것으로 보아, 아마도 인도에서 쉬바파와 비슈누파가 경쟁하던 어느 시기에 비슈누파의 신도들이 쉬바 신의 상징물을 폄훼하고 자신들이 숭배하는 신의 관대함과 우월성을 강조하기 위해 만들어냈을 것이다.

신화와 의례의 관계에 대해서는 신화학파나 의례학파들처럼 발생적 선후 관계에 있어 어느 한 경우만을 고집해서도 안 되며, 앞에 예를 든 인도 신화의 경우처럼 이들의 상관성을 정태적으로만 이해해서도 안 된다. 신화와 의례는 끊임없이 상호 작용하여 상대의 의미가 좀더 명료하게 드러나도록 도와주기도 하고,[15] 때로는 기존 사실에 새로운 의미를 부여하여 그 내용을 더욱 풍부하게 만들어주기도 한다. 고대 아테네의 영웅 테세우스와 관련된 신화나 의례는 특히 신화와 의례의 이러한 역동적 상관성을 잘 보여준다.

---

15) "비록 원리상 숭배le culte는 믿음들에서 유래하지만, 이 숭배는 믿음들에 역작용을 일으킨다. 신화는 흔히 의례를 해설하기 위해, 특히 의례의 의미가 분명하지 않거나 또는 더 이상 분명하지 않을 때 의례를 본으로 하여 만들어진다. 역으로 믿음들은 그 믿음들을 표현하는 의례를 통해서만 분명히 드러나기도 한다." Émile Durkheim, 앞의 책, 193쪽.

아테나 여신의 신전 파르테논. 아테네라는 명칭은 그 도시의 수호 여신 아테나에서 따온 것이다.

(3) 신화와 의례의 역동적 상호 관계

고대 아테네인들이 가장 헌신적인 신앙과 제사를 바친 대상은 신들, 그리고 그들의 선조와 영웅들이었다. 숭배자들은 기도와 찬가, 그리고 희생 제의를 통해 신과 교류했으며, 신전에 여러 가지 봉헌물을 내놓았다. 조상이나 영웅의 유해는 특별한 힘을 갖고 있다고 믿었기 때문에 그들의 무덤을 찾아가 의식을 행하기도 했으며, 탁월한 영웅의 경우에는 공동체 전체가 주기적으로 그의 위업을 기리는 의례를 거행했다. 이 영웅 숭배 의식들 중 하나로 영웅 테세우스와 관련된 것이 있다.

그들은 매년 테세우스의 연인 아리아드네가 아기를 낳다 죽은 것을 기리는 의식을 거행했는데, 그 의식에서는 분만의 몸부림과

미노타우로스를 죽이는 테세우스. 기원전 540년경의 아티카 항아리 일부. 파리, 루브르 박물관.

외침을 그대로 재현했다. 또 다른 연중 의례인 오초프리는 테세우스가 크레타 섬에서 아티카로 귀환한 장면을 그대로 재현한 무언극이다. 이날 아테네인들은 테세우스가 했던 것처럼 군사령관의 지팡이에 왕관을 씌우고 테세우스가 살았던 시대의 의상을 입고서 그가 외쳤으리라고 상상되는 소리를 부르짖으며 행진했다. 이러한 의식들은 모두 테세우스와 관련된 신화에 근거해 구성된 것들이다. 테세우스 관련 신화를 한번 살펴보도록 하자.

제우스는 페니키아 지방에 있던 티로스 시(市)의 왕 아게노르의 딸 에우로페에게 반해 황소로 변신한 뒤 그녀를 등에 태우고 크레타 섬으로 데리고 간다. 아게노르 왕은 왕비와 아들들을 딸 에우로페를 찾는 데 보내지만, 왕비는 도중에 죽고 아게노르의 아들 카드모스는 여동생을 찾지 못한다. 카드모스는 왕궁으로 돌아가지 않고 신탁에 따라 테베에 정착한다. 제우스에게 유괴된 에우로페는 크레타 섬에서 세 아들, 미노스, 라다만티스, 사르페돈을 낳는다.

미노스가 동생 사르페돈과 왕위를 놓고 다툴 때, 미노스는 자신이 신들의 총애를 받고 있다는 것을 보여주기 위해 포세이돈에게 황소가 바다에서 나오게 해달라고 부탁한다. 포세이돈은 그의 청을 들어주었으나, 그는 황소 한 마리를 제물로 바치기로 했던 포세이돈과의 약속을 지키지 않는다. 그래서 포세이돈은 성난 황소를 크레타 섬의 크노소스 궁으로 보내고 미노스의 아내인 왕비 파시파에에게 사랑의 열정을 불어넣어 그 황소를 사랑하게 만든다. 파시파에는 아테네의 뛰어난 장인(匠人) 다이달로스에게 그녀가 들어갈 수 있는 암소상(像)을 만들어달라고 부탁하고는 나무로 만든 소의 모형 속에 들어가 황소와 사랑을 나눈다. 그 결과 파시파에는 황소의 씨를 받아 소의 머리를 가진 괴물 인간 미노타우로스를 낳는다.

미노스 왕은 괴물 자식이 보기 싫어 그 유명한 다이달로스를 불러 미궁 라비린토스를 짓게 한 후, 미노타우로스를 그곳에 가두어버린다. 다이달로스는 수많은 미로를 곳곳에 배치하여, 한번 들어

테세우스의 수훈이 그려진 붉은 그림이 있는 잔의 일부. 런던, 대영 박물관.

가면 그 자신도 길을 찾아 나오기 어려운, 프리기아 땅을 제멋대
로 흐르는 마이안드로스 강과 같은 미궁을 짓는다.

　한편 미노스와 파시파에의 아들 안드로게오스는 아테나 여신을
찬미하는 범아테네 축제Panathenaia의 운동 경기에서 우승을 차
지한다. 테세우스의 아버지인 아테네의 왕 아이게우스는 이를 질
투하여 안드로게오스를 살해한다. 미노스 왕은 아들의 죽음을 복
수하기 위해 아테네를 정복한 뒤 9년마다 아테네의 소년소녀를
각각 7명씩 크레타로 보내 미궁 안 미노타우로스의 먹이로 삼게
했다. 그러나 이 괴물은 세 번째 공물이 크레타에 온 지 얼마 지나

지 않아 목숨을 잃게 된다. 세 번째 공물에 딸려 온 테세우스의 손에 죽은 것이다.[16] 테세우스는 미노스의 딸 아리아드네 공주의 도움을 받아, 그때까지 한번 들어간 사람은 누구도 살아 나오지 못했던 미궁을 빠져나온다. 테세우스에게 반한 아리아드네가 그가 라비린토스로 들어가기 전에 명주실 뭉치를 건네주는데, 그는 그 명주실 뭉치를 풀면서 들어갔다가 괴물 미노타우로스를 죽이고는 명주실을 따라 그 미궁을 무사히 빠져나온 것이다.[17] 테세우스는 아리아드네를 납치하여 도망쳤으나, 아리아드네가 디오뉘소스 신의 연인이라는 사실을 알고는 낙소스 섬에 그녀를 버려두고 고국으로 돌아간다. 테세우스는 후에 아마존의 안티오페와 결혼한다. 그리고 아테네인들과 아마존인들의 전쟁에서 안티오페가 죽자 아리아드네의 동생 파이드라와 다시 결혼한다.

잠든 아리아드네. 기원전 3세기의 대리석상.

크노소스 궁전 동쪽 부분의
대계단.

테세우스의 무훈을 기념하는 아테네 시의 축제들은 앞에서 살펴본 이러한 신화에 근거한 것이다. 그렇다면 이 신화는 어디서 그 소재를 취했으며, 또 무엇을 말하고 있을까? 이에 대해 정확히 답할 수는 없지만 현재까지 알려진 여러 사실들로 미루어 볼 때, 그리고 테세우스의 전설이 헤라클레스의 전설과 여러 면에서 유사한 것으로 보아, 적어도 이 신화의 내용들이 영웅 테세우스의 실제 무훈을 그대로 이야기하고 있지 않다는 것은 확실하다.

지금까지 확인된 바에 의하면, '미노스'란 실제로는 고유명사가 아니라 크레타 섬의 수많은 고대 도시 중 하나인 크노소스의 왕을 가리키는 말이었다. 황소와 양날 도끼(라브리스labrys)는 왕권의 대표적 상징물이었다. 그래서 미노스가 살았던 궁전은 '양날 도끼의 집'을 의미하는 라비린토스라 불렸으며, 그 궁전의 내부는 길을 찾기 어려울 정도로 복잡하게 건축되었다.[18] 8년 동안 통치한 후 미노스 왕은 왕권 갱신을 위해 이다 산의 신탁의 동굴

16) 아테네인들은 테세우스가 14명의 소년소녀들 사이에 끼어 크레타를 향해 출항하기 전에 아폴론 신에게 서원했다. 만약 테세우스가 미노타우로스를 죽이는 데 성공하여 아테네인들이 더 이상 젊은이들을 괴물에게 바치지 않게 된다면, 해마다 축제 사절단을 델로스 섬으로 보내겠다는 내용이었다. 그래서 아테네인들은 테세우스가 미노타우로스를 처치한 후 해마다 아폴론 신에게 사절단을 보냈다. 그런데 사절단 파견을 준비하는 기간부터 그들을 태운 배가 델로스에 도착했다가 아테네로 돌아오기 전까지 온 시가지를 정결히 해야 하고, 아무도 국가의 이름으로 사형 집행을 해서는 안 된다는 법률이 있었다. 사절단 파견은 아폴론 신의 제관이 사절단을 태운 배의 고물에 화환(花環)을 두를 때부터 시작했는데, 소크라테스의 재판이 있기 하루 전에 이 일이 일어났다. 소크라테스의 사형 집행이 연기되어 그가 옥에서 오랜 시간 있게 된 것은 바로 이 때문이라고 한다. 플라톤, 《파이돈》,《세계의 대사상1. 플라톤》, 419~420쪽.

17) '실마리, 길잡이'를 뜻하는 '아리아드네의 실Ariadne's clew'은 이 신화에서 유래한 말이다.

18) 미로labyrinth의 어원이 라비린토스labyrinthos다.

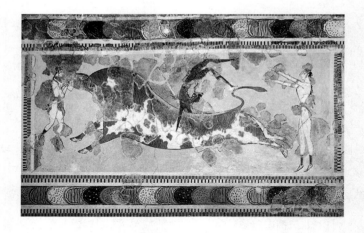

크노소스 궁전의 프레스코화. 원본은 이라클리온 고고학 박물관에 소장되어 있다. 학자들은 이 장면이 오늘날 스페인 투우의 원형이 되는 어떤 의례를 묘사하는 것으로 본다.

에 들어가 아버지 제우스와 교제했다고 한다. 이는 곧 미노스의 왕권을 강화하기 위한 왕권 갱신 의례가 9년마다 행해졌음을 말해준다.[19]

황소는 크레타뿐 아니라 고대 이집트와 지중해 지역 및 소아시아와 중근동에 이르기까지 광범위한 지역에서 왕권을 상징했다. 이 지역들의 장례 의례나 왕권 갱생 의례에서, 혹은 청소년들의 성인식과 같은 입문 의례에서 황소가 중요한 역할을 했던 것으로

---

19) 프레이저는 아테네인들이 8년마다 소년소녀 7명씩을 미노스 왕에게 보냈다고 적고 있다. 그리고 고대 그리스 도시 국가의 왕에게 부여된 이 8년이라는 신성 왕권의 주기를 태음력과 태양력을 조화시키려는 초기 그리스인들의 역법에서 비롯된 것으로 보았다. 고대 왕들의 통치권 주기는 종종 역법의 어떤 단위들과 일치한다. 예컨대, 프레이저에 의하면 고대 남인도의 왕들에게 규정된 통치 기간은 목성의 공전 주기인 12년이었다고 한다. 제임스 프레이저, 《황금가지 I》, 363~364쪽.

하늘 황소를 죽이고 있는 길가메시와 엔키두, 그리고 그들을 저지하려고 노력하는 여신 이슈타르를 묘사한 것으로 추정되는 청색 옥수 인장(玉髓 印章). 런던, 대영 박물관.

추정되며, 선사 시대에 이 의례들이 동굴에서 이루어졌을 가능성은 구석기 시대의 몇몇 동굴 벽화들에서도 엿볼 수 있다.

1901년 크노소스 궁전의 측면에서, 날뛰는 소의 앞뒤에 두 청년이 서 있는 모습을 담은 대벽화가 발견되었다. 이 벽화는, 길가메시와 엔키두가 하늘의 황소 후와와(또는 훔바바)와 싸우는 모습을 묘사한, "엔키두는 황소 뒤에서 꼬리를 비틀었고, 그사이 길가메시는 황소의 목에 칼을 던져 꽂았다"라는 《길가메시 서사시》의 한 구절을 환기시킨다. 또 길가메시와 엔키두가 황소 후와와와 싸우는 장면을 그린 신(新)아시리아 시대의 인장에서는 후와와 앞에 있는 인물이 손에 도끼(라브리스)를 들고 있다. 아카이아어로 도끼는 '펠레키스pelekys'다. 그래서 엘리아데는 '라브리스 labrys'가 돌, 동굴을 뜻하는 아시아어 '라브라/라우라labra/laura'

후와와를 죽이는 모습. 신아시리아 시대의 인장 그림. 런던, 대영 박물관.

에서 파생되었을 가능성을 지적한다.[20]

크레타 섬의 하기아 트리아다에서 발굴된 석관(石棺) 장식판의 장면들 또한 이와 관련하여 자못 흥미로운 내용들을 보여준다. 황소의 희생을 묘사한 석판에서는 세 여사제가 행렬을 지어 황소에게 다가가고 있다. 목이 잘린 희생물의 반대편에는 성목(聖木) 앞에서의 혈제(血祭)가 묘사되어 있다. 두 번째 장식판에서는 장례 헌주(獻酒)가 완료되었음을 볼 수 있으며, 한 여사제가 붉은 액을 큰 항아리에 붓는다. 마지막 장면에서는 긴 옷을 입은 사자(死者)가 무덤 앞에 장례의 공물(供物)이 바쳐진 곳에 임석해 있다. 세 남자 제관이 그에게 작은 배 하나와 송아지 두 마리를 가져다준다.[21]

---

20) Mircea Eliade, *A History of Religious Ideas, vol. I, From the Stone Age to the Eleusinian Mysteries*, 131쪽.

이 석관 장면을 사자(死者)의 신격화divinization 의식으로 해석하는 몇몇 학자들과 달리, 엘리아데는 이것이 사자에게 행복한 사후(死後) 존재를 보장한다는 신비 종교 유형의 의식인 '입문 의식initiation'의 완성을 암시할 가능성이 크다고 본다.[22] 그리고 디오뉘소스——테세우스와 관련된 신화에서 아리아드네의 연인으로 간주되는——숭배는 크레타의 영향을 받은 것이라 주장한다. 디오뉘소스 숭배, 데메테르와 페르세포네 숭배 같은 고대 그리스 신비 종교의 크레타 유래설은 대다수 고대 그리스 연구자들이 공유하는 견해다.[23] 이를 뒷받침하듯 실제로 고대 아테네에서 있었던 디오뉘소스 축제Dionysia의 여러 양상들은 하기아 트리아다 석관의 장면들을 연상시키며, 디오뉘소스 또한 종종 황소로 표현된다.

---

21) 하기아 트리아다 석관 자료는 이미 미케네인들이 크레타에 정착한 시기(기원전 13~12세기)의 종교 사상들을 반영하는 것으로 간주된다. Mircea Eliade, *A History of Religious Ideas, vol. I, From the Stone Age to the Eleusinian Mysteries,* 129~136쪽.

22) "이상의 것들로 판단해볼 때, 사자가 신격화되었다고 주장하는 학자들이 많다. 크노소스의 사제-왕이나 그리스의 영웅들(헤라클레스, 아킬레우스, 메넬라오스)과 같은 특권적인 인물들. 그러나 이 장면은 사자의 신격화가 아니라, 사자에게 행복한 사후 존재를 보장할 수 있는 신비-종교 유형의 의식인 입문 의식의 완성을 암시할 가능성이 크다." Mircea Eliade, *A History of Religious Ideas, vol. I, From the Stone Age to the Eleusinian Mysteries,* 135~136쪽.

23) "이 남쪽 신앙은 인간 사회와 짐승의 번식을 촉진하고, 밀을 자라게 하며, 과일을 맺게 하고, 또 행복한 영원의 세계에까지 생명을 이어주는 신비의 힘을 찬양하고 있었다. 이러한 성격의 신앙은 전적으로 크레타의 영향을 받은 것인데, 크레타의 신앙 또한 생명의 힘에 대한 숭배를 중심으로 성립된 신석기와 고대 청동기의 신앙을 그대로 전수한 것이다"(피에르 레베크, 《그리스 문명의 탄생》, 최경란 옮김(시공사, 1995), 40쪽]. 구원의 세계인 '엘뤼시움'과 "영웅hero이라는 낱말도 크레타어에서 온 것인데, 영웅이란 자손이 정성껏 바치는 제사를 받아 무덤 너머까지 그의 권능을 행사하여 사후에도 생전에 다스리던 공동체를 보호해주는 위대한 인물을 말한다". "(미케네 선문자 B) 서판에는 무한한 힘을 가진 '영웅 중의 영웅'도 언급되어 있다. 도시 국가 시대에 그처럼 중시되던 영웅의 개념은 바로 여기에 뿌리박고 있다"(같은 책, 42쪽).

　　페이시스트라토스(기원전 600~528 또는 527, 솔론의 조카) 시대에 아테네에서는 디오뉘소스를 기리는 축제가 네 가지 있었다. 그중 하나인 안테스테리아Anthesteria는 대략 2월에서 3월 사이에 거행되었다.[24] 첫째 날Pithoegia에는 가을 수확 이래 포도주를 보존했던 오지 항아리(피토이pithoi)를 개봉한다. 음주 경연 대회가 열리는 둘째 날Choës(주전자)에는 황소 제물을 앞세우고 플루트 연주자들과 화환을 든 사람들이 행진한다. 이날에는 또 도시로 입성하는 디오뉘소스 신의 행렬을 재현한다. 사람들은 그가 바다에서 온다고 믿었으며, 이 행렬에는 디오뉘소스를 태운 네 개의 바퀴를 가진 배가 등장한다. 옛 신전Lenaeum은 이날에만 문이 열린다. 집정관 - 왕의 부인basillina이 네 명의 여인을 대동하고 디오뉘소스의 부인 행세를 하며, 자기 남편 집에서 신을 맞아들인다.[25] 특히 이 축제의 둘째 날은 사자의 혼들이 사악한 기운을 가지고 있는 케레스와 함께 지하 세계에서 돌아오는 날이다. 마지막 날은 이들에게 바쳐졌다. 사자들에게 기도를 올리고 여러 가지 곡물로 만든 죽panspermia[26]을 만들어 어둠이 오기 전에 먹었다. 어둠이 깔리면 사람들은 "문으로 가, 케레스. 안테스테리아는 끝났어"라

---

24) 후기의 디오뉘소스 축제는 3~4월에 행해졌다.

25) 다른 어떤 그리스 숭배 의식에도 이렇게 왕의 부인과 결합한다고 생각되는 신은 없다.

26) 1903년에 노벨상을 받은 스웨덴의 화학자 스반테 아레니우스Svante Arrhenius는 1901년에 판스페르미아Panspermia 이론이라 불리는 지구 생명의 외계 기원설을 창시했다. 그는 지구에서 생명이 생겨난 것이 아니고 은하수의 다른 떠돌이별에서 날아온 박테리아 포자가 생명의 씨앗 구실을 했다고 주장했다. 당시 그의 이론을 지지하는 과학자들은 거의 없었다. 그러나 1969년에 오스트레일리아에 떨어진 별똥(운석)에서 지구 위에 살고 있는 생명체의 기본 구성 단위인 아미노산이 발견됨에 따라 외계 생명의 존재 가능성이 높아진 것은 물론이고 판스페르미아 이론까지 부활했다. 외계기원설을 부활시킨 대표적인 인물은 프랜시스 크릭Francis Harry Compton Crick(1916~, 1962년 노

고 소리친다.[27]

　타작이 끝날 무렵인 6월 말이나 7월 초에 행해진 축제에는 '황소 살해'라 불리는 의식이 있었다. 이 의식에서는 밀을 섞은 보리, 또는 그것으로 만든 과자를 아크로폴리스에 있는 제우스-폴리에우스(도시의 수호자 제우스)의 청동 단(壇) 위에 놓고, 황소들을 그 단 주위에 풀어놓아 단 주위를 돌게 한다. 공물을 먹은 황

델로스 섬에 있는 남근상은 디오뉘소스 신전에 바쳐진 봉헌 석상이다.

소는 두 남성에 의해 살해되는데, 먼저 한 사람이 도끼로 황소를 도살하고 나머지 한 사람이 칼로 멱을 딴다. 이 칼과 도끼는 '물 운반자들'로 불리는 처녀들이 운반한 물에 미리 적셔두었다가 날카롭게 갈아서 사용한다. 황소의 가죽을 벗기고 나면 의식의 참여자들은 모두 그 고기를 나누어 먹는다. 그런 다음 소의 가죽 안에 짚을 가득 채워 꿰맨 다음, 그 박제 동물을 세워 소처럼 쟁기에 묶는다. 그러고 나면 황소를 죽인 자를 판결하기 위해 왕이 다스리는 옛 신전의 법정에서 재판이 벌어진다. 물을 운반하는 처녀들이 도끼와 칼을 간 남자들을 고소하고, 도끼와 칼을 간 남자들은 그 도구를 도살자들에게 넘겨준 자를 탓하며, 도살자들은 도끼와 칼에 죄를 전가한다. 결국 도끼와 칼에 유죄가 선고되어 그것들은 바다 속에 던져진다.[28]

이상의 몇 가지 사실과 의례의 단편들이 각색되어 미노스 관련 신화를 비롯한 여러 신화들의 소재로 사용되었던 것 같다. 그리고 이 신화들의 일부가 도시국가 아테네의 구국 영웅 테세우스와 연결되어 그의 전설 속에 녹아들면서 또 다른 신화를 파생시키고, 그 신화의 내용들은 후에 테세우스를 기리는 의례인 오초프리 축

___

벨상 수상)과 프레드 호일Fred Hoyle(1915~)이다. 1973년에 영국의 물리학자 프랜시스 크릭은 지구를 끊임없이 감시하고 있는 외계 문명 사회에 의해 지구 생명의 씨앗이 된 최초의 미생물이 특수 우주선에 실려 지구에 보내졌다는 이론을 펼쳤다(《한겨레》 2002년 3월 11일자, 〈이인식의 과학 나라〉를 참조하라).

27) "이 의례 시나리오는 농경 문명 거의 어디서건 잘 알려져 있으며 정보가 제공된다. 사자와 저승의 힘들이 풍요와 부를 통어하고 수여한다. 디오뉘소스에게 바쳐진 모든 의례들에서 이 신은 풍요의 신이자 동시에 죽음의 신이다." Mircea Eliade, *A History of Religious Ideas, vol. I, From the Stone Age to the Eleusinian Mysteries*, 361~363쪽.

28) 제임스 프레이저, 《황금가지 II》, 장병길 옮김(삼성출판사, 1982), 131쪽.

제의 근간을 이루게 된다.

　신화는 의례의 구술적 상관물이라는 명제는 부분적으로만 참이다. 신화와 의례는 때로 밀접히 연관되어 상호 작용하기도 하지만, 이들이 서로 무관하게 독자적으로 생겨나 발전해가는 경우도 허다하다. 의례적 몸짓들에 함축되어 있는 모든 믿음이나 관념이 다 신화가 되는 것도 아니고, 의례와 무관하게 생성된 신화가 차차 의례와 결합되는 경우도 있다. 믿음이나 관념, 사실, 사건들은 신화로 표현되기도 하고, 의례나 그 외 다른 문화 장르들로 표현되기도 한다. 다양한 형태의 문화 기호들은 끊임없이 영향을 주고받으며 역동적으로 상호 교류하지만 각자 나름대로의 특성과 자율성을 지니면서 변천해간다.

페테르 파울 루벤스, 〈오르페우스와 에우리디케〉, 마드리드, 프라도 미술관.

제 3 장

신화적 사건 및 인물의 비시간성

고대 메소포타미아 지역에서 발견된 《길가메시 서사시》의 주인공은 길가메시다. 죽음을 극복하기 위해 떠난 멀고도 험한 여행길에서 온갖 시련을 겪는 그는 실존했던 역사적 인물로 알려져 있다. 로마의 건국자로 알려진 로물루스는 군신(軍神) 마르스의 자식으로 태어났으나 그의 쌍둥이 동생 레무스와 함께 태어나자마자 버려져 늑대의 젖을 먹고 자랐다고 한다. 우리나라 최초의 국가 고조선을 세운 단군은 천제(天帝)의 아들 환웅과 곰에서 여자로 변한 웅녀 사이에서 태어나 1,908년을 살았다고 한다. 이처럼 세계의 여러 신화들 중에는 역사적 실존 인물들이 주인공으로 등장하거나 실재했던 역사적 사건을 소재로 취한 경우가 흔하며, 또 나라마다 건국 초기의 역사적 인물들에 대한 이야기는 어김없이 신화적 내용들로 채색되어 있다. 신화적 요소와 역사적 요소가 혼재해 있는 이런 종류의 이야기들에 대해

늑대의 젖을 먹고 있는 로
물루스. 로마 시내에 있는
석조 모각. 원본은 로마
카피톨리노 박물관에 소
장되어 있다.

서는 '역사의 변형물인가 아니면 문학적 허구인가' 라는 물음이
끊임없이 제기되어왔다.

1. 윤색된 역사인가, 순수 허구인가

《일리아스*Ilias*》의 이야기는 역사
적 사실인가 아니면 문학적 허구인가? 기원전 6세기 이래로 이
물음을 제기했던 대다수의 논자들은 트로이 전쟁은 아무런 역사
적 근거도 없는 문학적 허구에 지나지 않는다고 오랫동안 믿고 있
었다. 그러나 독일의 고고학자 슐리만Heinrich Schliemann의 주도

호메로스의 흉상. 런던, 대영 박물관.

로 1870년과 1874년에 트로이와 미케네의 옛 성터가 발굴되면서 트로이 전쟁이 역사적 사실이었을 개연성이 높아졌고, 이는 유럽을 흥분의 도가니로 몰아넣었다. 유럽 문명의 근저를 이루는 고대 그리스 문명의 여러 면모들이 새로운 각도에서 조명될 수 있는 길이 열렸기 때문이었다. 특히 그 당시 근동의 여러 나라들과 마찬가지로 서유럽 국가들에 비해 덜 부유한 나라로 인식되었던 그리스의 국민들에게 이 고고학적 쾌거는, 그들의 조상들이 합심하여 오리엔트에 대항해 획득한 그리스인들의 유럽적 정체성을 재확인시켜준 획기적인 사건이었다.[1]

고대 신화의 배경이 된 트로이 전쟁이 역사적 사건이라면, 《일리아스》는 신화가 아니라 역사일까? 아킬레우스, 아가멤논, 헥토르, 파리스, 오디세우스와 같은 《일리아스》의 영웅들은 실제로 기원전 1250년경에 있었던 사건으로 추정되는 트로이 전쟁의 영웅들이었을까? 호메로스 서사시의 형성과 소재에 관한 지금까지의 연구 결과들을 보면, 《일리아스》가 전하는 트로이 전쟁 영웅들의

---

1) 그리스 도시 국가를 세운 여러 왕조들의 혈통이 동방에서 유래했음을 이야기해주는 고대 그리스 신화들이 많이 있다. 《일리아스*Ilias*》가 꾸며낸 순수 허구가 아니라 역사적 사실을 바탕으로 한 이야기라면, 이들 고대 신화들이 전해주는 왕조의 혈통 이야기들도 사실일 가능성이 있다. 알다시피 《일리아스》는 이질적이고 때로는 적대적이었던 그리스 도시 국가들이 한데 뭉쳐 소아시아의 그리스인이었던 트로이아인들의 왕국을 멸망시킴으로써 오리엔트와는 구별되는 그리스인들의 정체성을 확립하는 과정을 묘사한 전쟁 서사시다.

행위를 역사적 사건인 트로이 전쟁에서 활약
했던 실제 인물들의 활동이나 무훈담으로 보
기는 어렵다.

호메로스 서사시의 탄생과 그 소재에 관한
연구자들의 견해는 대체로 둘로 나뉜다. 《일
리아스》와 《오디세이아 *Odysseia*》는 호메로스
의 개인 창작물이 아니라 고대에서부터 직업
가인(歌人)들인 음유 시인들이 노래하던 짤
막한 영웅 찬가들이 모여 점차 거대한 영웅
서사시들로 변모한, 오랜 세월에 걸친 그리스
인의 집단적 창작물이라는 것이 그 하나다.
다른 하나는, 긴 세월 동안 여러 사람들의 입
에서 입으로 전해 내려온 전쟁의 이야기가 시
적 상상력이 뛰어난 호메로스라는 위대한 개
인에 의해 완벽한 예술 작품으로 재탄생되었
다는 것이다. 어느 경우이건, 《일리아스》는
트로이 전쟁이라는 역사적인 알맹이에 많은
문학적 윤색이 가해지고, 또 시대와 장소를
달리하는 여러 영웅들의 행적들, 지역 전설들

이 첨가되면서 세월의 흐름과 더불어 서사시의 규모와 분량이 방
대해진 것만은 확실하다.[2] 요컨대 비록 《일리아스》의 이야기가
트로이 전쟁이라는 역사적 사건을 핵으로 하여 전개되고 《일리아

---

2) 호메로스, 《일리아스》, 천병희 옮김(종로서적, 1982), 484~492쪽.

자크 루이 다비드가 그린 〈그리스인들에게 시를 낭송하는 호메로스〉. 파리, 루브르 박물관.

스》의 주요 등장 인물들과 지역들이 역사적으로 존재했다 하더라도, 사건의 줄거리나 인물들의 구체적 행위들이 실제의 트로이 전쟁과 관련해 역사적 진실성을 지니지는 않는다는 것이다. 트로이 전쟁이 실제로 일어났던 사건이고, 또《일리아스》의 영웅들이 실존 인물이었다 하더라도, 이 서사시가 노래하는 사건의 줄거리,

영웅들의 행적, 그들 간의 관계는 여러 지역의 영웅 전설들이 오랜 기간에 걸쳐 부단한 손질을 통해 변형된 것들이라, 기원전 1250년경에 발생한 것으로 추정되는 트로이 전쟁과 거기에 연루되었던 인물들의 실제 행적과는 무관할 가능성이 크다는 것이다.

엘리아데는 역사적 사건들이 지식인에 의해서 또는 민중의 기억 속에서 신화적 윤색을 겪으며 변형되는 과정을 많은 구체적 예를 통해 밝힌 바 있다. 그중 한 예를 소개해보겠다. 크랄례비치 Marko Kraljević는 14세기 후반에 유고슬라비아에서 탁월한 용기로 이름을 떨치다가 1394년에 사망한 역사적 인물이다. 또 후냐디János Hunyadi는 1450년경 터키인들과의 전쟁에서 용맹을 떨쳤던 헝가리의 영웅이다. 그런데 후냐디의 죽음 뒤 거의 200년이나 지난 17세기의 서사시 형식의 발라드 수사본(手寫本)들에서 이 두 영웅이 동시대 인물로 함께 등장한다. 게다가 더욱 흥미로운 것은 크랄례비치가 때로는 후냐디의 친구로서, 때로는 적으로서 활약한다는 점이다.[3]

동일 인물의 행적에 관한 이야기가 연대기적으로 상당한 편차를 보이거나, 동일 사건의 주인공이 다른 이름으로 등장하거나, 때로는 동일 인물이 상반되는 행위를 하며 등장하기도 하는 사건 및 인물들의 시대착오(혹은 비시간성)는 비단 신화, 전설, 서사시, 발라드 등과 같은 이른바 설화 문학 속에서만 발견되는 것이 아니다. 신화를 흔히 사실로서의 역사와 대립되는 허구로 인식하게 만든 요인들 중의 하나인 이 시대착오는 대다수의 고대 인물의

---

3) Mircea Eliade, *Le mythe de l'éternel retour*(Paris : Gallimard, 1969), 54~56쪽.

행적에 대한 기록 속에서도 발견되는 현상이다. 대다수의 신화학자들은 이들 전설, 서사시, 발라드, 민담 등을 모두 넓은 의미에서 신화의 범주에 포함시키면서 사건 및 인물들의 비시간성을 신화의 한 속성으로 간주한다. 이런 현상적 특성을 신화의 한 속성으로 간주할 때, 그렇다면 '왜 신화적 사고는 한 인물을 여러 시대, 여러 장소에 위치시키며, 여러 사건들과 연결짓는가' 라는 물음이 제기될 수 있다.

신화는 세인들의 입과 귀를 통해 전해진 이야기다. 그래서 엘리아데는 신화적 사건 및 인물의 비시간성의 원인을 집단 기억의 특성에서 찾았다. 엘리아데는 민간의 기억 속에서 역사적 사건, 역사적 인물에 대한 회상은 오래 간직되지 못하고 사건은 범주 category로, 인물은 원형(原型)archetype으로 변해 남아 있다고 주장한다. 예컨대 장님 예언자 테이레시아스는 시공을 초월하여 수많은 고대 그리스 신화들 속에 등장한다. 엘리아데의 용어를 차용해 설명하자면, 역사적 인물인 장님 테이레시아스는 그의 뛰어난 예언력으로 인해 예언자의 원형이 되었으므로 예언자가 필요한 지점에서는 언제나 등장한다고 볼 수 있다.

그러나 신화적 사고는 역사적 인물을 원형으로, 역사적 사건을 범주로 변화시킨다는 엘리아데의 주장은 개별적 특수성을 고려하지 못한 보편적 설명이므로 신화적 사건 및 인물의 연대기적 불일치를 부분적으로밖에 설명하지 못한다. 보편적 설명이 포괄하지 못하는 부분은 신화에 따라 달리 설명될 것이며, 이 설명은 마땅히 그 신화를 만들어낸 특정 공동체의 삶의 양태들과 사유 방식, 언어 체계의 특성들 속에서 찾아져야 할 것이다.

중국의 신화적 인물이자 역사적 인물인 예(羿)의 활동 시차는 수세기에 이른다. 예의 경우를 통해 사건 및 인물의 연대기적 불일치가 중국의 역사, 문화적 맥락을 고려할 때 또 어떻게 달리 설명될 수 있고 부연 설명될 수 있는지 구체적으로 살펴보자.

2. 태양을 향해 화살을 날린 명사수 예

중국 고대 전승이 전해주는 예의 이야기는 왕권 찬탈이 반복되는 비극적 드라마다. 예는 하(夏) 왕조 태강(太康) 때의 궁(窮) 나라 군주다. 태강은 정사는 소홀히 한 채 놀이만을 즐기며 돌아다녔다. 어느 날 낙수(洛水)의 기슭으로 사냥을 간 태강이 사냥 재미에 빠져 100일이 지나도 궁으로 돌아오지 않자 예가 왕위를 빼앗고 태강을 쫓아냈다고 《서경(書經)》은 전한다.[4]

태양을 쏘는 예. 청나라 소운종(蕭雲從)의 〈천문도(天文圖)〉.

그런데 왕좌를 탈취한 뒤, 예 또한 태강처럼 나라 일은 내팽개쳐두고 자신의 궁술을 자랑하며 사냥에만 몰두해 돌아다니다가 한(寒)나라 군주의 아들 착(浞)에게 살해당한다. 착이 예를 죽인 뒤 그를 삶아서 예의 아들에게 그의 몸뚱이 고기를 먹으라고 강요하자, 그 아들은 차마 자신의 아버지를 먹을 수 없어 궁나라 도읍의 성문에서 자살한다. 착의 탐욕은 부자의 죽음에 만족하지 않았다. 그는 또 예의 아내를 차지하여 아들 요(澆)와 희(豷)를 낳고, 요는 과(過)나라에, 희는 과(戈)나라에 거처하게 한다. 후에 요는 하의 왕 소강(少康)에게, 희는 저(杼)에게 죽임을 당한다. 《춘추좌씨전(春秋左氏傳)》은 예의 반란에서부터 소강과 저가 요와 희를 격파하여 왕권을 되찾기까지의 과정을 진(晉)나라 위강(魏絳)의 입을 빌려 비교적 소상하게 전해준다.[5]

이처럼 예는 왕위를 찬탈한 패륜의 군주로 나타난다. 그러나 또 다른 한 고대 전승에서는, 예는 하 왕조 태강 때의 궁나라 군주가 아니라 요(堯) 임금의 선신(善臣)으로 등장한다.[6] 그는 곡식과 초목을 불태운 열 개의 태양과 괴물들을 제거하여 백성들을 기아에서 벗어나게 해준 구국의 영웅이다.

요 임금 때가 되자 열 개의 태양이 동시에 나와 곡물을 태우고 초목을 죽여 백성들이 먹을 것이 없게 되었다. 알유, 착치, 구영, 대풍, 봉

---

4) 《書經》, 〈五子之歌〉.
5) 《春秋左氏傳》, 〈襄公四年〉.
6) 중국 고대 역사서에 의하면 하 왕조 이전에 요(堯)가 다스리던 시대와 순(舜)이 다스리던 시대가 있었다.

희, 수사가 모두 백성들에게 해를 끼쳤다. 요는 곧 예를 시켜 착치를 수화의 들에서 죽이고, 구영을 흉수 가에서 죽이며, 대풍을 청구의 못에서 격파하였다. 위로 열 개의 태양을 쏘고, 아래로 알유를 죽이며, 수사를 동정호에서 자르고, 봉희를 상림에서 사로잡았다. 이에 만백성이 모두 기뻐했다.[7]

　고대 문헌에서 상이한 시대에 선행과 악행이라는 상반된 행적을 드러내는 인물이 동일한 이름으로 등장하자, 이에 당황한 중국 주석가들은 선신 예와 패륜의 군주 예를 동명이인(同名異人)으로 설명함으로써 이러한 모순을 해결하려 했다. 그리스 역사가 헤로도토스도 헤라클레스의 전설들에서 드러나는 비시간성의 문제를 이와 동일한 방식으로 해결하려 했다.

　헤로도토스는 이집트에서 조사를 벌이다가 그곳에서 헤라클레스 숭배 현상을 발견했다. 그런데 이집트인들이 전하는 헤라클레스의 활동 시대는 그리스인들의 전설적인 연대기와 전혀 일치하지 않았다. 그래서 헤로도토스는 이 문제를 해결하기 위해 페니키아인들이 그들의 헤라클레스에게 부여했던 연대도 조사했다. 그러나 문제가 해결되기는커녕 점점 더 복잡한 미궁 속으로 빠져들 뿐이었다. 이 곤경에서 벗어나기 위해 헤로도토스가 내린 결론은, 모든 사람들이 한결같이 헤라클레스를 인간이 아니라 아주 오래된 신으로 생각하고 있으므로 두 다른 존재의 헤라클레스, 즉 신

---

7) "逮至堯之時 十日並出 焦禾稼 殺草木 而民無所食. 猰貐, 鑿齒, 九嬰, 大風, 封豨, 脩蛇皆爲民害. 堯乃使羿 誅鑿齒於疇華之野, 殺九嬰 於凶水之上. 繳大風於青邱之澤. 上射十日而下殺猰貐, 斷脩蛇 於洞庭. 禽封豨於桑林 萬民皆喜." 《淮南子》,〈本經訓〉.

헤라클레스 조각상에 색칠하는 예술가. 기원전 4세기경 아티카의 부분. 뉴욕, 메트로폴리탄 미술관.

으로서의 헤라클레스와 인간 영웅으로서의 헤라클레스를 구별해
야 한다는 것이었다.[8]

---

8) 폴 벤느, 《그리스인들은 신화를 믿었는가》, 김지영 옮김(솔, 1993), 72쪽.

중국 주석가들과 헤로도토스는 각각 예의 이야기와 헤라클레스의 이야기를 역사적 사실로 받아들였기 때문에 그들에 대한 상반된 진술과 연대기적 불일치를 동명이인인 두 인물이라는 설정으로 해결하려 했던 것이다. 헤로도토스는 영웅인 인간 헤라클레스가 사람들 사이에서 신으로 여겨진다는 점을 통찰했음에도 불구하고, 중국 주석가들처럼 신화화된 인물의 이야기를 역사적 사실로 간주하는 오류를 범하고 말았다.

앞의 예에서, 그리고 세계의 여러 신화나 영웅담들을 통해 알 수 있듯이, 탁월한 능력을 지닌 인간은 신들과 마찬가지로 여러 시대, 여러 장소를 넘나들며 활동한다. 초인적 능력을 지닌 인간은 사람들에게 무소부재(無所不在)한 신과도 같이 보이기 때문일까, 아니면 엘리아데가 지적하듯이 민간 기억의 비역사성 때문일까? 어쨌건 신화적 인물은, 비록 그러한 이름을 가진 인물이 역사적으로 실재했다 하더라도, 그 역사적 인물, 또 그와 관련된 사건들과는 무관하게 다른 시대, 다른 상황 속에서 달리 활약하는, 그래서 역사 속에서 끊임없이 재탄생하는 존재다.

《서경》의 내용들은, 세부 사항들에서는 신화적 윤색을 겪은 것들도 많지만, 대체로 역사적 사실들에 대한 기록으로 간주된다. 그래서 비록 《서경》과 《춘추좌씨전》이 전하는 예의 이야기 속에서 신화적 윤색의 흔적이 감지되기는 하나,[9] 중국학 연구자들 사

---

9) 예의 전설 속에서는 불-물, 그리고 활과 화살-창 또는 도끼의 대립이 계속 드러난다. 명궁사 예가 다스렸던 나라 이름은 궁(窮)이며, 그를 살해한 착은 한나라 군주이며, 착의 아들 요와 희가 거처한 곳은 각각 과(過)나라, 과(戈)나라다. 또 태양들의 반란을 평정한 예의 아내는 항아인데, 그녀는 예에게서 불사약을 훔쳐 달나라로 도망갔다. 중국인들은 달을 수기(水氣)의 정수로 생각했다.

이에서 예는 역사적 인물로 별 이의 없이 받아들여진다. 중국 고대 문헌이 제공하는 여러 정보들로 미루어 보건대, 열 개의 태양을 쏜 예의 이야기는 왕위를 찬탈한 예의 이야기보다 나중에 만들어졌을 개연성이 크다. 열 개의 태양을 쏜 예의 이야기는 중국인들의 신화적 사고가 역사적 인물인 예를 차용하여 만들어낸 가뭄 신화일 수도 있고, 그 반대의 경우일 수도 있다. 그 어느 경우건, 한 가지 분명한 사실은 고대 중국인들은 예를 명사수로 기억하고 있었다는 것이다. 따라서 우리는 요 시대의 예와 하 태강 때의 예가 서로 다른 인물이라는 사족적 설명을 덧붙이는 대신, 다음과 같은 물음들을 제기할 수 있을 것이다. 왜 신화적 사고는 다른 인물이 아닌 명궁(名弓) 예를 가뭄 퇴치의 주인공으로 선택했을까? 이에 대한 답변은 '왜 신화적 인물이 역사 속에서 부단히 재탄생하는가'라는 문제에 대한 한 설명이 될 것이다.

앞에서 보았듯이 역사 전승——이 또한 신화적 윤색을 겪었다——에서 예는 신화 전승에서와 마찬가지로 뛰어난 사수(射手)로 등장한다. 고대 중국에서 활과 화살의 다양한 용도들을 파악하게 되면, 우리는 왜 가뭄이라는 자연 재앙의 추방자로 사수 예가 선택되었는지를 이해할 수 있게 된다.

오늘날 우리는 활과 화살을 전쟁에서 적을 제거하기 위한 무기나, 사냥에서 새 또는 짐승을 잡기 위한 도구 정도로만 생각한다. 그러나 고대 중국에서 활과 화살은 군사적 용도와 식량 확보라는 경제적 용도 외에 또 다른 중요한 용도, 즉 종교적 용도를 지니고 있었다. 고대 중국인들은 남자 아이가 태어나면 문의 왼쪽에 '뽕나무로 만든 활[상호(桑弧)]'을 걸어두었다. 출생 후 3일이 지나면 아버지는 문의 왼쪽에 걸어두었던 뽕나무 활로 '쑥대로 만든 화살[봉시(蓬矢)]' 여섯 개를 천지 사방을 향해 쏜 뒤, 아이를 안고 조상들에게 아들의 탄생을 고했다.[10] 위대한 중국학자 마르셀 그라네Marcel Granet는 이 관습의 목적으로서 두 가지를 지적했다. 하나는 부정의 제거라는 소극적 목적이고, 다른 하나는 남아로 하여금 자라서 장차 통치하게 될 땅과 의사소통하게 함으로써 적극적인 힘을 획득하게 해주려는 목적이다.[11] 전쟁에서는 적을 없애는 제거 수단이면서 사냥에서는 식량을 확보하는 획득 수단인 활과 화살의 용도는 이 해석의 타당성을 강화해준다.

부정의 제거, 즉 정화 의례로서의 활쏘기의 또 다른 구체적 예가 있다. 고대에는 얼음을 오늘날처럼 아무 때나 만들어 필요할 때 마음껏 쓸 수 있는 형편이 아니었다. 한겨울에 자연이 만들어내는 얼음을 저장했다가 연회와 상제(喪祭) 등의 경우에만 꺼내 사용해야 했다. 얼음의 저장과 출고에는 시기가 정해져 있었을 뿐 아니라 각기 다른 의례가 수반되었다. "얼음을 꺼낼 때는 복숭아나무의 가지로 만든 활과 가시나무로 만든 화살로 재앙의 기운을 털어냈다"고 한다.[12]

상호와 봉시, 도호(桃弧)와 극시(棘矢) 등, 활과 화살의 명칭도 다양한데, 이 여러 명칭들에는 활과 화살을 만드는 소재인 나무 이름 이상의 어떤 것, 고대 중국인들의 분류법이 내포되어 있다.

---

10) 《禮記》, 〈內則〉.

11) Marcel Granet, *Fêtes et Chansons anciennes de la Chine*(Paris : Albin Michel, 1982), 166쪽.

12) "其出之也, 桃弧棘矢以除其災." 《春秋左氏傳》, 〈昭公 四年〉. 서울의 동빙고동과 서빙고동이라는 동명은 과거에 이들 지역에 얼음 저장소가 있었음을 알려주는, 고대 관습의 편린이다.

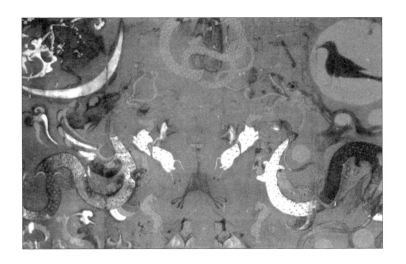

맨 위에는 붉은 태양과 그 속에 앉아 있는 까마귀가 보이며, 왼쪽으로는 달 속에 두꺼비와 토끼가 보인다. 오른쪽에 있는 나무 사이사이에 열매처럼 매달린 태양들이 보인다. 중국 호남성(湖南省) 마왕퇴(馬王堆)에서 출토된 T자형 비단 그림의 상단 부분.

뽕나무와 복숭아나무는 해의 힘이 강해지는 봄을 알려주는 양목(陽木)이다. 우주 내의 모든 존재를 음(陰)적인 것과 양(陽)적인 것으로 나누어 파악했던 고대 중국인들은 활은 양에 속하는 것으로, 화살은 음에 속하는 것으로 분류했다. 그래서 그들은 활은 양목인 뽕나무나 복숭아나무로 만들고 화살은 음목인 쑥대나 가시나무로 만들었다. 해, 달과 연관된 재앙을 몰아내려 할 때에도 활과 화살을 사용했는데, 이때 사용하는 활과 화살은 '해를 구하는 활(求日之弓)'과 '달을 구하는 화살(求月之矢)'이라 불렸다.[13]

---

13) "庭氏掌射 國中之夭鳥, 若不見其鳥獸, 則以求日之弓與 求月之矢 夜射之(정씨는 나라 안의 요사스러운 새를 쏘는 일을 담당한다. 만일 그 요사스러운 새와 짐승이 보이지 않으면,

사천성 팽현(彭縣) 삼계향(三界饗)에서 출토된 월신(月神) 그림 벽돌.

고대 중국인들은 일식이나 가뭄을 해와 관련된 재앙으로, 그리
고 월식이나 홍수를 달과 관련된 재앙으로 간주했으며, 이런 재앙
의 발생을 요사스러운 새나 짐승의 탓으로 돌렸다. 가뭄과 같은
자연 재앙의 추방에 활과 화살을 사용한 것은, 그 재앙이 요사스
러운 새나 짐승에게서 기인한 것으로 믿었기 때문이기도 했지만,
이 도구 자체가 보이지 않는 곳까지 멀리 가 닿는, 거리의 통어자
이기도 했기 때문이다. 화살이 목표물에 정확히 도달하기 위해서
는 음인 화살과 양인 활의 완벽한 조화가 필요하다. 그래서 고대
중국인들은 하늘의 도(天道)를 구현한 예(禮)가 제대로 지켜지지
않을 때는 대대적인 활쏘기를 통해 일그러진 사회 질서를 바로잡

해를 구하는 활과 달을 구하는 화살로 밤에 그것들을 쏜다)." 《周禮》, 〈秋官〉, '庭氏'.

아야 한다고 생각했다. 보이지 않는 어떤 사악한 기운을 추방하거나 길한 기운을 얻고자 하는 여러 종교적 의식들에서 활과 화살을 사용했던 관습들은 이처럼 자연 재해의 원인에 관한 고대 중국인들의 믿음과 활과 화살 및 궁술에 내포된 다양한 의미들에서 비롯되었다고 볼 수 있다.

활과 화살의 고대 용도에 대한 관찰은 우리가 앞서 제기한 물음, '왜 하필 예라는 인물이 가뭄 퇴치의 영웅으로 신화 속에 등장하는가' 하는 물음에 답할 수 있게 해준다. 재앙 추방자라는 사수의 고대 기능이 가뭄 극복의 무훈 이야기를 구상하는 신화적 사고에 어렵잖게 포착되었을 것이다. 게다가 사냥을 통한 식량 조달자라는 사수의 기능은 가뭄이 초래하는 기근의 해결과도 잘 맞물린다. 나아가 과도한 태양[열 개의 태양(十日)]의 화기(火氣)가 수기(水氣)를 고갈시키는 가뭄이라는 자연 재앙이 요사스러운 어떤 새나 짐승과 연관되어 있다고 믿었다면, 이는 괴력의 동물들을 제거할 수 있는 용맹한 무사를 필요로 한다. 명사수는 이 모든 것을 다 갖춘 인물이며, 궁나라 군주 예는 중국인들의 기억 속에 명사수로 각인되어 있던 인물, 즉 엘리아데의 표현을 빌리자면 사수의 원형이며, 더구나 그 사수는 왕, 즉 하늘의 아들(天子)인 태양을 향해 화살을 쏜(射日의) 인물이다.

고대 중국인들이 사수에게 부여한 다양한 기능은 예에게 가뭄 퇴치의 영웅뿐 아니라 다른 기능의 영웅도 될 수 있는 길을 열어놓는다. 만일 신화적 사고가 가뭄이 아닌 다른 종류의 재앙 추방 이야기를 구상한다면, 예는 거기서 또다시 영광된 주인공의 자리를 차지할 수 있을 것이다.

예는, 비록 그가 역사적 실존 인물이었다 하더라도, 시대를 넘나들며 활동하고 있으므로 신화적 인물로 보아야 한다. 우리는 그에 대한 고대 전승들을 윤색된 역사나 순수 허구가 아닌 신화로 다뤄야 한다. 신화를 역사의 윤색으로 간주할 때 우리는 기나긴 전통의 손길을 거친 신화에서 역사적 사실을 찾으려는 오류를 범하게 되며, 또 신화를 문학의 한 장르로 간주할 때 우리는 신화 속에 담겨 있는 고대인들의 삶의 어떤 소중한 실재들을 놓쳐버리게 된다.

《마하바라타Mahābhāratā》에 나오는 주요 등장 인물들은 신이 아니라 인간이고, 이들 중 일부는 역사적 실존 인물이었을 가능성이 크며, 《일리아스》는 트로이 전쟁이라는 역사적 사건을 중심으로 한 이야기다. 또 크랄례비치와 후냐디의 이야기는 명백한 역사적 인물들의 행적이 사실과 다르게 채색되어 전해지는 이야기이고, 로물루스 신화나 단군 신화는 한 나라가 어떻게 창건되었는지를 말해준다. 이런 종류의 신화와 관련해 사람들은 대체로 왜곡된 역사, 아니면 문학적 허구라는 상반된 두 가지 견해 중 하나에 동조한다. 그리하여 한편에서는 이 신화들을 단순히 역사의 왜곡으로 폄하하여 그 안에서 역사적 알맹이들을 찾으려 시도하는가 하면, 또 다른 한편에서는 역사적 맥락을 도외시한 채 보편적인 인간적 진실들을 읽어내려고 노력하기도 한다.

크랄례비치와 후냐디가 동시대의 인물로 등장하는 발라드는 단지 역사를 왜곡한 이야기에 불과한가 아니면 역사적 인물을 차용한 문학 작품인가? 이 물음 앞에서 우리는, 꿈은 무의식 속에 잠재해 있던 과거의 경험들이 그 본래의 내용이 왜곡되어 표현된 것이라는 프로이트의 견해에 회의를 느껴 프로이트와 다른 방식으로 꿈을 이해했던 융을 떠올리게 된다.

꿈에서는 과거에 일어난 일들과 현재의 일들이 뒤섞이는 경우가 종종 있으며, 때로는 미래의 일들이 함께 뒤섞이는 경우도 있다. 그래서 꿈을 분석한 심층심리학자들은 시간의 중첩을 꿈의 한 특징으로 꼽는다. 다시 말해서 서로 다른 시기의 사건이나 인물들

터키 소아시아 반도 북서쪽 트로이 유적지에 있는 트로이의 목마 모형.

이 연결되거나, A라는 장소가 순식간에 B라는 장소로 바뀌는 것과 같은 꿈의 비시간성을 꿈의 특성 중 하나로 본다.

심층심리학자들은 꿈을 의식과는 다른 정신의 한 차원인 무의식의 활동으로 파악한다. 프로이트는 의식이 수용하기 어려운 개인의 소망이나 욕구들이 정신의 내부에 있는 힘의 충동에 의해 억압되어 무의식 속에 잠재해 있다가 꿈을 통해 표출된다고 보았다. 프로이트에 의하면, 억압된 소망이나 욕구들은 대개 불쾌한 경험, 또는 현실성이 결여되어 이루어지지 못했던 환상이나 성적 충동과 같은 본능적 욕구들이므로 이것들은 직접적으로 표현되지 않고 정신의 검열을 통해 다른 내용으로 위장된 채, 다시 말해 본래의 내용이 왜곡된 채 꿈속에서 표현된다. 그리고 정신은 이렇게 함으로써 억압된 소망이나 욕구를 충족시킨다.

융은 꿈을 정신의 무의식적 활동의 표상으로 이해한 프로이트의 견해에는 공감했으나, 꿈의 기능을 프로이트처럼 단지 소원 환상의 충족으로만 설명하기에는, 즉 무의식의 내용을 억압된 소망이나 욕구의 축적으로만 파악하기에는 뭔가 미진함을 느꼈다. 인류사를 통해서 볼 때, 위대한 예언자나 샤먼들의 꿈이 때로 그가 속한 부족·종족·국가가 처한 위기를 알려줌으로써, 또는 그 위기를 벗어날 길을 예시해줌으로써, 그 부족·종족·국가를 위기에서 구한 경우가 실제로 있지 않은가. 꿈의 내용 중에는 과거의 경험뿐만 아니라 미래의 상황이나 현재 생각의 가능성을 예시해주는 것도 있으며, 또 개인이 한 번도 경험해보지 못한 어떤 이미지들이 결합된 것도 있다.

융은 무의식의 가장 깊은 심층 속에는 우주 전체와 교감하며 살

앴던 태곳적 인류의 영적 지혜가 담긴 이미지들이 본능적 성향처럼 저장되어 있다고 생각했으며, 무의식이 그 이미지들을 표출한 것이 바로 꿈이라고 보았다. 무의식이 프로이트가 이해했던 것보다 더 역동적이고 자발적이며 창조적인 어떤 생명 에너지를 지니고 있다는 사실을 통찰했기에, 융은 꿈의 내용을 왜곡된 과거 경험들로만, 꿈의 기능을 억압된 소원·환상의 충족으로만 설명하기를 거부한다. 무의식은 꿈을 통해 억압된 욕구를 배출하여 과거의 정신적 상처를 치유할 수 있도록 도와줄 뿐만 아니라, 꿈을 통해 역동적이고 창조적인 자신의 내적 생명 에너지를 자발적으로 표출하여 마음 전체의 평형을 회복하도록 도와주기도 한다는 것이다.

융이 생각하기에, 무의식을 단지 과거의 것들이 축적된 창고로 보고, 그리하여 꿈을 과거의 심적 경험들의 왜곡으로만 받아들이는 것은 마음의 평형을 회복시켜주는 꿈의 소중한 기능을 간과하는 오류를 범하는 것으로, 이는 인간에 대한 편협한 이해에 이르게 한다. 그래서 그는 꿈 자체의 연상에 집중해, 즉 무의식의 자발적인 움직임 자체에 주의를 기울여, 단지 의식적 차원의 인간이 아니라 좀더 전인적인 인간의 모습을 파악하고자 노력했다.

이러한 융의 태도는, 역사적 요소와 신화적 요소들이 혼재된 신화를 역사의 왜곡이나 문학적 허구가 아닌 신화 그 자체로 받아들이고 신화의 연구를 통해 역사적 정신성과는 다른 어떤 정신성을 이해함으로써 인간에 대한 이해의 폭을 넓히려 노력하는 신화학자들의 태도와 유사하다.

신화가 역사가들이 말하는 의미에서의 역사도 아니고 좁은 의미에서의 문학도 아니라면, 우리는 그 속에서 무엇을 읽을 수 있을까? 인도의 서사시《마하바라타》를 살펴봄으로써 이에 대한 답을 찾아보자.

3. 전통과 역사의 교차로

　　　　　　기원전 3, 4세기에서 기원후 3, 4세기경에 걸쳐 편찬되어 오늘날에 이른 것으로 추정되는 인도의 민족 영웅 서사시《마하바라타》의 주인공들은 고대 베다 문헌의 주인공들과는 달리 신이 아니라 인간들이고, 그중에는 역사적 실존 인물로 볼 수 있는 인물도 있다.

　서사시 1권에서 서창(敍唱)자는 야나메자야 왕 앞에서 왕조의 혈통을 길게 이야기한다. 이 혈통에 의하면 쿠루Kuru는 바라타의 손자이며, 쿠루족은 다섯 판다바를 중심으로 한 판다바계(係)Pandavas와 카우라바계Kauravas로 갈라진다.[14] 카우라바계의 수장 격인 드리타라슈트라는 다섯 판다바의 아버지인 판두의 형이다. 그는 장님으로 태어난 까닭에 왕위를 계승하지 못하고 동생인 판두가 왕국을 다스린다. 판두가 죽고 판다바의 맏형 유디슈티라가 왕위를 계승하려 하자 드리타라슈트라의 장남 두르요다나는 그의 아버지의 동의 하에 다섯 판다바를 옻나무 집으로 유인하여 산 채로 불태워 죽이려 한다. 그는 먼 곳에 궁전을 세우고, 그

---

14) 카우라바는 '쿠루의 후손'이라는 의미이므로 판다바계도 카우라바다. 그러나《마하바라타》에서 카우라바는 주로 판다바 형제들과 대적하는 방계 혈족을 지칭하는 용어로 사용된다.

곳에서 제사를 지낸다는 명목으로 판다바 형제들을 거기에 초대하여 머물게 한다. 궁전은 불타기 쉬운 옻나무로 지어졌는데, 판다바 형제들이 잠든 깊은 밤에 두르요다나의 하인들이 궁전에 불을 지른다. 그러나 이 계획을 간파한 그들의 삼촌 비두라는 미리 유디슈티라에게 그들이 처할 위험과 거기에서 벗어날 방법을 암시해준다. 비두라의 암시를 정확히 이해한 유디슈티라 덕분에 판다바들은 옻나무 집 아래에 구멍을 뚫어 탈출한다. 옻나무 집에서 도망쳐 나온 다섯 형제는 그들의 나라를 떠나 숲속에서 몰래 생활하면서 여러 왕궁을 돌아다니고, 그러다가 다시 사촌형 두르요다나가 다스리는 왕국으로 돌아온다.

《마하바라타》 서사시에서는, 판다바계와 카우라바계 사이의 갈등과 투쟁이 계속되다가 결국 판두의 다섯 아들을 중심으로 구성된 판다바계가 승리하게 되는 과정을 주된 줄거리로 하여 숱한 이야기가 펼쳐진다. 욕심 많고 교활한 두르요다나가 전사하고, 전쟁은 판다바 형제들의 완전한 승리로 끝난다. 그 후 유디슈티라는 전 인도에서 무적의 지배자로 군림하면서 36년 동안 통치하며, 이후 왕국을 아르주나의 손자 파릭쉬트에게 물려주고는 나머지 판다바 형제들과 함께 히말라야의 고원으로 떠난다.

인도 고대 문헌과 여러 증거들에 의거해 인도학자들이 재구성한 바에 따르면, 기원전 1500년경에 인도에 들어온 아리아족은 크게 두 종류의 싸움을 치르게 된다. 하나는 이미 거주하고 있던 인도 토착민들과의 전쟁이고, 또 하나는 아리아족이 인도 북서부 지역을 지배한 후에 벌어진 그들 종족 간의 내부 투쟁이다. 이러한 투쟁으로 인해 그들은 공동 사회의 기반을 거의 잃어버린다.

이들 아리아인들은 판차자나Pancajana라고 불리는 다섯 부족으로
분열되어 싸우기 시작했는데, 이들 중 우세한 부족이 바라타족과
트리트슈족이었다. 이들은 모두 브라만 바시스타가 원조하는 세
력이었다. 지금의 라비 강 유역에서 벌어졌던 이 싸움에서 최후의
승리는 열 명의 왕들과 연합한 바라타족에게 돌아갔다. 이후 바라
타족은 패퇴당한 부족 중 가장 강한 부족인 푸루Puru족과 연합하
여 새로운 지배 부족을 형성하니, 이들이 쿠루족이다. 쿠루족은
다시 판찰라Pancala족과 연합하여 갠지스 강 유역을 장악한다. 그
들은 델리 지역과 갠지스 강과 야무나 강 사이 평원의 북부에 정
착하게 되는데, 이 지역이 바로 쿠루크셰트라다.

　인도사가들은 《마하바라타》가 이야기하는 카우라바와 판다바
사이에 있었던 쿠루족들 간의 내전을 쿠루크셰트라 전쟁이라 부
르며, 기원전 950년경에 실제로 있었던 사건으로 추정한다. 그러
나 《일리아스》의 내용들이 역사적 사건인 트로이 전쟁을 사실적
으로 묘사하는 이야기가 아니듯이, 《마하바라타》 역시 쿠루크셰
트라 전쟁에 관한 역사적 진술이 아니다. 《마하바라타》의 일부를
직접 번역하고, 또 그 내용을 250여 쪽에 이르는 분량으로 심도
있게 분석한 뒤메질은 이 서사시를 통해 역사적 사실을 재구축하
려는 어떠한 시도에도 반대한다.

　《마하바라타》에서 주요 영웅들의 탄생은 베다 시대[15] 또는 그
이후의 신들이나 악마들의 화신으로, 그리고 영웅들의 행위는 바
로 그 신들이나 악마들의 행위와 유사한 성격을 띤 것으로 나타난

───────────

15) 대략 기원전 12~6세기에 해당된다.

인도 엘로라의 카일라사나타 사원 안에 있는 쿠루크셰트라 전쟁 부조.

다. 예를 들면 유디슈티라는 다르마의 화신이며, 비마는 바람의 신 바유, 아르주나는 전쟁의 신 인드라, 그리고 쌍둥이 나쿨라와 사하데바는 쌍둥이 신 아슈빈의 화신이다. 판다바라 불리는 이들 다섯 형제 각각의 성격이나 행위의 특징은 그들 각자가 구현한 신들의 그것과 유사하다. 다섯 판다바만이 아니라《마하바라타》의 영웅 모두가 주요 신들과 몇몇 악마들을 모델로 하여 만들어졌다.[16]

---

16) "이들은 주요 신들과 몇몇 악마들이 부수적으로 결합된 것이 아니라 주요 영웅들의 모델이었다. 주요 신들과 악마들의 관계는 영웅들에게서 친족 관계(형제, 배우자) 또는

뒤메질은《마하바라타》에 등장하는 인물들의 이러한 신적 속성 및 행위들의 구현을 '전위(轉位)transposition'라고 일컫는다. 그는 "《마하바라타》는 신화적 표상들의 거대 체계가 인간 세계로 전위된 것이다"[17]라고 말한다. 이러한 뒤메질의 주장은 두 가지를 시사한다. 우선 그가 이 신화의 내용을 역사적 사실이나 실존 인물과 연결하려는 시도를 배제한다는 것이며, 둘째는 그가 베다 신학 체계와 그 후기 전통과의 어떤 이념적 구조의 연속성을 지적하고 있다는 것이다. 후자에 대해서는 잠시 후에 다시 언급하기로 하고, 먼저 전자부터 이야기해보자.

《마하바라타》에서 유디슈티라는 형제들과 함께 낙원으로 떠나면서 아르주나의 손자인 파릭쉬트에게 왕국을 넘겨준다. 파릭쉬트의 아들은 야나메자야인데, 앞에서 언급했듯이《마하바라타》의 서창자는 바로 이 야나메자야 앞에서 이야기하는 것으로 설정돼 있다. 파릭쉬트는《아타르바 베다*Atharva veda*》에서 쿠루 왕국에 평화와 번영을 가져다준 왕으로 칭송된다. 또《사타파타 브라마나 *Satapatha Brahmana*》[18]에서 브라마나 사제들은 고대에 마제(馬祭)를 지냈던 왕들의 이름을 언급하는데, 그 속에는 야나메자야의 형제들인 파릭쉬트의 아들들——비마스나와 우그라스나——도 포함되며, 야나메자야의 아들 사타니카 사트라지타도 포함된다. 사타니카 사트라지타는《마하바라타》에서도 야나메자야의 아들로

동맹 · 우호 · 적대 관계들로 표현되어 있다." Georges Dumézil, *Mythe et épopée I*(Paris : Gallimard, 1986), 239쪽.
17) 앞의 책, 239쪽.
18) 베다서의 내용은 신들에게 바쳐졌던 찬가, 주문, 기도문, 탄원문들로 이루어져 있다. 다양한 명칭의 브라마나는 의례 지침서로서, 베다에 대한 주석서의 일종이다.

등장한다.

이러한 점들로 볼 때 《마하바라타》의 세 인물 파릭쉬트, 야나메자야, 사트라지타는 역사적 실존 인물이었을 개연성이 크다. 그러나 파릭쉬트 이전 3세대 동안의 주요 영웅은 어느 누구도 인도의 고대 문헌에서—— 송가든 제의서(祭儀書)든 주석서든 어디에서도—— 이름이 발견되지 않는다는 사실에 주목한 뒤메질은 《마하바라타》가 진술하는 사건 및 인물들에 대해 다음과 같은 결론을 내린다.

"쿠루와 바라타 같은 《마하바라타》의 집단명은 베다 문헌에서도 부족의 이름으로 등장한다. 《리그베다》는 바라타족과 연합한 열 명의 왕의 전쟁(dāśarājñá, The Battle of the Ten Kings) 이야기를 전하며, 《아타르바 베다》의 제20권 127은 쿠루 왕국의 왕 파릭쉬트의 치세 동안의 평화와 번영을 찬미한다. 그렇다고 해서 이것이 쿠루족의 구성원들과 바라타족의 구성원들이 이들 부족의 실제 인물이었음을 뜻하는 것은 아니다. 신화적 소재들이 인간의 사건들로 전위될 때 이 재료들은 연대, 지형, 인간의 민족지 속에 삽입될 수밖에 없다."[19]

《사타파타 브라마나》에서 파릭쉬트, 야나메자야, 사트라지타의 신분이 《마하바라타》에서와 동일하게 언급되고, 또 《아타르바 베다》가 파릭쉬트 왕의 풍요롭고 평온한 치세를 찬미한다는 사실들이 역사성을 보장한다면, "이 인물들의 층위에서 서사시의 대부분을 차지하는 전설들이 역사—— 그 자체가 또한 전설적인 역사 ——에 정박했다고 생각할 수 있다"고 뒤메질은 말한다.[20] 그렇

---

19) Georges Dumézil, *Mythe et épopée I*, 243쪽.

다면 '왜 하필 다른 인물이 아닌 이들 세 인물이 선택되어 신화적 사건들을 역사적 시간 속에 고정시켰을까' 라는 물음이 제기될 수 있다. 이에 대해 뒤메질은 "이것을 명확히 하지는 못한다. 그러나 역사적 인물일지도 모를 이 세 사람을 가지고 그 이전 시대를 역사화하려는 기도(企圖)에는 저항해야 한다"고 역설한다.

신화적 소재들이 왜 하필 파릭쉬트라는 역사적 인물과 결합되었는지를 명확히 하지는 못한다고 뒤메질은 말하지만,《마하바라타》의 성격에 대한 그의 언급에서 우리는 그 이유를 조심스럽게 추정해볼 수 있다. 그는, 거대한 신화적 표상들의 체계가 인간 세계로 전위되었다면 이러한 전위는 누구에 의해 이루어졌는가 하는 물음을 던지면서, 먼저《마하바라타》가 전통적 신화 체계를 보존한 지식인들에 의해 이루어진 문학 작품의 성격을 띠었다고 파악한다.

전위 작업이 광범위하게 성공적으로 이루어진 점, 무수한 이야기적 · 철학적 보충 설명(주해)들이 삽입된 점으로 미루어 볼 때, 박식한 전문가 팀뿐만 아니라 학파의 개입이 있었음을 알 수 있다. 전위는 이 서사시들을 편찬하던 때와는 다른 환경 속에서 행해졌으며, 직접적인 종교적 영향력을 갖게 해야겠다는 의도를 가지고 신화 자료들 중에서 취사선택을 했던 것이 아니라, 전통적 신화 체계를 보존했던 지식인들에 의해 이루어졌던 문학 작품의 성격을 띤다. 그래서 시작은 베다 시대 어느 순간하고나 동시대가 될 수도 있었고, 또는 약간 후기가 될 수

20) 앞의 책, 234쪽.

도 있었다.[21]

하지만 "개념과 전위 수행 과정으로 볼 때, 이 전위는 문학적이지만 문학을 넘어서는 어떤 욕구에 부응한다"고 뒤메질은 덧붙인다. "고대와 중세 인도에서 《마하바라타》는 우리의 역사 개념에 부합되는 그런 역사가 아니라, 역사를 대체하면서 위대한 조상들을 찾는 왕조들의 욕망을 만족시키기 위해 봉사한다. 그래서《마하바라타》는 영광된 과거를 갖고 싶어하는 다수의 대중들에게 하는 것과 동일한 봉사를 한다."[22]

멜라네시아의 트로브리안드 섬 원주민들이 리브워그워라 부르는 유형의 설화들은, 말리노프스키가 적절하게 지적했듯이 "조상을 영광되게 하려는 사람들의 욕망으로 인해 생명력을 지닌다".[23] 이처럼 한 공동체의 구성원들이 영광된 과거, 위대한 조상을 갖고자 하는 욕구를 지닐 때 역사는 있는 그대로 후대에 전해지거나 기억되는 것이 아니라 부지불식간에 그 공동체의 이념에 부합되는 이야기로 엮어져 전해지거나 기억된다.

'마하바라타' 라는 말은 문자 그대로 '위대한 인도' 라는 뜻이다. 뒤메질이 《마하바라타》의 편집에서 간파한, 영광된 조상들을 갖고자 하는 대중들의 욕구는 이 서사시 제목과 잘 부합되며, 우리는 바로 이 점에서 앞서 제기한 의문을 해결할 어떤 실마리를 찾을 수 있다. 앞에서 지적했듯이 파릭쉬트, 야나메자야, 사트라지

---

21) 앞의 책, 238~239쪽.
22) 앞의 책, 239쪽.
23) B. 말리노프스키,《원시신화론》, 31쪽.

제 3 장 신화적 사건 및 인물의 비시간성 ─

139

타는 역사적 실존 인물이었을 개연성이 크다. 이러한 사실과 영광
된 조상들을 갖고자 하는 대중들의 욕구에 부응하여 이 서사시가
편찬되었다는 통찰은 '왜 하필 파릭쉬트를 통해 신화적 소재들을
역사 속에 고정하게 되었는가'에 대해 조심스러운 답변을 가능하
게 한다. 《마하바라타》는, 야나메자야가 아버지 파릭쉬트의 뛰어
난 통치를 기리기 위해 그의 치세 중에 최초로 편집한 내용에다가
후세에 수많은 이야기들을 덧붙임으로써 형성된 것이거나, 아니
면 그보다 뒤의 인도인들이 자기 나라에 평화와 번영을 가져다준
위대한 통치자 파릭쉬트를 조상으로 삼아 인도의 정체성을 확립
하기 위해 편집한 것이 아닐까?

그러나 이것은 어디까지나 추정에 불과하며, 보다 중요한 것은
이러한 추정이 설령 사실로 확인되더라도 영광된 조상의 업적에
대한 이 기록은 사실 그대로의 기록이 아니라는 점이다. 뒤메질의
표현대로 '그 자체가 이미 전설적인 역사'인 몇 가지 역사를 제외
한 서사시의 나머지 부분들은 실제의 역사적 인물이나 사건을 다
룬 것이 아니다. 그것은 고대부터 인도의 대다수 대중이 의식적
또는 무의식적으로 지녔던 어떤 이념이나 염원들을 반영하고 있
다. 역사적 사건들은 오랜 시간이 지나면 이 집단 심성에 맞춰 변
형되어 기억될 뿐 아니라 계속해서 거기에 새로운 이야기들이 덧
붙여진다.

키르기스족의 영웅 마나스를 끊임없이 찬미하는 음유 시인들[24]
은 마나스의 무훈을 전하기에 앞서 먼저 다음과 같이 노래한다.

---

24) 이들은 '통부라치'라 불린다.

아야…… 아야…… 아야이!
나, 수사자와 같은 마나스를 노래하려네
다만 바라건대 마나스의 영혼이 보우하시어
내 노래를 감동적이고 진실하게 하시기를.

반은 참이고 반은 거짓, 누구도 눈으로 본 적 없네
구하는 것은 다만 모두 즐거운 노래를 듣는 것.
참이다 거짓이다 누가 다투랴.

반은 참이고 반은 거짓, 누구도 몸으로 겪어본 적 없네
구하는 것은 다만 환희의 노래를 듣는 것.
얼마를 덧붙인들 누가 있어 다투랴!
여러분들의 마음이 만족하도록
바라건대 나로 마음껏 노래케 하라.

이는 우리 조상들이 남긴 이야기
내가 노래하지 않으면 그것을 어찌 전하랴
이는 우리 선배들이 남긴 유산
대대로 전해져 여기에 이르렀네.
만약 영웅의 이야기를 노래하지 않는다면
어찌 마음속 고민을 풀어내랴?
조상이 남긴 이야기를 노래하는 데
지금이 바로 가장 좋은 시간이로다!

그것은 우리 조상들이 남긴 말

그것은 전쟁에서 이긴 모든 영웅들의 말

그것은 무엇과도 견줄 수 없는 위대한 말

그것은 화려한 비단처럼 심오한 말

그것은 우리 선조들이 전해준 말

그것은 뒷사람들이 모은 섬세하고 아름다운 말

그것은 씨앗처럼 널리 퍼져가는 말

그것은 사람들로 흠모하고 사랑케 하는 말

그것은 대대로 전해온 말

그것은 세상에서 가장 장엄하고 아름다운 말

그것은 묻힐 수 없는 말

그것은 해보다 더 빛나는 말

그것은 달보다도 더 맑고 아름다운 말

그것은 쉼없이 끊임없이 이어지는 말

마나스의 이야기여, 누구도 다 부를 수 없도다.[25]

  새로운 문명의 터전과 기술들을 마련해준 문화 영웅들, 도시나 왕조 또는 국가를 세워 사람들을 공동체의 울타리 속에 감싸 안은 창건의 영웅들, 육체의 아름다움과 강건함을 향유하도록 부추기는 무훈의 영웅들, 이들에 관한 이야기들은 대개 조상의 영광을 찬미하고자, 또는 영광된 과거를 갖고자 하는 공동체의 욕구에 부응하는 것들이다. 나라마다 전해지는 이 다양한 유형의 영웅 이야

25) 조현설, 〈마나스, 키르기스 전쟁 영웅의 행로〉, 신화아카데미 엮음, 《세계의 영웅 신화》(동방미디어, 2002), 174~175쪽.

기 속에는 공동체의 안녕과 질서를 지키기 위한 전통적 가치와 규율과 지혜들이 내포되어 있다. 한 사회가 기억하여 대대로 전하는 전설적 인물들, 영웅들은 바로 이것들을 지키려 노력했으며, 그 대적자들은 이를 와해시켜 사회를 무질서의 혼란에 빠뜨리려 했던 인물들이다. 엘리아데가 민중의 기억 속에서 '역사적 사건은 범주로, 역사적 인물은 원형으로 바뀐'고 표현한 것, 뒤메질이 '신화적 소재들이 인간의 사건들로 전위되었다'고 설명한 부분이 바로 이러한 점을 이야기한 것이다.

앞에서도 잠깐 언급했지만, 엘리아데는 세계 여러 지역의 신화, 민담, 전설, 발라드 등의 관찰에서 파악된 시대착오적 특성, 즉 여러 지역 신화들의 현상적 특성을 통해 드러난 사건 및 인물의 비시간성을 범주와 원형으로 탈바꿈한 것으로 설명했다. 그런데 원형이라는 말을 플라톤은 보편적 이데아라는 개념으로, 융은 인류의 보편적 심상이라는 개념으로 사용한다. 이러한 용례들은 엘리아데가 말하는 범주와 원형을 보편적인 어떤 유형으로 오해할 여지를 줄 수 있다. 그래서 신화화를 원형으로의 탈바꿈으로 설명하게 되면, 이는 자칫 역사적 특수성을 보편화하는 것으로 오인될 수 있다. 개별 신화를 역사적 맥락에서 천착하는 뒤메질의 작업은 그가 말하는 전위의 의미가 무엇이며, 신화화란 역사적 특수성의 보편화가 아님을 좀더 명확하게 우리에게 보여준다. 이를 확인하기 위해 인도의 계급 제도, 고대 로마의 사제 조직, 페르시아인과 켈트인의 사회 구성원의 구별에 잠시 눈길을 돌릴 필요가 있다.

주지하다시피 고대 인도 사회는 브라만(사제), 크샤트리아(무사), 바이샤(목축·경작인), 수드라[공인(工人)]라는 네 개의 계급으로 조직되었다. 이란에는 인도와 같은 제도화된 계급 체제는 없었으나 조로아스터교 경전인 《아베스타》가 사제athra.van와 무사rathae-star(마차를 타고 싸우는), 그리고 목축·경작자vastryo. fsuyant를 구분하고 있었으며, 사산 왕조 시대(226~651)에는 이들을 대표하는 불이 각기 다른 명칭으로 불렸다.[26] 켈트인들도 사회 구성원들을 사제나 법률가인 드루이드druid, 군사 귀족 플레이드flaith(산스크리트의 크샤트리아와 마찬가지로 문자 그대로 '힘'을 의미한다), 소를 소유한 자유민bo airig으로 구분한다.[27] 또 고대 로마의 사제 체계는 주신 주피터를 섬기는 사제와, 군신 마르스를 섬기는 사제, 그리고 풍요의 신 퀴리누스를 섬기는 사제로 구성된 위계 체계였다. 인도의 사회 조직은 네 계층으로 구분되었으나 하위의 두 계층이 생산자 계층이라는 공통된 성격을 지니므로 고대 이란의 사회 조직이나 고대 로마의 사제 조직과 동일한 구조를 지닌다.

한편 베다와 《아베스타》에서는 법률적 지배력을 행사하는 미트라(《아베스타》의 Mitra와 베다의 Mithra)와 주술적 권한을 지닌 바루나/무사 신 인드라/미·생식·치료와 관련된 쌍둥이 신 나사트야 또는 아슈빈이라는 위계적 신학 구조가 발견된다. 이것은 주피터/마르스/퀴리누스라는 위계적 신학체계와 동일한 조직이다. 사제 조직, 계급 체계, 신학 체계, 사회 구성원들은 왜 이처럼 세 부

26) 사제의 불은 파르나바그Farnabag, 무사의 불은 구시나스프Gushnasp, 목축·경작자의 불은 부르진 미르Burzin Mihr다. 베스타 S. 커티스, 《페르시아 신화》, 임웅 옮김(범우사, 2003), 37쪽.

27) Mircea Eliade, *A History of Religious Ideas, vol. I, From the Stone Age to the Eleusinian Mysteries*, 193쪽.

류로 구분이 되었을까? 뒤메질이 발견한 것은 이들 다양한 문화 영역의 기저에 깔린 동일한 관념이었다.

뒤메질은 사제/무사/생산자의 저쪽에서 그 구분보다 더 본질적인 종교적 · 법률적 지배권/물리적인 힘, 특히 무사의 힘/편안하고 비옥한 풍요라는 계층화된 기능들이 분명하게 드러나는 것을 보았다. 이 세 가지는 인간 집단이 생존하기 위해 충족시켜야 할 필요 요소들이며, 이 세 기본 기능의 조화는 한 사회가 질서 있고 행복한 삶을 누릴 수 있도록 보장한다. 그렇기 때문에 이들 각각은 별개의 사실로서 의미를 지니는 것이 아니라, 전체 체계의 일부로서 자신에게 제한된 위치 속에 자리잡을 때 비로소 의미를 지닌다. 사제 조직, 계급 체계, 신학 체계, 사회 구성원들의 구분 등, 인도-유럽제족의 다양한 제도나 믿음, 풍속에 형태를 부여한 것은 바로 이러한 이데올로기(관념)다. 뒤메질은 이를 3기능 이데올로기라 부르며, 인도-유럽제족의 신화들을 분석하는 도구로 삼는다.

이미 말했듯이 《마하바라타》의 영웅들은 모두 신들의 화신이며, 다섯 판다바는 각각 다르마, 바유, 인드라, 아슈빈의 화신이다. 뒤메질의 3기능 틀에 따라 분류하자면, 인격화된 다르마는 제1기능에 속하는 신이고, 바유와 인드라는 제2기능의 신, 아슈빈은 제3기능의 신이다. 베다 신학 체계에서 대표적인 제1기능 신으로는 미트라와 바루나가 있다. 법, 정의를 뜻하는 다르마 개념은 베다 시대 이후에 형성된 것이며, 바유는 전(前) 베다 시기의 신이다. 《마하바라타》에 제1기능 신으로 미트라나 바루나가 아닌 인격화된 다르마가, 또 제2기능 신으로 바유가 등장하고 있다는

바루나(오른쪽)와 바유(왼쪽). 인도 카주라호.

사실[28]은 여기에 전 베다, 베다, 그리고 베다 이후 시대의 신들이
모두 다 통합되어 들어갔음을 말해준다.[29]

---

28) 《마하바라타》에서 바유의 화신인 비마는 엄청난 힘의 소유자로 등장한다.
29) 뒤메질의 설명에 의하면, 바유는 전(前) 베다 시대에는 인드라와 함께 제2기능 신의 위
   치를 점하고 있었으나 베다 시대에는 바유의 속성을 인드라가 전유한다. 《리그베다》
   이전에 이미 바유는 제2기능을 상실한다. 따라서 바유를 제2기능 신으로 등장시킨 《마
   하바라타》의 부분은 《리그베다》 이전 전통의 잔존으로 볼 수 있다.

황소의 귀를 잡고 있는 인드라. 《리그베다》에서 인드라는 힘 센 황소, 황소의 주로 묘사되기도 한다.

이 신들은, 장구한 세월에 걸쳐 형성된 인도 전통의 신들을 포괄하고 있음에도 불구하고, 사회 기능적인 면에서 대체로 세 가지로 구분될 수 있다. 종교적이고 법률적인 지배권을 행사하는 제1기능의 신, 물리적 힘을 구현하는 제2기능의 신, 풍요, 다산, 아름다움, 건강, 사회적 자산 등 온갖 종류의 부를 담당하는 제3기능의 신이 그것이다.

앞에서 말했듯이 사회의 질서를 통어하는 종교적 · 법률적 지배권, 공동체를 외부의 적들로부터 방어하는 군사적인 힘, 사회 구성원들이 기아나 질병으로 고통받거나 단절되지 않고 계속 평화롭게 존속할 수 있도록 해주는 편안하고 비옥한 풍요, 이 세 가지는 인간 집단이 생존하기 위해 반드시 충족시켜야 할 요소들이며, 이들의 유기적 조화는 사회 구성원들에게 안정되고 행복한 삶을 보장해준다. 고대 인도 정신은, 의식적으로 또는 무의식적으로, 바로 이러한 관념 체계에 따라 그들 신들에게 주요 역할들을 배분하고, 또 사회 구성원들을 카스트 제도라는 계급 조직으로 분류하고 배치했다고 볼 수 있다. 그렇기 때문에 사회를 구성하는 다양한 힘들도 크게는 이 세 기능으로 분류할 수 있으며, 인간 사회의 갈등이나 상호 작용도 이 세 기능적 힘을 구현한 인물들 사이의, 또는 이 인물들과 이 힘들에 대항하는 적대적 존재들 사이의 갈등이나 상호 작용으로 설명할 수 있다.

인도 전통의 기저에 깔린 이데올로기는 비단 이것만이 아니다. 판다바계의 수장 유디슈티라가 다르마의 화신이라면 카우라바계의 통치자 두르요다나는 칼리의 화신이다. 판다바계와 카우라바계의 갈등과 투쟁, 그리고 파국적 종말과 그 후 파릭쉬트에 의해 새롭게 세워지는 세계의 질서를 이야기하는 《마하바라타》 서사시의 플롯, 즉 "선의 힘과 악의 힘이 맞서서 파괴적 절정까지 전개되다가 새로운 탄생[아르주나의 손자 파릭쉬트]으로 귀착되는 이러한 플롯 자체도 세계의 큰 위기에 관한 신화의 전위"라고 뒤메질은 말한다.[30]

30) Georges Dumézil, *Mythe et épopée I*, 238쪽.

《마하바라타》는 선의 힘을 대변하는 판다바계와 악의 힘을 대변하는 카우라바계가 대립하여 극한의 갈등을 일으키다가 그 파괴적 힘에 의해 기존 세계가 소멸하고 새로운 세계가 탄생하는 과정을 보여준다. 베다의 신화 체계에서는 신들 간의 갈등으로 나타나는 선악의 극한 대립은 세계의 소멸과 재탄생을 예고하는 전주곡이다. 이 관념들이 주로 인간이 역사의 무대에서 활동하는 이야기인 《마하바라타》에서도 작용하고 있음을 뒤메질은 간파했다.

　중국인들과 한국인들에게 우주의 질서는 변치 않는 영원한 질서이며, 따라서 우주는 결코 소멸하지 않는다. 그러나 인도인들에게는 우주가 다른 역사적 존재들과 마찬가지로 탄생, 성장, 쇠퇴, 소멸을 주기적으로 반복하는 것이다. 고대 인도인들의 우주론에 의하면 우주가 형성되기 이전의 원초적 상태는 물이며, 물에서 생겨난 우주는 거대한 불이나 대홍수에 의해 소멸하고 다시 물에서 재탄생한다. 불이나 물은 타락한 질서, 오염, 악을 정화하는 정화제다. 오늘날에도 인도인들은 사람이 죽으면 강가의 화장터에서 사체를 화장하고 그 재를 강에다 뿌린다. 또 죽기 전에 이루고자 하는 가장 큰 소망은 바로 갠지스 강에서 목욕을 하는 것이다. 소우주인 인간의 삶은 대우주의 질서를 따라야 한다고 생각하기 때문이다.

　'쿠루족의 들판'을 의미하는 쿠루크셰트라는 《바그바드 기타》에서 '다르마(정의, 법)의 들판Dharma - Kshetra'이라 불리며, 《바가바타 푸라나Bhagavata - Purana》에서는 '성스러운 목욕'의 장소, '거룩한 축제'의 터로 간주된다.[31] 《사타파타 브라마나》에서는 태고부터 희생 제의를 행하던 장소로 간주되며, 《마하바라타》에서

갠지스 강가의 화장터.

갠지스 강가.

는 고행을 하는 장소인 타파크세트라로 불리기도 한다.[32]

이러한 사실들은 다음과 같은 점을 말해준다. 인도사가들의 주장대로 바라타족의 두 혈통인 카우라바계와 판다바계의 권력 투쟁인 쿠루크세트라 전쟁이 인도 역사에서 실제로 일어난 사건이라면, 후대의 인도인들은 이 혈족 간의 유혈 투쟁을 악의 질서를 와해시키고 새로운 선의 질서를 확립하기 위한 일종의 거대한 우주적 의례로 간주하고자 했으며, 또 그렇게 기억하려 했다는 것이다. 고대 인도인들은 선조들이 그렇게 우주의 질서에 부합되는 삶을 살았다고 이야기함으로써 후손들에게 민족적 자긍심을 갖게 했을 것이다.

마치 무의식적 사고의 범주처럼 인도인들의 전통 속에 확고히 자리잡고 있는 이 관념들은 역사적 인물 또는 사건들에 대한 기억이나 묘사에 암암리에 영향을 끼쳐 그것들을 변형시킨다. 동아시아 전통의 기저에서 음양오행 사상이 무의식적 사고의 범주처럼 작용하고 있듯이, 인도의 전통 속에는 이처럼 그들 고유의 세계관과 다른 여러 관념들이 응결되어 있다. 새로 형성되는 역사에 영향을 끼치기도 하고 거기서 영향을 받기도 하는 특정 민족이나 집단의 사고의 범주들을 이루는 이러한 의식적 관념들은 순간의 역사들을 전통의 거대한 물줄기에 흡수해 다양한 외양을 드러내 보이면서 공동체의 전통을 계승하고 이끌어간다.

흔히 역사의 윤색이라고도 불리는 신화화——뒤메질이 신화적

---

31) *Le Mahabart et le Bhagavat du Colenel De Polier*, présenté par *Georges Dumézil*(Paris : Gallimard, 1986), 35쪽.
32) 《바가바드 기타》, 함석헌 주석(한길사, 1996/5쇄, 2003), 75쪽, 제1장 1의 주.

소재들의 전유라 불렀던 것, 엘리아데가 원형으로의 탈바꿈이라 불렀던 것――는 역사의 왜곡도, 역사적 특수성의 보편화도 아니다. 그것은 특정 공동체 내에서의 전통과 역사의 만남이다. 이 둘의 교차로에서 우리는 조상들의 과거를 영광되게 하려는 집단의 욕구를 간파하기도 하지만, 때로 역사가 누락시킨 소중한 진실들을 발견하기도 한다. 송(宋)대 이후 중국 민중들 사이에서 전해졌던 연개소문과 설인귀의 이야기를 통해 이 진실의 일단을 살펴보자.

4. 탈역사화된 역사, 의식화된 무의식

연개소문(淵蓋蘇文)[33]은 고구려의 동부대인(東部大人) 태조(太祚)의 아들로, 15세에 부친의 직책을 계승하여 동부대인 대대로(大對盧)가 되었으며, 642년에는 당(唐)나라의 침입에 대비하고자 북쪽에 1,000리에 이르는 장성(長城)을 축조했다. 같은 해, 대인(大人)들이 자신을 제거하려는 기미를 보이자, 그는 주연을 베풀어 대신과 대인 180여 명을 죽이고 영류왕을 시해한 뒤, 보장왕을 옹립하고 스스로 대막리지가 되어 정권을 장악했다. 그는 고구려에 구원을 요청하러 온 신라의 김춘추(金春秋, 후에 태종무열왕이 됨)를 감금하고 신라와 당나라의 교통로인 당항성(黨項城)을 점령했다. 644년(보장왕 3년)에 고구려는 신라와의 화해를 권고하는 당 태종(太宗)의 요구를 물리치고 사신 장엄(蔣儼)을 구속하는 등 강경책을 썼는데, 이에 격노

---

33) 개금(蓋金), 개소문(蓋蘇文)이라고도 하며, 천개소문(泉蓋蘇文)이라고도 불린다.

한 당 태종이 이듬해인 645년에 17만의 대군을 이끌고 고구려를 침입했다. 연개소문은 고구려 군을 지휘하여 개모성(蓋牟城), 요동성(遼東城), 백암성(白巖城) 등에서 적에게 큰 타격을 입히고 마침내 안시성(安市城)의 혈전(血戰)에서 60여 일간의 공방전 끝에 당나라 군대를 격퇴했다. 그 후에도 고구려는 네 차례나 당나라의 침입을 받았으나 이를 모두 막아냈다.

강주(絳州), 용문(龍門) 출생인 설인귀(薛仁貴, 613~682)는 당 태종이 645년 고구려를 칠 당시 직속 상관인 장사귀를 구해 공을 세웠으며, 연개소문이 죽은 지 2년 뒤인 668년(당 고종 치세)에 신라와 연합해 고구려 평양성을 함락시킨 실존 인물이다. 659년(보장왕 18년)에 그는 당 고종의 명을 받고 고구려에 침입했으나, 횡산(橫山)에서 고구려 장군 온사문(溫沙門)에게 패해 돌아갔다. 668년에 고구려가 나당 연합군에게 멸망당하자 당은 평양에 안동도호부를 설치하는데, 이때 설인귀는 검교안동도호(檢校安東都護)로 임명되었다.

연개소문의 영웅적 행적은 우리나라 사람들에게는 그다지 알려져 있지 않으나, 중국에서는 송·명(明) 등 여러 왕조를 거치면서 소설과 전기, 평화(平話), 사화(史話), 잡극(雜劇), 연의(演義), 지방(地方) 희극, 경극 등 각양각색의 갈래에 수용되어 발전해온 까닭에 널리 알려져 있다.[34] 대체로 연개소문과 설인귀라는 두 뛰어난 영웅 간의 전투가 신화화된 형태로 나타난 이 이야기들 속에서 두 인물은, 실제로는 한 번도 맞부딪친 적이 없으나, 적대적인 두

---

34) 경극 무대에 쓰인 연개소문과 설인귀의 분장은 지금까지 남아 있으며, 구이저우(貴州)성 박물관에는 연개소문 마당놀이 탈이 현존하는 것으로 전해진다.

탁월한 영웅으로 등장한다.

평민 출신의 설인귀는 서른두 살에 안시성 전투에 참여해 장사귀를 구하는 무공을 세웠으나, 이 전투에서 연개소문과 맞싸우지도, 당 태종을 구출하지도 않았다. 그러나 민중 설화 속에서는 그가 연개소문과 대적해 궁지에 몰린 당 태종을 극적으로 구출하는 영웅으로 등장한다. 연개소문 또한 사실과는 달리 설인귀에게 생포돼 참수당하는 것으로 나타난다. 그러나 연개소문은, 비록 패배한 장군으로 귀결되긴 하지만 용맹스러운 영웅의 모습으로 묘사된다.[35]

설화 속에 나타난 설인귀와 연개소문의 이미지는 크게 세 가지 특징을 통해 대비된다. 신전(神箭, 신비의 화살)과 비도(飛刀, 날아다니는 칼), 흰색 도포와 붉은 도포, 백호와 청룡이 그것이다. 연개소문이 다섯 개의 칼을 차고 다녔다는 역사 기록이 민간 설화에서는 '날아다니는 칼'로 신비화된 것이다. 흰 옷은 설인귀의 평민 신분에 걸맞은 이미지로, 용감하고 선량한 영웅을 상징한다. 연개소문과 청룡을 연결시킨 것에 대해서는, 청룡이 중국에서 천자를 상징하는 것이므로 중국인들이 연개소문에게 천자의 권위를 부여한 것으로 설명되기도 한다. 그러나 중국인들에게 연개소문이 아무리 뛰어난 영웅으로 인식되었다 하더라도, 그들이 적대국의 장수에게 천자의 지위를 부여했다는 설명은 받아들이기 어렵다. 그보다는 우리나라와 중국의 지리적 위치가 동-서로 대비되므로, 전통적인 오행 사상에서의 방위와 색의 상응 원리에 따라

---

35)《설인귀정료사략(薛仁貴征遼事略)》. 남송 또는 원 초에 작성된 것으로, 현재 영국 옥스퍼드 대학에 소장돼 있다.

연개소문을 청룡으로, 중국의 장수 설인귀를 백호로 형상화했다고 보는 것이 더 타당할 것이다.

역사학자 신채호는 《조선상고사》에서 연개소문을 우리나라 4,000년 역사에서 첫째로 꼽을 수 있는 영웅이라고 평가했다. 하지만 오늘날 우리는 그에 대해 '고구려 정벌을 위해 당 태종이 몸소 출정한 안시성 전투에서 당 태종의 17만 대군을 물리쳐 그에게 뼈아픈 패배를 안긴 고구려의 명장', '왕을 시해하고 왕권을 좌지우지한 패역의 무장' 정도로 기억하고 있다. 반면 중국에서는 연개소문이 1,000년 이상 무대와 글 속에 무수히 등장하면서 그의 영웅적 행적이 중국 민중 속에 생생히 살아 있었다. 비록 당에 반기를 들고 싸우다 파멸한 패장으로 왜곡되기는 했으나, 연개소문은 중국 민간 설화를 통해 그 이름이 오랜 세월 전해 내려오면서 거의 모든 중국인들에게 뛰어난 고구려 영웅으로 알려졌던 것이다.

명·청의 전기인 《설인귀과해정동백포기(薛仁貴誇海征東白袍記)》에서 연개소문은 당 태종을 '소진왕'으로 낮춰 부른 뒤, "너의 강산이 아무리 넓다 해도 400개 주에 불과하다. 나는 단지 일개 부대로도 너의 땅을 피바다로 만들 수 있다"라고 호령한다. 또 《비도대전(飛刀大戰)》이라는 민속 문학 속에서 연개소문은 "현재 해동의 60개 나라가 모두 해마다 당 조정에 공물을 바치고 신하라 칭하나 오로지 나의 고구려국만이 당 조정에 굴복하지 않는다"라고 말한다.

중국에서 연개소문이 천자의 권위를 실추시킨 한 탁월한 고구려 영웅으로 수세기에 걸쳐 기억되는 것과 달리, 국내에서는 고려

시대에 김부식이 쓴 《삼국사기(三國史記)》에서나 연개소문에 대한 기록을 찾아볼 수 있을 정도다. 하지만 여기서도 연개소문의 흉포한 모습이 주로 부각되고 있다.

시대에 따라 여러 내용이 추가되면서 다양한 형태로 발전해왔던 연개소문과 설인귀의 이야기는 이제 예술 공연 무대에서 사라져버렸다. 경극이 1960년대 중국의 문화 혁명기를 거치면서 정치 선전극으로 전락했고, 또 북한이 조선 민족의 영웅인 연개소문을 패자로 비하함으로써 역사적 사실을 왜곡했다며 관련 경극의 상연 금지를 요청했기 때문이다. 이로 인해 오래전에 우리에게 폄하되고 잊혀진 연개소문의 영웅으로서의 이미지는 머지않아 중국 민중의 기억 속에서도 사라져버릴 것이다. 이와 더불어 1,000년 넘게 중국인들에게 고구려가 중국의 속국이 아님을 당당히 외쳤던 연개소문의 목소리도 희미한 메아리만을 남기다 결국 소멸해버릴 것이다.

중국 민중 사이에서 수세기에 걸쳐 전해졌던 연개소문과 설인귀의 이야기는 북한의 주장대로 단지 역사의 왜곡에 불과한가? 역사적 사실이 실제와 다르게 각색되어 전해지는, 이른바 '역사 왜곡'이라는 현상은 왜 일어나며, 왜 '왜곡된 역사'가 민중의 삶 속에서 그토록 장구한 세월 동안 생생하게 살아 있는 것일까?

역사 소설이라 불리는 문학 유형에 대해 생각해보자. 여기서는 역사적 사실들이 기존의 사가(史家)들이 기술하는 방식과는 다르게 이야기 형식으로 묘사되고, 역사가들이 중시하지 않았던 세세한 요소들과 에피소드들이 중요한 결과의 원인들로 암시되기도 한다. 또 이야기 전개에 필요한 자료들이 결여되어 있을 때는 상상의 이야기로 메워지기도 하고, 극적 재미와 긴장감을 위해 사실과 다른 내용들이 추가되기도 한다. 중세 아이슬란드와 스칸디나비아의 영웅담인 사가saga와 마찬가지로 역사 소설들은 이처럼 역사가 누락했거나 보지 못한 진실들을 생생하게 재구성해내며, 민중의 무의식이 갈구하는 욕구와 염원들에 부응하는 역사를 이야기한다.

안시성 전투에서 17만 당 대군을 물리친 연개소문의 초인적인 영웅성과 구국의 정신. 전쟁의 원인이나 주변 정세의 힘의 역학관계 등이 이것을 어떻게 드러낼 수 있으며, 또 왕을 시해한 패륜의 행위가 이것을 어떻게 감출 수 있겠는가. 군신 관계에서 신하가 갖추어야 할 가장 중요한 윤리적 덕목을 충(忠)으로 간주했던 전통적 가치관으로 인해 칼 다섯 자루를 차고 다녔다는 연개소문에 대한 기록은 그의 영웅성보다는 불충과 광포함의 징표로 읽힌다. 그러나 중국의 민간 설화에서 연개소문의 칼 다섯 자루는 전장에서 종횡무진으로 적들의 목을 자르는 신출귀몰한 영웅의 무기, 말 그대로 '날아다니는 칼(飛刀)'이다. 날아다니는 칼의 이미지야말로 그 어떤 장황한 서술보다도 연개소문의 초인적 영웅성을 잘 드러내준다. 하지만 신하의 덕목으로 충과 의(義)를 그 무엇보다 중시했던 전통으로 인해 한국인들의 집단 심성은 연개소문을 구국의 영웅으로 영원히 기억하기를 거부한다.

《삼국지연의(三國志演義)》의 영웅 관우가 한국과 중국에서 신격화되어 추앙되고 있는 현상, 조조의 인물됨이 폄하되고 있는 현상도 마찬가지로 설명될 수 있다. 관우는 지장(智將)이자 용장(勇將)이지만, 이 점이 또는 그의 한 맺힌 죽음이 그를 신격화했다고 보기에는 뭔가 미진함이 느껴진다. 조조의 성심 어린 극진한 대우에도 불구하고 결코 유비를 저버리지 않아, 다시 조조의 곁을 떠나 유비를 찾아가는 관우의 이야기는 들을 때마다, 읽을 때마다 가슴을 뭉클하게 한다. 어떤 곤경에 처해서도 도원결의(桃園結義)를 저버리지 않고 유비에게 충성을 다한 그는 진정으로 충의 도(道)를 실현한 인물, 말하자면 충의 원형이었기 때문에 한국인들과 중국인들에게 신격화된 것은 아닐까? 물론 관우를 신격화 하는 데 중국 역대 왕조의 의도적인 개입이 큰 역할을 하기는 했지만,[36] 의를 겸비한 충신의 이미지가 권력자뿐 아니라 민중의 기대에도 부합했기 때문에 신격화가 순조롭게 진행될 수 있었을 것이다.[37]

---

36) 중국에서는 수나라 때부터 관우를 위해 사당을 세우는 풍속이 생겨났으며, 당나라 때는 이런 풍조가 성행하여 무신(武臣)의 사당[무묘(武廟)]을 관우묘(關雨廟)라 불렀다. 공신이 죽으면 그 공로에 답하여 조정에서 작위를 하사하는데, 북송 말부터 관우의 관작은 점점 높아져 후(候)에서 공(公)으로, 공에서 왕(王)으로 승격되고, 청나라 때는 왕에서 제(帝)로 승격되어 마침내 관성대제(關聖大帝)가 되기에 이른다. 명나라 태조는 한나라를 모델로 하여 국가의 정체성을 확립하고자 했는데, 그는 한의 정통성을 유비의 촉이 이어받았다는 촉한(蜀漢) 정통성을 내세웠다. 또 청의 건륭제는 무성(武聖)으로서의 관우의 지위를 옹호하기 위해 소칙을 내리면서, "진수(陳壽)의 정사(正史)에 관우에 대하여 많은 사견(私見)이 존재하므로, 진수의 비평은 부당하다"고 비난했고 다시 올바른 평가를 내려 정사에 수록하라는 명을 내렸다. 진순신, 《영웅의 역사 6》(솔, 2000), 130~138쪽.

37) 알다시피 오늘날 우리가 읽고 있는 《삼국지연의》는 명나라 때 나관중이 편찬한 《연의삼국지(演義三國志)》를 청나라 때 모종강(毛宗岡)이 다시 읽기 쉽게 재편집한 것이다. 《연의삼국지》가 등장하기 이전에 이미 삼국지의 수많은 본들이 존재했다. 후한(後漢)의 왕권이 약화되던 184년에 곳곳에서 농민들을 중심으로 민중 봉기가 일어나고 있었다. 조조, 유비, 손권 등 여러 영웅들이 천하의 패권을 차지하기 위해 다투었고, 280년 진나라의 사마염(司馬炎)에 의해 중국이 통일되면서 100여 년간의 투쟁은 마침내 막을 내렸다. 《삼국지연의》는 이 100여 년간의 이야기를 다룬 것이다. 진수는 이 당시의 일들을 좀더 사실적이고 간략하게 기록하여 남겼는데, 이것이 이른바 정사(正史) 《삼국지》다. 진수의 《삼국지》와 사마광의 《자치통감(自治統監)》에서는 조조의 위나라가 한나

동아시아인들의 집단 심성이 후대에 이르기까지 관우보다 더 탁월한 지(智)와 용기를 겸비한 조조를 뛰어난 영웅으로 찬미하기를 거부하며 굳이 그를 간웅(奸雄)이라 부르는 데도 까닭이 있다. 그것은 그가 자주 활용하는 지가 와룡(臥龍) 선생 제갈량(제갈공명)이 갖춘 자연의 지혜, 즉 천도(天道)가 아니라 간웅의 책략이었기 때문이다. 동아시아인들은 여포나 장비, 헤라클레스가 구현하는 무(武)인 육체적 힘이나 꾀 많은 오디세우스의 무용(武勇)인 책략보다는 천문을 읽고 자연의 지혜와 비밀을 활용하는 책사 제갈량의 무술(武術)을 더 가치 있는 것으로 여겼다. 《비도대전》에서 연개소문은 "무릇 장군이 되려면 천문과 지리, 기상을 관찰할 줄 알아야 한다"라고 말한다. 이 말에서 암시되는 것은 연개소문이 문무를 겸비한 영웅이라는 것이다. 그는 여기서 《삼국지연의》 속의 제갈량처럼 묘사되고 있다. 동아시아 지역에서 영웅 이야기는 종종 바람과 구름을 부리고 천문을 읽을 줄 아는 신출귀몰한 영웅들이 등장하는 무협지 형태를 띠고 있으며, 이 무협지들이 장구한 세월 동안 민중의 사랑을 받고 있다. 그것은 무협지들이 힘과 용맹뿐 아니라 천문, 지리, 기상도 관찰할 줄 아는 무사(武士)라는, 동아시아인들의 집단 심성이 추구하는 영웅상을 극

라의 정통을 잇는 것으로 간주된다. 그러나 삼국이 통일되고 반세기 정도 지난 동진(東晉, 317~430) 시대에 습착치는 《한진춘추(漢晉春秋)》에서 유비와 공명의 촉나라에 동정적 입장을 보이며, 그들에 얽힌 수많은 일화를 전해준다. 《삼국지연의》의 주인공들에 대한 이야기 가운데 재미있고 기이한 내용을 모은 야담집인 《세설신어(世說新語)》——육조 시대의 송나라(420~478)에서 편찬——등 민중 사이에서 떠돌던 야담과 삼국지에 관한 연극의 숱한 대본들에서는 조조보다는 유비와 관우, 공명의 이야기가 좀더 우호적으로 전해졌다. 나관중의 《연의삼국지》의 형성과 그 원류들에 관해서는, 김문경, 《삼국지의 영광》(사계절, 2002), 31~79쪽을 참조하라.

대화해 보여주기 때문일 것이다.

몸을 아끼지 않고 상관을 구한 평민 설인귀의 희생 정신, 그리고 안시성 전투에서의 치욕스러운 패배를 설욕한 설인귀의 영웅적인 행적, 바람의 흐름을 파악하여 화공술을 사용함으로써 적벽대전을 승리로 이끈 제갈량의 천도의 지혜,[38] 이것은 실제 역사가 아니라 중국 민중에게는 실제 역사보다 더 소중한 진실이며, 반드시 기억해서 대대로 전해야 할 인간의 이야기다. 탈역사화된 역사, 의식화된 집단 무의식인 이 집단 심성의 역사는 역사적 진실의 왜곡이 아니다. 그것은 잊혀져가는 역사, 소외된 역사를 기억하게 함으로써 공동체의 문화적 정체성을 구축해나간다.

연개소문과 설인귀의 이야기나 《삼국지연의》의 이야기가 역사 기록으로만 남아 있고 설화의 형태로 전해지지 않았다면, 대중은 이에 관련된 과거사를 어느 정도나 알 수 있었을까? 조조, 유비, 공명, 관우, 장비, 손권이라는 인물들의 이름이나마 제대로 알 수 있었을까? 오늘날 이야기체의 역사 서술을 시도하는 미시사가(微視史家)——또는 미시문화사가——들의 문제 의식은 바로 이런 것들과 맞닿아 있다. 미시사가들은, 정치사나 사회사 같은 전체사적 흐름들과 기존의 역사 서술 방식은 역사 속의 복잡다단한 실재

---

38) 유비와 오(吳)나라의 손권이 동맹을 맺고 위(魏)나라의 조조와 결전을 벌여 대승을 거둔 적벽대전에서, 손권의 신하 주유는 공명에게 열흘 사이에 화살 10만 개를 준비하라는 무리한 요구를 한다. 공명은 안개 낀 밤에 짚단을 실은 배를 조조의 진영으로 접근시켜 배의 양쪽으로 적의 화살을 잔뜩 받아 돌아가는 지략을 보여줌으로써 주유의 코를 납작하게 만든다. 조조 진영은 결국 화살 부족으로 전투에서 패하게 된다. 그러나 사실 이 기발한 계책을 생각해내고 실행한 사람은 공명이 아니라 손권이었으며 장소도 적벽이 아니라 위와 오가 두 번째로 대결한 유수구(濡須口)였다고 한다. 김문경, 《삼국지의 영광》, 102~103쪽.

들을 제대로 포착하지 못할 뿐 아니라, 역사의 주역인 인간 개개
인의 모습을 사라져버리게 했다고 주장한다. 그래서 이들은, 역사
소설이나 신화에서처럼 역사적 사실을 대중들의 입맛대로 탈바
꿈시키지는 않으나, 딱딱하고 분석적인 역사학의 문체가 아니라
사건의 전말을 풀어나가는 듯한 이야기로서의 역사를 시도한다.

　"정치사가 역사 인식의 범주를 결정하는 중심 단위를 '국가'와
'민족'으로 설정했다면, 사회사는 '사회'라는 초개인적인 총체성
을 통해 전체사를 추구했다. 이에 반해 문화사적인 전환을 시도하
는 역사가들은 '문화'를 매개로 해서, 기존의 정치사나 사회사가
소홀히 하거나 보지 못했던 것을 새로이 발굴하고자 한다."[39] 그
리하여 미시문화사가들은 기존의 역사 연구에서 배제되었던 민
중의 생활사, 개인의 일상사, 집단 심성의 경향들에 눈길을 돌려,
누락되어 사라져버린 생생한 인간적 삶을 복원하려 한다.

　《마르탱 게르의 귀향 *The Return of Martin Guerre*》(1983)을 쓴 나탈
리 지먼 데이비스Natalie Zemon Davis와 《치즈와 구더기 *The Cheese
and the Worms*》(1976)의 저자 카를로 진즈부르그Carlo Ginzburg 같
은 역사적 상상력을 중요시하는 역사가들은 "역사 서술을 문학작
품의 스토리를 구성하듯이 전개함으로써, 역사history와 이야기
story사이의 구분을 해소한다".[40] 기존 역사학의 한계를 극복하기
위한 문화사가들의 이러한 시도가 이루어지기 수십 세기 전부터
신화는 이미 일반 민중들의 염원과 그들의 생활상, 개인의 활동상
을 이야기해왔다.

---

39) 김기봉, 〈역사 서술의 문화사적 전환과 신문화사〉, 안병욱 외, 《오늘의 역사학》, 134쪽.
40) 앞의 책, 178쪽.

니네베의 아슈르바니팔 궁전을 꾸미고 있는
군졸들의 모습. 파리, 루브르 박물관.

제 4 장

이미지로 이야기하는 신화,
그 다의성과 힘

신화는 아마도 인류의 삶의 시작과 함께 존재해왔으며, 인간 삶의 종말과 함께 사라질 것이다. 그럼에도 신화는 오래전부터 부정적 함의를 지닌 수식어들로 치장되곤 했다. 그리스에서는 기원전 5~6세기경부터, 인류와 생사를 같이 하며 인간 삶에 깊이 뿌리박고 있는 신화를 '야만적이고 황당무계한 이야기', '파렴치하고 무도한 이야기', '상식을 벗어난 기이한 이야기'로 취급하며 문화의 영역 밖으로 추방하려는 시도들이 나타나기 시작한다. 이때부터 19세기에 이르기까지 신화는, '경악스러운'이라는 수식어를 줄곧 달고 다녔으며, 배제되어야 할 '야만'으로 간주되었다. 주로 도덕성을 기준으로 신화와 종교를 가르고, 합리성을 기준으로 신화와 과학을 가르고, 객관적 사실성을 기준으로 신화와 역사를 가르는 식의 편 가르기에서 비롯된 신화에 대한 이러한 가치 폄하는 대개 신화의 표현 방식에 대한 몰

이해에서 비롯된다.

 열 개의 태양을 쏜 예, 자식을 지옥 속에 가두는 우라노스와 아버지의 생식기를 자르는 크로노스, 오누이 부부인 이시스와 오시리스, 황소와 사랑을 나누는 미노스 왕의 아내 파시파에, 천 개의 눈과 천 개의 손, 천 개의 다리를 가진 푸루샤, 천 개의 생식기를 가진 인드라 등, 신화는 도저히 있음직하지 않은 터무니없는 이야기, 무도한 패륜의 이야기들을 많이 담고 있다. 신화가 허황된 패륜의 이야기로 평가받는 것은 이성 중심의 사고가 신화의 이러한 내용을 문자 그대로 읽었기 때문이다. 신화학자들은 신화를 문자 그대로 읽지 않고 터무니없는 이야기, 무도한 이야기들 속에 감추어져 있는 보다 깊은 삶의 실재와 의미들, 역사적 진실들을 해독해왔다. 그리하여 신화학자들은 합리적 사고가 허구로 규정했던 '있음직하지 않은' 또는 '경악스러운' 신화의 내용들을 오히려 인간의 한 독특한 진실 표현 방식으로 간주하면서, 이를 신화의 한 특성으로 설명한다.

1. 신화의 표현 수단, 표현 방식

 음악이 소리를, 회화가 색을 수단으로 해서 인간이 보고 느끼고 생각한 바를, 또는 발언하고 싶어하는 어떤 실재를 표현한다면, 신화는 언어를 통해 그것들을 표현한다. 그러나 신화 언어의 표현 방식은 일상 언어나 과학 언어의 표현 방식과는 사뭇 다르다.

 신화적 표현 방식의 독특성을 강조하면서 학자들이 가장 일반적으로 사용하는 용어는 상징이다. 예컨대 크로노스의 부친 살해, 오이디푸스의 근친상간과 같은 내용들은 문자 그대로의 의미로 이해해서는 안 되는 상징적 표현이라는 것이다. 그러나 상징이라는 말은 너무도 광범위하게 사용되고 있기 때문에 신화적 표현의 특징을 상징이라는 것만으로 규정하면 그 변별적 특성을 파악하기 어렵다. 언어학자들은 언어도 하나의 상징으로 간주하며, 문화사가들, 문화인류학자들은 모든 문화적 실재들을 다 상징으로 본다. 그렇기 때문에 신화적 표현 방식과 관련하여 '신화는 상징이다'라고 말할 때 이 상징이 어떤 상징인지를 좀더 상세히 설명할 필요가 있다.

프랑스 철학자 리쾨르Paul Ricoeur는 상징을 두 종류로 구분했다. 하늘, 달, 물, 바람, 뱀, 돌 등과 같은 우주적 대상들, 자연 현상과 자연물들을 통해 표현되는 일차 상징 또는 우주적 상징이 그 하나이며, 선, 악, 미, 추와 같은 추상적 개념으로 표현되는 이차 상징이 다른 하나다.[1] 리쾨르의 이 구분을 따른다면 신화는 이차 상징보다는 주로 일차 상징 또는 우주적 상징을 사용하여 실재를 표현한다고 하겠다.

뒤메질과 레비스트로스는 이미지라는 말로 신화적 표현 방식의 독특성을 규정한다. 뒤메질은 "신화의 역할은 그가 생겨난 공동체의 정치 조직, 사회 조직, 의례, 법률, 관습들을 정당화하는 것이며, 이 모든 것들을 유지하는 대사상들을 이미지로 표현하는 것"이라고 했고,[2] 레비스트로스는 신화가 "추상적 관념이 아니라

---

1) Paul Ricoeur, *Finitude et culpabilité II : La symbolique du mal*(Paris : Aubier, 1960), 17~25쪽.

우로보로스.

구체적 이미지들로 실재를 표현한다"고 했다.[3]

차고 기울었다 사라지고 다시 나타나는 달과 해마다 허물을 벗는 뱀은 재생의 상징으로, 알알이 씨앗을 머금고 있는 석류나 포도는 다산과 풍요의 상징으로 세계 여러 지역의 신화에서 흔히 사용된다. 하나의 생명체는 남성과 여성이라는 두 대극의 요소가 결합하여 생겨난다. 또 하나의 생명체가 다른 생명체를 먹고 살아가듯이 낮과 밤은 서로를 삼키며 교체되면서 이어진다. 이처럼 역의 합일에서 탄생하는 생명의 신비나 역설을, 죽음에 의해 유지되는 삶의 신비나 역설을 신화는 때로 뱀이 자기 입으로 자신의 꼬리를 물고 있는 우로보로스의 이미지로 표현한다.

그런데 신화는 회화나 조각처럼 여러 이미지들만을 열거하여

2) Georges Dumézil, *Mythe et épopée I*, 10쪽.
3) Claude Lévi-Strauss, *La pensée sauvage*(Paris : Plon, 1962), 25~32쪽.

제시하는 것이 아니라 이런 종류의 이미지를 다른 다양한 이미지들과 연결하여 드라마틱한 하나의 이야기를 엮어내므로 복합적인 상징이다. 냉혈 동물 파충류인 뱀이 자기 꼬리를 입으로 물고 있는 우로보로스의 이미지는 어둠이 빛을 삼키고 빛이 어둠을 삼키며 서로 교체되는 자연의 순환적 질서를, 정-반-합의 철학을, 갈등을 화해시키는 조화의 윤리를 말하며, 주기적으로 허물을 벗는 뱀의 생태는 발아하고 성장하여 결실을 맺고 죽었다가 소생하는 식물의 삶을, 차고 기울었다 다시 생겨나는 달의 재생 모습을 상기시킨다. 이것들은 또한 사후(死後)에 영적으로 재생하여 인간의 유한한 조건들에서 벗어나고자 하는, 즉 영생을 추구하는 종교적 욕구와도 친연성이 있다. 그리하여 고대 이집트의 태양신 호루스는 저승 세계의 신 오시리스의 아들이 되며, 그의 머리 위에는 태양을 감고 있는 뱀의 모습이 있다. 또 세계 여러 지역의 신화에서 뱀, 식물, 달의 이미지와 영생의 관념이 서로 연결되어 이야기가 엮어진다. 이처럼 신화는, 엘리아데의 표현을 빌리자면, 형이상학이 변증법적으로 표현하는 실재들을 드라마틱하게 조형적으로 표현한다.

리쾨르가 우주적 상징이라 부른 뱀, 석류, 바람, 돌 등과 같은 자연의 이미지들을, 엘리아데는 우주적 성현(聖顯, '성스러움의 나타남')이라고 불렀다. 고대 신화나 원시 신화의 이미지들은 모두 종교적 의미를 지니고 있다고 보았기 때문이다. 학자들은 각자 약간 다른 용어로 신화의 독특한 표현 방식을 설명하지만, 신화가 주로 우주적 상징들 또는 구체적 이미지들로 실재를 표현한다는 것에 대해서는 대체로 일치된 견해를 보이고 있다.

이시스 신전 벽에 새겨진 이시스와 호루스.

　신화학자들은 신화의 이미지들을 문자 그대로 읽어서는 안 된다고 한결같이 주장하는데, 그들의 의미 해석은 저마다 달라서 다양하게 나타난다. 이는 우선 드라마틱하게 표현된 고대 신화의 이미지들이 어떤 실재를 가리키며, 또 어떤 의미를 지니는지가 늘 명확하지는 않기 때문이다. 현대의 신화학자들은 물론이고 신화를 이야기하는 동시대의 집단 구성원들이나 그 신화를 전수받은 후대인들에게도 그렇다. 다음으로, 역사적 간극들이 동일한 신화 이미지에 대해 여러 가지 해석을 가능하게 하기 때문이다. 예컨대 한 사회 내에서라 할지라도, 수렵 생활이 주를 이루었던 석기 시대에 만들어진 신화나 농경 생활이 주를 이루었던 철기 · 청동기

시대에 만들어진 신화는 이미지나 언어에 있어 중세 혹은 근대에 만들어진 신화와는 다를 수밖에 없다. 그래서 잘 납득되지 않는 신화의 어떤 부분에 대해서는 때로 후대에 설명이 추가되기도 하고, 삭제와 변형이 가해지기도 한다.

다른 한편, 해석의 다양성은 연구자들의 개인적 관심이나 관점의 차이에 기인하기도 한다. 이때 서로 다른 해석들은 서로를 배제하는 것이 아니라 복합적인 신화 이미지의 여러 면모들을 드러내주므로 오히려 상호 보충적이라고 할 수 있다.

먼저 터무니없고 황당해 보이는 신화의 이미지들은 어떻게 만들어지며 그것이 가리키는 역사적 진실이란 무엇인지, 왜 새로운 설명이 덧붙여지거나 내용이 변하는지, 몇 가지 예를 통해 좀더 구체적으로 확인해보자.

2. 이미지 구성과 이야기 엮기

(1) 우가 아홉 개의 사람 머리를 가진 뱀을 죽이다

중국 고대 전승에 의하면 요(堯) 임금(기원전 2375~2258년에 활동한 것으로 추정) 때에 대홍수가 발생하여 그 물이 하늘에까지 흘렀다고 한다. 출렁이며 넘쳐흐르는 물은 천지를 새와 짐승들[禽獸]의 천국으로 만들었다. 그래서 인간들은 나무 위나 굴속에서 살아야 했으며 곡식을 경작할 수도 없었다. 사납고 거친 존재들이 주름잡는 야생의 땅을 인간이 살 수 있는, 경작 가능한 문명의 터로 바꾸기 위해서는 먼저 그 거대한 물길을 제압하지 않으면 안 되었다. 그 홍수는 우가 아홉 개의 사람 머리를 가진 뱀을 죽임으로써 다스려졌다고 한다.

상요(相繇)라고 하는 공공(共工)의 신하가 있다. 아홉 개의 머리에 뱀의 몸으로 스스로를 휘감고 있으며, 아홉 땅에서 나는 것을 먹는다. 그가 토하는 곳과 머무는 곳은 즉시 늪이 되는데, 〔늪의 물이〕 맵지 않으면 또 쓰거나 해서 어떤 짐승들도 살 수가 없었다. 우가 홍수를 메울 때 상요를 죽이자, 그의 피에서 비린내가 퍼져 곡식이 자라지 못하고 그 땅은 물이 많아 살 수가 없었다. 우가 그것을 메우기 위해 세 번 흙을 덮었으나 세 번 다 무너져서, 결국 못을 만들었다. 그리하여 여러 임금들이 그곳에 누대를 만들었다〔群帝因是 以爲臺〕. 곤륜의 북쪽에 있다.[4]

'아홉 개의 사람 머리를 가진 뱀을 처치하는 우'라는 신화소[5]는 즉흥적이고 우연적으로 만들어진 것이 아니다. 고대 중국인들에게 뱀이나 용은 홍수를 야기하여 경작을 방해하는 자연 질서의 교란자들이었다. 고대인들의 이 믿음은, 얼핏 황당해 보이지만, 근거 없이 생겨난 순전한 허구의 산물만은 아니다.

'드렁허리', 일명 '논뱀장어'라고도 불리는 물고기는 생김새나 행태가 매우 특이하다. 드렁허리라는 이름은 '논두렁을 헐며 돌아다닌다'는 데서 붙은 이름인데, 이 이름 자체가 시사하듯이 이

---

4) 《山海經》, 〈大荒北經〉.
5) '신화소'라는 용어는 학자에 따라 다른 의미로 사용되고 있으나 여기서는 신화를 구성하는 유의미한 기본 단위를 뜻한다. 우리나라 설화 연구자들은 대개 '화소'라는 표현을 사용하고 있다.

소흥 대우릉(大禹陵)에 있는 우의 상.

물고기는 논의 무법자다. 또 논뱀장어라는 이름에서 드러나듯, 이 물고기는 눈에 띄는 지느러미가 도통 없으며, 공기 호흡을 하기 위해 커다란 허리를 곧추세우면 영락없이 뱀 형상이라고 한다. 게다가 몸길이가 34센티미터를 넘으면 암컷이 수컷으로 성전환을 하는 기이한 면을 갖고 있다. 또한 드렁허리는 물고기와 개구리, 새우, 거북 알까지 닥치는 대로 먹어치우는데다, 상황이 나쁘면 축축한 땅속에 굴을 파고 몇 달씩 잠복하면서 공기 호흡으로 살아남는 강인한 생명력을 가졌다. 우리나라뿐만 아니라 중국, 일본, 베트남 등지에도 분포하는데, 암컷이 수컷으로 성전환을 할 정도로 강한 양(陽)의 기운을 배태하고 있어서인지는 몰라도 특히 중국에서는 인기 높은 식용어라고 한다.

논두렁을 헐며 돌아다녀 경작지를 망치고 물속의 생명체들을 닥치는 대로 먹어치워 없애는 논뱀장어의 짓거리는 넘실거리며 삶의 터전을 와해시키는 대홍수의 거대한 물길의 행태와 흡사하다. 고대 중국인들이 자연 질서의 교란자로 믿었던 물의 괴물 뱀이나 용의 이미지는 바로 드렁허리와 같은 물고기의 생김새와 행태에 대한 정확한 관찰에서 나왔을 가능성이 크다.[6]

뱀이나 용이 홍수를 일으킨다는 믿음은 과학적 합리성만을 신봉하는 정신에게는 터무니없는 망상처럼 보인다. 그러나 과학의 세계와 주술·종교적 세계는 양립 불가능한 것이 아니며 이 둘이 서로 다른 질서의 세계라는 것을 인정한다면, 이 믿음은 무지하다거나 허황된 것으로 치부될 수 없다. 이 믿음은 과학적 삶의 방식과는 다른 삶의 방식에 속하는 것이며, 이 삶은 인간에게 과학적 삶 못지않게 소중하다. 예를 들면 고대인들은 사냥이나 전쟁에서 사용할 무기를 만들 때, 그리고 사냥과 전쟁을 준비할 때는 합리적 이성을 작동시켜 최대한의 대비를 하면서도 출정할 때는 종교적 심성이 작동하여 성공을 기원하는 제사를 지냈다. 뛰어난 무기, 탁월한 전략이 반드시 성공적인 결과를 보장하는 것은 아니기 때문이다. 그래서 장차 있을지도 모를 비극에 대한 불안감을 잠재우고, 예기치 않은 행운이나 자연의 조력 또는 초월적 조력을 기

6) 《회남자(淮南子)》, 〈남명훈(覽冥訓)〉에 의하면, 뱀이나 드렁허리가 적리(赤螭)와 청규(靑虯) 같은 용과 대적하여 물속에서 싸우면 질풍이 불고 폭우가 내리친다. 적리와 청규가 이 비바람을 타고 하늘로 올라갈 때는 그 위엄이 천지를 움직이고 온 나라를 진동시킨다. 이때 뱀이나 드렁허리는 진흙 속으로 700척이나 숨어 들어간다. 이러한 기록으로 미루어 볼 때, 중국인들은 고대부터 드렁허리의 행태를 정확하게 파악하고 있었음을 알 수 있다.

대하는 마음에서 그런 제사를 지냈을 것이다. 인간은 과학적 합리성에 토대를 둔 행위와 주술적 믿음에서 비롯된 행위 사이에서 갈등이나 모순을 별반 느끼지 않는다. 이 점에서는 고대인이건 현대인이건 마찬가지다. 단지 두 종류의 행위 양태 중 어느 것이 일상생활에서 좀더 큰 비중을 차지하고, 지배적으로 작용하느냐가 다를 뿐이다.

고대 중국인들이 홍수라는 자연 재앙이 어떤 뱀이나 용들의 작란(作亂)으로 인해 생긴다고 믿었다면, 이러한 믿음은 뱀이나 용을 처치하면 홍수가 멎을 것이라는 생각으로 이어질 수 있었으리라. 사건을 발생시킨 원인을 제거함으로써 문제를 해결하려는 방식은 아주 자연스러운 사고——그것이 주술적 사고에서 나온 것이든 과학적 사고에서 나온 것이든——의 논리에서 나온다.

그런데 우가 죽인 홍수 괴물은 그냥 뱀이나 용이 아니라 아홉 개의 사람 머리를 가진 뱀이다. 상요, 또는 상류(相柳)[7]라 불리는 이 뱀은 자신의 몸으로 똬리를 틀어 물길을 방해함으로써 세상의 소통을 막고, 악취를 내뿜으며 땅의 모든 산물을 유린하고 부패시키는 늪의 주인이다. 뿐만 아니라 그는 아홉 땅의 산물을 모조리 먹어치우는 탐욕의 화신이다. 신화적 상상력이 만들어낸 이 홍수 괴물은 왕조의 창건에 관한 고대 중국인들의 몇 가지 관념을 반영하고 있다.

우는 대홍수를 다스린 공로를 인정받아 순(舜)에게서 왕위를 선양(禪讓)받고 중국 최초의 왕조 하(夏)를 세운 인물로 알려져

---

7) 《山海經》, 〈海外北經〉.

제4장 이미지로 이야기하는 신화, 그 다의성과 힘

있다. 그의 치수(治水) 작업은 곧바로 중국 땅을 아홉 주(九州)로 나누어 소통시키는 작업으로 연결된다. "아홉 강물을 터서 바다에 이르게 했고, 도랑과 운하를 깊이 파 강물에 이르게 했다",[8] "아홉 주를 열어 아홉 길들을 서로 통하게 했으며, 아홉 못의 제방을 쌓고 아홉 산을 측량했다"[9]라고 고대 문헌은 전한다.

헤로도토스가 이집트 사제들의 말을 빌려 전하는 바에 의하면, 이집트 최초의 왕은 메네스(민이라고도 함)이다. 그가 통치할 당시, 이집트 땅은 테베 주변 지역을 제외하고는 온통 소택지였고 모이리스 호수 아래 땅은 모두 물에 잠겨 있었으나, 메네스가 수로를 변경하고 제방을 쌓아 나일 강의 범람에 휩쓸리지 않는 넓은 지대의 도시 멤피스를 조성하여 이집트 문명의 토대를 이루고 최초로 왕조를 세웠다고 한다.[10] 메네스와 마찬가지로 우도 제방을 쌓고 물길을 만들어 범람하는 홍수를 다스림으로써 중국 최초의 왕조 하를 세웠다.

우의 치수 사적은 아홉 주 균정(均定)의 사적과 뗄 수 없이 연결되어 있다. 중국 전통이 요의 시대에 있었던 것으로 전하는, 산을 휘감아 돌고 언덕을 잠기게 하며 하늘까지 질펀히 적시는 대홍수가 연출하는 거대한 스펙터클의 인상이 이 자연 재앙을 자연스럽게 왕조 창건의 모티브가 되게 하지 않았을까? 다듬어진 토지, 줄지어 선 나무들, 모여 있는 집들, 이어지는 거리들, 감싸 안은 언덕들, 감돌며 흘러가는 강줄기들, 방향들. 넘실대는 검은 물은 이

---

8) "予九川距四海, 濬畎澮距川", 《書經》, 〈益稷〉.
9) "開九州, 通九道, 坡九澤 度九山", 《史記》, 〈夏本記〉.
10) 헤로도토스, 《역사(상)》, 박광순 옮김(범우사, 1996/초판, 1987), 159쪽.

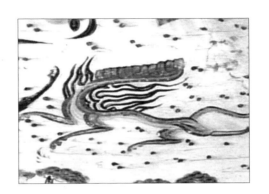

돈황 막고굴의 그림.

모든 것을 지워버린다. 거대한 물은 모든 일상, 조상 대대로 눈에 익은 자연의 풍광마저 와해시켜 그 모습을 바꿔버린다. 우가 이러한 홍수를 다스리게 되면서 자연스럽게 안정된 삶의 터전이 마련되었으리라.

비를 흩뿌리며 땅의 모든 산물을 집어삼키는 홍수 괴물 상류, 그러나 상류의 파괴적 몸짓은 일체의 무화(無化), 뿌리 뽑기만으로 끝나지 않는다. 그것은 자신 속에 이미 문명의 빛을 지니고 있다. 그것은 아홉 개의 '인간의 머리'를 가진 반인반수의 존재다. 카드모스가 죽인 왕뱀의 이빨에서 생겨난 무사들이 카드모스를 도와 새 도시 테베를 건설하듯이, 우가 죽인 푸른 뱀 상류의 아홉 머리는 아홉 길을 열어 혼돈의 중국 땅에 문명의 왕조를 세운다.

홍수를 일으키는 뱀 또는 용이라는 자연 질서 교란자의 존재에 대한 믿음, 홍수의 원인이 되는 뱀이나 용을 제거한다는, 주술적 인과론에 근거한 홍수 퇴치법, 아홉 주로 질서 있게 구분된 최초의 문명 왕조, 고대 중국인들이 우의 것으로 귀속시킨 치수와 아

홉 주 균정의 사적. 신화에 나타난 우가 죽인 아홉 개의 사람 머리
를 가진 뱀 상류의 이미지는 이러한 여러 실들이 엮여 만들어진
것임에 틀림없다.

(2) 우라노스의 생식기에서 탄생한 아프로디테, 제우스의 머리
에서 태어난 아테나, 제우스의 허벅지 자궁에서 탄생한 디오뉘
소스

헤시오도스의 《신통기》에 의하면, 태초에는 혼돈(카오스[11])밖
에 없었으나, 점차 진화가 이루어져 대지(가이아 또는 게)와 타르
타로스,[12] 그리고 에로스[13]로 바뀌었다. 카오스 그 자체는 밤
(닉스)과 어둠(에레보스[14])으로 남아 있게 되었으며, 밤
과 어둠은 다시 에로스의 힘을 통해 결합하여 낮
과 공기를 낳았다. 반면 대지 가이아는 우라노
스[15]를 낳고 산(오레)과 바다(폰토스)를 낳
았다. 가이아는 또 바다와 짝을 지어 각종
생물과 무생물을 낳았으며, 에로스의 힘을 통
해 우라노스와 결합하여 12티탄신족, 눈알이
이마 한가운데 있는 외눈박이 괴물 퀴클로페 삼
형제, 100개의 팔과 50개의 머리를 가진
거인 헤카톤케이레 삼형제를 낳았다.

목욕을 끝낸 직후의 아프로디테.
파리, 루브르 박물관.

우라노스가 괴물 자식들이 보기 싫어 계속해서 가이아의 몸을 덮쳐 누르고 있었기 때문에, 자식들은 모두 가이아의 몸속 타르타로스에서 꿈틀댈 뿐 밖으로 나올 수가 없었다. 이에 가이아는 속이 뒤틀려 고통의 신음소리를 냈다. 우라노스의 횡포에 분개한 가이아는 뱃속의 아들들에게 아버지를 제거하라고 명한다. 가이아의 사주를 받은 막내아들 크로노스는 어머니 가이아가 준비해준 강철 도끼로 우라노스의 생식기를 자르고 타르타로스에 갇혀 있던 티탄신족을 구출한다.

바다 위를 표류하던 우라노스의 잘린 생식기 주변에서 흰 바다 거품이 일고, 서풍 제피로스는 이 거품을 키테라 섬 해안을 거쳐 키프로스 섬으로 밀고 간다. 그 거품에서 마침내 눈부시게 아름다운 여신 아프로디테[16]가 탄생했다고 고대 그리스인들은 이야기한다.[17] 반면 아테나는 제우스의 머리에서 탄생했다고 한다.

제우스의 첫 번째 아내는 메티스(지략의 여신)다. 제우스는 메티스와의 결합에서 태어날 아이가 자신보다 지혜가 뛰어날 것임을 알고는 출산이 가까워졌을 때 메티스를 삼켜버린다. 그러나 아기는 죽지 않고 제우스의 머리를 통해 태어나려 한다. 이 아기, 즉

---

11) 크게 입을 벌리고 있는 공허, 빈 공간, 거대한 균열을 뜻한다.
12) 어두운 땅속의 지옥. 가이아의 몸속 깊은 곳에 있으며, 입구에는 밤의 저택으로 이어지는 문이 있다.
13) 욕구, 생성력, 우주의 원동력을 뜻한다.
14) 순수한 어둠, 암흑을 뜻한다.
15) 별로 뒤덮인 하늘을 뜻한다.
16) 거품에서 태어난 여자라는 뜻.
17) 로마인들은 아프로디테를 베누스(금성)라고 불렀다. 이탈리아의 화가이자 조각가인 보티첼리Botticelli의 〈비너스의 탄생〉은 아프로디테의 탄생 이야기를 회화로 표현한 것이다.

아테나가 나올 때 제우스는 고통을 이기지 못해 헤파이스토스에게 도끼로 자신의 머리를 깨라고 명한다. 이에 헤파이스토스가 도끼로 제우스의 머리를 치자 아테나가 무장한 채 세상 밖으로 나온다.

카드모스의 딸 세멜레는 대단히 매력적인 여인이었다. 제우스는 그녀를 사랑하여, 매일 밤 인간의 모습으로 그녀를 찾아가 하루뿐인 관계가 아닌 제법 지속적인 관계를 맺으려 했다. 질투에 사로잡힌 헤라는, 밤마다 찾아오는 이가 제우스이니 그 사실을 확인하라고 세멜레를 부추긴다. 밤의 연인이 제우스임을 알게 된 세멜레는 그가 신들의 제왕다운 위엄 있는 모습으로 드러내주기를 바랐다. 그래서 자기에게 제우스의 본래 모습을 보여달라고 끊임없이 간청했다. 이 간청을 못 이겨 결국 제우스가 번갯불 같은 눈부신 광채 속에 모습을 나타내자, 세멜레는 자신의 연인에게서 뿜어져 나오는 찬란한 광채와 이글이글 타오르는 불길에 그만 타죽고 말았다. 하지만 그녀가 이미 제우스의 아이인 디오뉘소스를 수태하고 있었으므로, 제우스는 불타고 있는 세멜레의 육체에서 태아인 디오뉘소

아기 디오뉘소스를 안은 헤라클레스. 로마,
바티칸 박물관.

스를 재빨리 꺼냈다. 그러고는 자신의 한쪽 넓적다리를 깊이 찔러 여성의 자궁으로 변모시키고는 그곳에 여섯 달 된 태아 디오뉘소스를 집어넣었다. 그렇게 해서 디오뉘소스는 이중으로 제우스의 아들이며 '두 번 태어난 아이'가 된다. 때가 되자 제우스는 자신의 넓적다리를 열어 디오뉘소스를 꺼냈다. 디오뉘소스는 헤라의 박해를 피해 세계를 떠돌아다니다 프뤼기아에서 키벨레[18]에게 정화를 받고, 이후 자신의 비의(祕儀)를 확립해 숭배를 받는다.

신화학자들은 신화의 등장 인물이 특정 시대, 특정 사건과 무관하다고 말한다. 그러면서 신화가 그 신화를 만들어낸 공동체의 역사 · 문화적 실재 또는 진실을 담고 있다고 주장한다. 도대체 신화가 담고 있는 역사적 진실이란 어떤 진실일까? 우라노스의 생식기에서 탄생한 아프로디테, 제우스의 머리를 깨고 태어난 아테나처럼 전혀 있음직하지 않은 황당한 이야기들도 어떤 역사적 진실을 담고 있는 것인가? 아니면 이런 이야기들은 단지 극적 긴장감과 재미를 더하기 위해, 또는 등장 인물의 초월성을 부각시키기 위해 신화적 상상력이 고안해낸 실체 없는 과장된 이미지에 불과한 것인가? 신화학자들의 주장대로 전자가 맞다면 아프로디테, 아테나, 디오뉘소스의 탄생 이야기처럼 도저히 '있음직하지 않은' '황당한' 이야기는 어떤 역사적 진실을 말하고 있을까? 이러한 물음들에 답하기 위해서 우리는 이 신화들을 향유했던 고대 그리스인들의 생활 속으로, 그들의 정신 세계 속으로 들어가야 한다.

---

18) 소아시아의 지모신(地母神).

무적의 방패 아이기스를 상징하는 메
두사 머리 장식을 가슴에 단 아테나
여신의 흉상. 로마, 바티칸 박물관.

　고대 그리스인들은 자연계와 인간 세상에서 작용하는 온갖 힘
들을 신격화했다. 예컨대 별이 총총한 하늘은 우라노스로, 땅은
가이아로, 법은 테미스로, 불화는 에리스로, 복수는 에리뉘에스와
네메시스로 신격화했다. 아테나와 아프로디테, 디오뉘소스의 탄
생 이야기는 그들이 사회의 특정 기능에 부여했던 상이한 가치와
의미들을, 어떤 종교적 염원을 드라마틱한 이미지로 표현한 것이
다.
　트로이 전쟁에서 아프로디테가 트로이인들을 편들며 전장에서
활약하고 있을 때, 제우스는 "내 딸아, 전쟁에 관한 일은 네게 주

어지지 않았으니, 너는 결혼과 관계된 사랑스러운 일이나 맡아보도록 하여라. 이에 관한 모든 일은 날랜 아레스와 아테나가 맡아볼 것이다"[19]라고 말하며 그녀에게 전장에서 물러날 것을 권유한다. 여기서 우리는 고대 그리스인들이 아테나 여신과 아프로디테 여신에게 부여한 고유한 속성을 확인할 수 있다.

아테나는 전쟁의 여신이다. 고대 그리스인들은 진정한 무사는 물리적인 힘(무력)뿐 아니라 지략도 갖춰야 한다고 생각했다.[20] 그래서 아테나는 전쟁의 여신이자 동시에 지혜의 여신으로 표상된다.[21] 아프로디테는 미와 사랑, 그리고 생식의 여신이다. 아름다운 것은 보는 사람의 마음을 움직여 그 자신도 모르는 사이에 아련한 그리움과 노곤한 기대감과 욕망이 온몸에 스며들게 함으로써 사랑의 욕구를 불러일으키고, 이렇게 불러일으켜진 사랑은 생명을 잉태한다.[22] 그래서인지 고대 그리스인들은 미는 사랑과, 사랑은 생식과 불가분리하게 연결되어 있다고 생각했다.

무장을 하고 제우스의 머리에서 태어났다는 아테나의 탄생 신화는 바로 고대 그리스인들이 아테나 신에게 부여한 무사의 자질과, 그 역할을 효과적으로 수행하기 위해 필요한 도구를 표현한

---

19) 제우스가 아프로디테에게 한 말. 《일리아스》, 제5권, 430쪽.
20) 트로이 전쟁의 영웅 오디세우스를 일컫는 관용적 표현은 '꾀 많은 오디세우스'이며, 이 오디세우스는 지략의 신 시지포스의 아들이다.
21) 아테나는 로마의 미네르바 여신과 동일시되고, 어깨 위에 부엉이를 올려놓은 모습으로 자주 등장한다. 부엉이는 어둠 속에서도 사물을 식별할 수 있다. 헤겔이 "미네르바의 올빼미는 황혼녘에야 날개를 편다"라고 말하면서 자신을 지혜의 여신 아테나에 비유했듯이, 아테나 여신은 지혜를 추구하는 모든 철학자들의 상징처럼 되어 있다.
22) 사랑이 단순한 감정적 교감이 아니라 생식과 직결되는 것이라는 관념은 오늘날의 인도-유럽어에 흔적을 남겨놓았다. 예컨대 프랑스어에서 '사랑을 만들다faire l'amour'라는 표현은 성적인 관계를 갖는다는 뜻이다.

공작을 찢고 있는 디오뉘소스. 기원전 460년경의 아티카 항아리의 일부.
런던, 대영 박물관.

것이다. 마찬가지로 그들이 아프로디테에게 부여한 생식의 기능
과 미와 사랑의 가치를 신화적 사고는 우라노스의 생식기에서의
탄생이라는 이미지로 표현했다.

　디오뉘소스는 로마에서 바쿠스로 알려진 포도주의 신이다. 포
도나무는 해마다 싹을 틔워 곡식처럼 알알이 열매를 맺고 수확이
끝나면 말라비틀어져 죽었다가, 다음해에 씨앗이 다시 대지의 자
궁을 뚫고 나오면 또 알알이 탐스러운 열매를 맺는, 생식과 재생
의 식물이다. 디오뉘소스 신화는 오르페우스 비의Orphism에서 상

당한 역할을 한다. 데메테르와 페르세포네 비의Eleusinian Mystery 에도 디오뉘소스가 등장한다. 대지의 신 데메테르와 그의 딸인 황금빛 이삭 페르세포네, 그리고 오르페우스는 신과의 합일을 체험함으로써 썩어 없어질 육신에서 벗어나 영적 재탄생을 추구했던 고대 그리스인들의 신비 종교의 신들이었다. 데메테르, 페르세포네, 디오뉘소스가 신비 종교의 신들로 숭배된 것은 식물의 생산력과 재생력이 소멸하는 물질로서의 육신에서 벗어나 영생의 존재로 거듭나기를 염원하는 종교적 정신을 사로잡았기 때문일 것이다.

게다가 해마다 생명의 싹을 틔우는 포도나무의 과즙이 가져다주는 황홀경은 신에게 사로잡힌 상태, 신과 한 몸을 이루었을 때의 지복의 상태와 흡사하다. 디오뉘소스 신도들은 영적으로 재탄생하는 체험을 통해 신적 지복의 세계에 도달하고자 했다. 디오뉘소스가 인간 세멜레의 몸에서 나와 최고 신 제우스의 허벅지 자궁을 통해 신적 존재로 다시 태어난다는 탄생 신화는 포도주의 신이자 재생의 신으로서의 디오뉘소스의 속성들이 만들어낸 신화적 형상화다.

이상의 예들에서 보았듯이, 신화의 이미지들은 그 신화를 만든 집단의 구성원들이 공유한 정치 조직, 사회 제도, 의례, 관습, 믿음 또는 사상들을 토대로 해서 만들어진다. 비록 신화 언어가 다소 난해한 상징적 언어라 하더라도, 사회 구성원들이 동일한 경험과 문화를 공유하는 한, 신화의 내용이 전적으로 터무니없거나 이해 불가능한 것으로 느껴지는 경우는 그리 많지 않다. 그러나 삶의 양태와 문화는 변하기 마련이다. 어떤 신화가 그것이 만들어진 시대와 멀어질수록, 그리하여 사회 구성원들이 이제 더 이상 그 신화가 담고 있는 것과 동일한 문명을 누리지 않게 될수록, 원래의 의미는 점점 희미해져 결국에는 소실되고 만다. 이해 불가능한 신화소들은 폐기되거나, 있음직한 것으로 변형되거나, 아니면 수용될 수 있는 새로운 설명이 덧붙여진다. 다섯 판다바와 결혼한 드라우파디 이야기는 바로 이 마지막 경우로 볼 수 있다.

3. 해석의 길들

(1) 다섯 판다바와 결혼한 드라우파디

인도의 대서사시 《마하바라타》는 왕권을 두고 쿠루 가문의 두 혈통 카우라바계와 판다바계 사이에서 벌어지는 기나긴 갈등과 전쟁의 이야기다. 카우라바계의 100명의 남자들은 드리타라슈트라의 아들들이고, 판다바계의 주인공들은 드리타라슈트라의 동생인 판두 왕의 다섯 아들이다. 다섯 판다바인 유디슈티라, 비마, 아르주나, 그리고 쌍둥이 나쿨라와 사하데바는 드라우파디라는 한 여인과 결혼한다. 뒤메질의 말처럼 "《마하바라타》 서사시가 자유로운 창조든 역사적 사건들이 신화적으로 윤색된 이야기든 간에, 아리아족 귀족들의 이상의 재현들이자 아리아족 신들의 피보호자인 다섯 판다바가 아리아족의 관습과 이론에 배치되는 혼인을 행했다는 것은 파렴치하고 설명이 불가능한 것처럼 보인다"[23].

---

23) Georges Dumézil, *Mythe et épopée I*, 102쪽.

그래서 《마하바라타》에는 이 결혼을 정당화하는 설명이 거듭 삽입된다.

'드라우파디의 중혼(重婚)'이라는 신화소가 문자 그대로 한 여자와 결혼한 다섯 형제의 이야기가 아니라면, 그것은 도대체 무엇을 표현하기 위해 만들어졌을까? 현재 이에 대해 정확히 답변하기는 어려우나 대체로 두 가지 해석이 있다.

자연신화학파의 대표자 막스 뮐러의 설명에 따르면, 다섯 판다바는 주기적으로, 일정한 간격으로, 차례대로 드라우파디와 즐기는 한 해의 연속되는 기간들과 결혼한 땅이다. 그러나 이러한 설명은 고대 인도인들의 신화적 사고 체계를 고려하지 않은 것이고, 또 다섯 판다바 각자의 성격과 무관한 것이다. 그래서 이것은, 이와는 다른 세계 여러 지역의 많은 신화적 모티브를 동일하게 설명할 수 있는 보편적 설명이다. 다른 모든 신화소들과 마찬가지로 드라우파디의 중혼의 의미도 고대 인도의 역사적 맥락 속에서, 그리고 다섯 판다바 사이의 관계 및 이들과 드라우파디 사이의 관계를 고려하여 설명해야 한다.

뒤메질은 "이 예외적인 인간 상황은 의미가 풍부한 신학적·신화적 상황이 인간의 용어들로 전환되었음을 인식하면 그 이유가 설명된다"라고 주장하면서,[24] 드라우파디의 일처다부를 3기능 이데올로기 개념으로 설명한다.[25]

고대 인도의 신들을 크게 세 기능으로 분류할 수 있다면, 신들

---

24) 같은 책, 104쪽.
25) 뒤메질 이전에 이미 스티그 비칸더Stig Wikander가 드라우파디의 중혼을 뒤메질의 3기능 이데올로기의 틀로 설명한 바 있다. 뒤메질은 비칸더의 견해를 수용하여 몇 가지 설명을 덧붙인다.

의 화신인 다섯 판다바도 각각 세 기능 중 한 기능을 구현하는 인물들이다. 앞서 말했듯이 장남 유디슈티라는 제1기능[26]으로 분류되는 다르마의 화신이며, 둘째 비마와 아르주나는 각각 제2기능[27]을 구현한 바람의 신 바유와 전쟁 신 인드라의 화신이고, 쌍둥이 나쿨라와 사하데바는 제3기능[28]에 속하는 쌍둥이 신 아슈빈의 화신이다.

그런데 인도 신화 체계에서 여성 신은 남성 신의 배우자로 등장하기는 하나 성격이 약간 다르다. 뒤메질의 설명에 의하면, 남성 기능신들의 목록에서 각각의 신 또는 각 신 집단은 단 하나의 기능을 재현한다. 그래서 위계 질서가 잡힌 신들의 모임은 전체 구조의 분해analysis를 나타낸다. 인도-유럽제족의 신학은 남성 기능신들과, 유일하나 삼중 의미를 지닌 한 여신을 나란히 연결함으로써, 이른바 동일 기능들을 통합synthesis시킨다. 예를 들면, 베다 시대의 인도는 아슈빈과 연결된 삼중 의미의 여성상을 강의 여신 사라스바티로 제시한다. 강이라는 그녀 고유의 본성, 그녀의 인상을 말하는 표시들——어머니, 다산, 양육——, 아슈빈의 아내 등은 기능신들의 목록에서 제3의 기능에 그녀를 위치시킨다. 그러나 적을 무찌르는 전사, 좋은 생각, 경건함, 순수함으로 이끄는 왕비의 이미지를 지니고 있는 사라스바티는 상위의 두 기능에도 들어간다. 또 《리그베다》와 《아타르바 베다》에서 사라스바티

---

26) 주술적이고 법률적인 지배권 또는 성(聖)의 관리.
27) 물리적인 힘, 특히 무사(武士)의 힘 또는 방어.
28) 편안하고 비옥한 풍요 또는 부(富). 제3기능인 부(또는 식량)에는 농경·목축과 관련된 부, 성적 특질, 다산, 사회적 자산, 평화 등 온갖 형태의 풍요와 풍요의 조건들이 포함된다.

《마하바라타》 부조. 인도
마하발리푸람.

는 소리의 여신 바츠Vac(의인화된 말〔語〕)와 동일시된다. 바츠는
제1기능에 속하는 두 주신 미트라-바루나, 제2기능에 속하는 인
드라-아그니, 그리고 제3기능으로 분류되는 쌍둥이 아슈빈을 옹
호하는 여신이다.[29]

　《마하바라타》의 저자들은 이러한 신학적 도표에 따라 작업했
다. 신학에서 개념적 관계였던 것을 친족 용어로 표현하면서 이것

---

29) Georges Dumézil, *Mythe et épopée I*, 106~107쪽.

을 한 여주인공 속에 전위시켰다"라고 뒤메질은 말한다.[30]

　그런데 《마하바라타》에서는 드라우파디의 일처다부라는 비정
상적 결혼은 사고(事故), 오해의 결과인 것으로 이야기된다. 불타
는 옻나무 집에서 도망쳐 나온 다섯 형제는 그들의 나라를 떠나
몰래 숲속에서 생활하면서 여러 왕궁을 돌아다닌다. 어느 날 판찰
라족의 왕이 있는 궁궐에서 공주의 남편을 선택하는 스바얌바라[31]
가 열리자, 인도 전역에서 왕자들이 몰려왔다. 두르요다나도 참가
했으며, 판다바 형제들도 브라만으로 변장하고 시합장에 나타났
다. 아르주나가 억센 활을 쉽게 당겨, 아무도 성공하지 못한 표적
을 맞히자 드라우파디는 승리의 화환을 그에게 던진다. 그곳에 모
인 왕자들은 숲속에 사는 이 가난한 바라문에게 졌다는 치욕 때문
에 그를 죽이려 한다. 다행히 판다바 형제들의 친척인 크리슈나가
이를 무마해 아르주나는 화를 모면할 수 있었다. 슈리 여신의 화
신인 드라우파디 공주를 아내로 얻은 아르주나는 그녀를 어머니
와 형제들이 있는 숲으로 데리고 갔다. 아르주나는 행복에 겨워
멀리서 의기양양한 목소리로 어머니께 외쳤다. "제가 지금 데리
고 오는 것에 모두 만족해 하실 거예요." 아르주나가 식량을 가지
고 온다고 생각한 어머니 쿤티는 형제들과 나누어 가져야 한다고
소리쳤다. 어머니의 말은 거역할 수 없는 명령이었다. 이렇게 해
서 드라우파디는 다섯 형제 모두의 아내가 되었다고 《마하바라
타》는 이야기한다. 다시 말해서 이 서사시는 드라우파디가 다섯
형제와 결혼하게 된 연유를 판다바들의 어머니 쿤티의 실수 때문

---

30) 앞의 책, 107쪽.
31) 고귀한 가문에서 딸의 남편을 선택하기 위해 개최하는 구혼자 경연 대회.

인 것으로 설명하고 있다.

　이에 대해 뒤메질은, 《마하바라타》를 편찬한 시인들이 드라우파디의 일처다부가 표현하고 있는 이데올로기적 실재, 즉 여신관과 남신관, 그리고 기능들의 분리와 통합이라는 두 성(性)gender의 신들 사이의 관계에 관해 고대 인도인들이 가졌던 관념들을 통찰하지 못하고 전해져 내려오는 이야기들을 문자 그대로 이해했기 때문에, 크샤트리아의 명예를 실추시킬 수도 있는 이 파렴치한 결혼을 어떤 식으로든 정당화하려 했던 것으로 보았다. 그래서 그는 "이데올로기적 인과성이 강요하는 것을 소설적 인과성으로 정당화했다"라고 말한다.[32]

　게다가 신화에서는, 소설적 인과성으로 일처다부의 결혼을 정당화하는 것으로 부족하여, 여기에 또 다른 정당성이 부여된다.

　판다바 형제들이 판찰라 왕국의 왕에게 자신들 다섯 형제와 드라우파디와의 결혼을 허락해줄 것을 요청했을 때, 판찰라의 왕은 가문의 치욕이 되는 이 전대미문의 결혼을 꺼려 승낙하기를 주저한다. 그러자 유디슈티라는 '다섯 판다바는 인드라의 연속적인 다섯 변화의 화신, 즉 동일 신의 여러 형태들인 다섯 현현들이다. 따라서 다섯 판다바들은 결국 하나다'라고 설득하여 결혼을 허락받는다. 이처럼 계속 부연되는 중혼의 정당화에 대해, 뒤메질은 "이 파렴치한 불행은 역사적으로는 정당화되었지만 아직 도덕적으로는 정당화되지 못했다. 시인들은 쿤티의 말이 사려 깊지 못하고 거짓된 말이 아니라, 세계의 질서에 부합되는 말임을 보여주려고

32) Georges Dumézil, *Mythe et épopée I*, 108쪽.

했다"라고 설명한다.[33]

　'다섯 판다바와 결혼한 드라우파디'라는 신화소에 대한 막스 뮐러의 설명, 그리고 비칸더Stig Wikander와 뒤메질의 설명 중 어느 것이 원래 의미인지, 아니면 이도저도 아닌 다른 어떤 의미가 있는지 오늘날의 우리는 정확히 알 수 없다. 단지 현재 우리에게 주어진 가용 자료의 한계 내에서 고대 인도인들의 사유의 특징들에 비추어서 그 타당성을 판단할 수 있을 뿐이다. 한 가지 분명한 사실은 고대 인도인들이 보기에 파렴치하고 있음직하지 않은 이 신화소에 그럴듯한 설명이 필요했다는 것이다. 《마하바라타》의

비슈누 신 아래에 다섯 판다바와 드라우파디(제일 오른쪽)가 있다. 인도 데오가르 사원의 벽면 조각.

저자(혹은 편집자)들은 이해 불가능해 보이는 기존의 신화 이미지에 새로운 의미를 부여하여 고대 때부터의 전통을 자신들의 것으로 만드는 전유(專有)appropriation의 작업을 했던 것이다.

다섯 형제가 한 여인과 결혼한 크샤트리아 가문의 이야기는 그것이 표상하는 심오한 이데올로기적 실재가 파악되지 않으면 분명 위대한 인도(마하 바라타)의 사회 질서를 위협할 하나의 스캔들이다. 그러나 일단 이 스캔들의 역사적 원인이 밝혀지고 또 도덕적으로 정당화되면 그것은 이제 더 이상 혼란을 야기할 요소가 아니므로 다른 부연 설명이 필요 없으며, 거리낌 없이 공공연히 이야기된다. 그래서 《마하바라타》에서는 이들의 결혼을 정당화하기 위한 설명이 더 이상 덧붙여지지 않을 뿐 아니라 다섯 판다바와 드라우파디의 조각상이 공공연히 인도의 사원을 장식한다.[34]

신화의 내용에 대한 상이한 해석들은, 위의 경우처럼 그 신화를 만든 공동체 내의 시공간적 간극들로 인해 생기기도 하지만, 신화적 이미지 자체가 여러 요인들이 중층적으로 작용하여 결정되는 신화 상징의 복합성 또는 다차원성에서 기인하기도 한다. 따라서 연구자가 신화의 어느 면에 관심을 기울이며 강조하느냐에 따라 동일한 신화소가 달리 해석될 수도 있다. 세계 여러 지역의 신화에 종종 나타나는 근친상간의 신화소를 예로 들어 이에 대한 신화 연구자들의 다양한 설명들을 살펴보자.

---

33) 앞의 책, 109쪽.
34) 인도 데오가르 사원(600년경 건축)에 건축의 한 벽면을 보면 비슈누 신의 아래에 다섯 판다바와 드라우파디가 조각되어 있으며, 또 엘로라 석굴의 한 벽면에는 카우라바계와 판다바계 간의 전쟁 장면이 조각되어 있다.

(2) 근친상간의 신화소에 대한 다양한 해석

트로브리안드 섬 원주민들의 신화에 의하면, 각 촌락 공동체의
삶은 그들의 최초의 조상인 남매 한 쌍이 지하의 모든 문화를 원
주민들이 '동혈(洞穴)' 또는 '집'이라 부르는 특별한 장소를 통해
지상으로 가지고 올라오면서 시작되었다고 한다.[35] 신화에서 언
급되는 최초의 남매 이야기와 관련하여 말리노프스키는 다음과
같이 말한다.

만약 유럽에서 온 국외자가 거기에서 한 원주민이 다른 원주민에게
제공해준 신화와 관련되는 정보만을 들었다고 할 때, 유럽인들은 거기
에서 별다른 의미를 찾아내지 못할 것이다. 사실상 이런 점이 유럽인
들로 하여금 매우 중대한 오류를 범하게끔 한다. 그래서 그들은 남매
가 동시에 이 세상에 출현했다는 것이 곧 근친상간을 신화적으로 암
시한 것이 아닌가 하고 의심하게 되거나, 그렇지 않으면 최초의 부부
에 대해 탐구한다든지, 누이의 남편에 대해 조사한다든지 하게 된다.
첫 번째 의구심은 완전히 잘못된 것으로서, 오빠(또는 남동생)는 누이
의 필수불가결한 보호자이며, 누이도 마찬가지로 가계 계승에 책임을
지는, 없어서는 안 될 존재라는 남매간의 특수한 관계[36]를 잘못 해명
한 것일 뿐이다. 그러므로 이야기를 듣는 원주민들에게 대단히 중요시
되는 두 조상의 이름을 단순히 서술하는 것에 대해서도, 모계적 관념
이나 제도에 대한 완전한 지식이 있어야만 그 내용과 의미를 부여할
수 있게 된다. 그리고 만약 어떤 유럽인이 누가 누이의 남편감이며, 어

---

35) B. 말리노프스키, 《원시신화론》, 41쪽.
36) 즉, 가장으로서의 누이와 그 보호자로서의 남동생 또는 오빠.

트로브리안드 섬의 원주민 가족.

떻게 해서 그녀가 아이를 갖게 되었는가를 조사한다면, 그는 또 한번
자신이 완전히 낯선 관념 체계와 조우했다는 것을 스스로 발견하게
될 것이다. 그 관념 체계라는 것은 아버지가 사회적으로 무의미하다는
점, 생리학적인 생식에 대한 관념의 결여, 모계 혈통이면서 동시에 부
계 거주제라는 기묘하고도 복잡한 결혼 제도 등이다.[37]

정리하자면, 남매 근친상간의 내용을 담고 있는 신화를 전하는
트로브리안드 원주민 사회는 결혼 후에 여자는 남편의 거주지에
서 생활하는 부계 거주 양식을 채택하고 있다. 그러나 이 사회는

---

37) B. 말리노프스키, 《원시신화론》, 45~46쪽.

모계 혈통 제도를 준수하므로 후손의 번식 및 혈통과 관련해서는 아버지의 존재가 중요한 의미를 띠지 않는다. 반면 이 사회는 한 가족이나 씨족 내에서는 아버지가, 아버지가 부재하는 경우에는 아들이 가족의 생계와 통솔을 책임지는 가부장제 사회이므로 오빠나 남동생의 역할이 사회적으로 중시된다. 토지, 어장, 지방 산업 등에 대한 제반 권리는 최초의 여자 조상에서부터 시작된 모계 쪽 자손들에게 부여되므로 여성은 결혼하여 남편의 거주지에서 생활하더라도 오빠나 남동생과 계속 긴밀히 연결되어 있을 수밖에 없다. 말리노프스키는 트로브리안드 원주민 사회가 채택한 이러한 모계 혈통 제도와 가부장 제도에 따른 남매 관계의 긴밀성이 '원주민들 최초의 조상인 오누이' 라는 신화소로 표현된 것으로 보았다.

트로브리안드 원주민 신화에 나타나는 '최초의 지상 인간 오누이' 라는 남매 근친상간의 신화소는 그들의 사회 제도를 고려하여 이처럼 설명될 수 있다. 그런데 문제는 이 남매 근친상간의 신화소가 트로브리안드 섬뿐 아니라 세계의 수많은 신화들에서 발견된다는 것이다. 예컨대 동아시아 여러 지역에는 오늘날의 인류의 조상인 남매의 이야기를 전해주는 창조 신화들이 많다. 이 지역들은 과거에 부계 거주와 모계 혈통, 그리고 가부장제를 실시했다는 흔적들을 보이지도 않거니와, 현재 그러한 제도들을 실시하고 있지도 않다. 이 경우, 낯설고 비윤리적인 듯 보이는 이 신화소의 존재를 어떻게 설명할 것인가?

문화 접촉으로 인한 신화소의 차용을 가정할 수도 있다. 만물의 생성을 음과 양 두 기운의 상호 작용으로 설명하는 고대 중국인들의 창조관은 복희와 여와라는 남매 신을 탄생시킨다. 동아시아 지역의 창조 신화에 빈번히 나타나는 남매혼 신화소는 중국의 복희와 여와 신화의 변형이나 차용으로 볼 수도 있다. 이 경우 근친상간의 신화소는 드라우파디의 일처다부의 경우와 마찬가지로 윤리적 면에서 문제를 야기한다. 이를 피하기 위해 신화는 초월적 힘을 끌어들이기도 한다.

옛날 이 지상에는 큰물이 져서 세계는 온통 바다로 변하고 한 사람의 생존자도 없게 되었다. 그때에 어떤 남매 두 사람이 겨우 살게 되어 백두산같이 높은 산봉우리에 살게 되었다. 물이 다 걷힌 뒤에 남매는 세상에 나와보았으나 인적이라고는 구경할 수 없었다. 만일 그대로 있다가는 사람의 씨가 끊어질 수밖에 없었다. 하지만 그렇다고 남매간에 결혼을 할 수도 없었다. 얼마간을 생각하다 못해 남매는 각각 마주서 있는 두 봉우리에 올라가 계집아이는 암망(맷돌의 구멍 뚫린 편)을 굴려 내리고, 사내아이는 수망(맷돌의 아래 부분)을 굴려 내렸다(혹은 망 대신 청술개비에 불을 질렀다고도 한다). 그리고 그들은 각각 하느님에게 기도를 하였다. 암망과 수망은 이상하게도 산골 밑에서 마치 사람이 일부러 포개놓은 것같이 합하였다(혹은 청솔 잎에서 일어나는 연기가 공중에서 합하였다고도 한다).[38]

그러나 만일 남매 근친상간의 신화소가 한 공동체의 사회적 실재나 관념적 실재들을 이미지로 표현한 것도 아니고 타 문화에서

---

38) 손진태, 《한국 민속 설화의 연구》(을유문화사, 1982/초판, 1947).

차용된 것도 아니라면, 그 신화소는 어떻게 해서 만들어진 것일까? '특정 지역의 오늘날의 인류의 조상인 오누이'라는 신화소는 역사적 차원에서가 아닌, 레비스트로스가 말하는 이른바 정신 작용의 논리 차원에서도 설명이 가능하다.

창조 신화에서 인류의 조상 오누이는 최초의 인간이거나 아니면 과거의 인간들이 어떤 이유들로 인해 소멸한 뒤 지상에 새로 등장한 오늘날의 인간의 조상이다. 그 어느 경우든 이들 신화에서는 '인간이 존재하지 않음'의 상태에서 '인간이 존재함'의 상태로 바뀌는 과정이 이야기되어야만 한다. 그런데 무(無)에서 유(有)가 생성된다는 것은 그 자체가 모순을 내포하고 있다. 신화를 만드는 정신은 전지전능한 어떤 신에 의한 창조 작업을 상정하거나, 아니면 다른 방식으로 이러한 모순의 상황을 설명해야만 한다. '인간 없음의 상황에서 인간 등장', '근친상간의 금기 위반', 이들은 표면적으로는 유사성이 전혀 없지만 논리적 차원에서는 존재의 생성을 위한 모순을 전제한다는 점에서 동일하다. 무에서 유가 생성된다는 모순, 근친상간의 사회적 금기를 위배해야만 사회가 존속할 수 있게 되는 모순. 새로 생겨난 인간은 하나의 근원에서 유래한 첫 세대의 인류이거나, 구세대가 사라지고 처음 나타난 새로운 세대의 인간이다. 그래서 인간의 조상은 다른 혈통의 부부도, 세대가 다른 모자나 부녀도 아닌 오누이가 될 수밖에 없다.[39]

하지만 이때에도 해결해야 할 다른 문제가 여전히 남아 있다.

---

39) 물론 레비스트로스가 근친상간의 신화소를 이렇게 직접 설명한 적은 없다. 단지 그의 논리를 따르면 이런 설명이 가능해진다는 것이다.

문화 접촉에 대한 다방면의 과학적 증거나 정신 작용의 논리가 이질적인 신화소를 설명해준다 하더라도, 이러한 신화소가 전통으로 전해 내려와 무의식적으로 살아지는 것도 아닌데 한 집단의 구성원들이 자신들의 문화적 맥락에서는 전혀 이해되지 않는 이것을 차용하여 거듭 이야기하는 까닭이 무엇일까? 라헬과 레아는 자기 딸을 취하여 자식들을 낳고, 오이디푸스는 아버지를 죽이고 어머니와 결혼하며, 이시스와 오시리스는 남매이자 동시에 부부다. 이처럼 세계 여러 지역의 신화들에는 오누이 근친상간뿐 아니라 온갖 종류의 근친상간이 나타난다. 이런 내용들은 그 의미가 제대로 이해되지 않고 공동체의 윤리적 정서에도 맞지 않는데

도미니크 장 바티스트 위그의
〈콜로노스의 오이디푸스〉.
파리, 루브르 박물관.

폐기되지 않고 계속 후대에 전해진다. 그래서 근친상간의 신화소가 민족지적 특수성을 넘어서는 인간의 보편적인 어떤 심리 요소, 또는 구조를 담고 있는 것은 아닐까 하는 의구심을 가졌던 심리학자들은 인간의 심리적 욕구의 차원에서 그것들을 설명한다.

프로이트는 《토템과 터부*Totem und Tabu*》에서 오이디푸스 신화와 아도니스, 아티스, 탐무즈 신화들을 위시해서 여러 신화들을 토테미즘과 연관시키며, 이들을 모두 생리적 욕구인 성애욕libido과 권력욕에서 비롯된 것으로 설명한다. 그는 우선 전제적이고 절대적인 힘을 행사하는 아버지가 통치하는 최초의 원시적 인간 공동체를 가정했다.[40] 수많은 아내를 거느린 아버지는 아들들을 추방함으로써 자신의 권력에 대한 위협을 제거함과 동시에 자신의 여자들을 아들들의 성적 욕구에서 보호한다. 프로이트의 설명에 의하면, 리비도의 충족을 억압받은 추방된 아들들은 성적 욕구를 충족시키기 위해서 자신들에게 두려움과 부러움의 대상이 되는 아버지를 살해할 계획을 세우고, 이를 실행에 옮긴다. 그들은 아버지를 살해한 뒤 그 몸뚱이를 먹으며, 이로써 원래 아버지에게 속했던 모든 권리를 자신이 누리게 되고 그 힘을 자신 속에 갖게 되어 어머니를 차지한다. 그렇게 함으로써 아들은 자신 안에 본래부터 잠재해 있던 아버지에 대한 시기, 경쟁심의 충동과 성애욕 및 권력욕을 만족시킨다.[41] 그러나 아들은 곧 부친 살해에 따르는 죄책감에 사로잡힌다. 그래서 아들은 어떤 동물을 자신의 죽은 아

---

40) 이 가정은 원시적 사회 상태에 관한 다윈의 가설에 근거하고 있다. 지크문트 프로이트, 《토템과 타부》, 김종엽 옮김(문예마당, 1995), 183쪽.
41) 지크문트 프로이트, 《토템과 타부》, 205쪽.

버지로 간주하여 숭배하면서 공동체 구성원들에게 그 동물의 식용을 금지한다. 그리고 아버지 살해의 죄책감에서 벗어나기 위한 속죄 의식으로 리비도에 대한 새로운 규율을 세운다. 즉 리비도 충족을 위해 자신이 행한 아버지 살해에 대한 죄책감으로 인해 아들은 스스로, 성적 욕구의 충족을 제한하는 근친상간의 금지라는 규율뿐 아니라 근친 살해 금지, 그리고 족외혼 제도와 모권 제도를 확립시킨다.

이처럼 프로이트는 종교, 도덕, 문화가 생리적 성욕의 포기와 근친 살해의 죄책감을 극복할 필요성에서 시작되었다고 주장한다.[42] 프로이트의 이러한 가설은 순전히 머릿속 공상에서 나온 것이 아니라 구체적인 자료들을 토대로 해서 구축된 것이다. 원초적 군집 상황에 대한 다윈의 가설, 20세기 초에 원시 사회의 토테미즘에 대해 민속학자와 인류학자들이 제공했던 자료들,[43] 그리고 오이디푸스 신화와 같은 근친상간, 근친 살해의 내용을 담고 있는

---

42) "아마도 인류 최초의 토템 향연은 이 기억될 만한 범죄 행위의 반복이며 기념제일 것이다. 이 범죄 행위가 수많은 것들, 즉 사회 조직, 도덕적 제약, 종교의 시원이었다." 지크문트 프로이트, 《토템과 타부》, 205쪽.

43) 원시 사회의 각 씨족들의 토템은, 동물이 아닌 식물이나 해, 달과 같은 자연물인 경우도 있으나 대다수는 동물이다. 그래서 프로이트는 본래 모든 토템은 동물이었을 것이라고 보았다. 민속학자나 인류학자들이 보고하는 정보에 의하면 다음의 것들을 대체로 토테미즘의 본질적 특징으로 볼 수 있다. 각 씨족은 토템 동물을 자신들의 조상으로 여겼다. 토템의 이름을 딴 씨족의 성(姓)은 모계를 따라 전해졌다. 평상시에는 토템을 죽이거나 먹는 것이 금지되었으나 씨족 공동체의 제사나 축제와 같은 특정 시기에는 토템이 제물로 바쳐지고 그것을 구성원들 모두가 나누어 먹는 향연이 베풀어졌다. 그리고 동일 토템의 남성과 여성은 서로 결혼하지 않는다는 족외혼의 규율은 물론 성교도 금지되어 있다. 지크문트 프로이트, 《토템과 타부》, 150~159쪽 ; Émile Durkheim · Miearcel Mauss, "De quelque's formes primitives de classification", *Essais de sociology* (Paris : Minuit, 1968), 162~230쪽.

신화 자료들, 어린이와 신경증 환자들 누구에게서나 발견되는 양
가적인 아버지 콤플렉스가 드러내는 행태, 즉 자기들의 권력욕과
성욕에 대한 커다란 방해자인 아버지를 미워하지만 또한 사랑하
고 찬미하는 행동을 보여주는 정신분석학적 자료들이 그것이다.

그는 꿈과 신화를 구성하는 이미지들이 많은 경우 고대의 잔재
들을 반영하고 있고, 신화는 한 민족 전체의 유아기에 해당하는
시기에 계속되었던 환상, 꿈의 잔재들이며, 꿈은 개인의 신화라고
보았다. 가령 오이디푸스 신화에 나타나는 부친 살해와 근친상간
신화소는 토테미즘과 같은 사회 제도가 생기기 이전에 일어난, 인
류의 정신에 지울 수 없는 흔적을 남긴 엄청난 사건인 아버지 살
해와 남성들이 본능적으로 어머니에게 느끼는 성적 충동의 반영
이라고도 볼 수 있다는 것이다.

이러한 설명은 결국 프로이트가 근친상간의 신화소를 인간의
본능적인 성애욕의 표출로, 근친 살해를 문명 이전의 어떤 역사적
사건으로 보았음을 의미한다. 프로이트는 꿈과 신화를 표현된 그
대로 받아들여서는 안 되는 상징으로 간주해야 한다고 주장했으
며, 실제로 그의 환자들이 꾼 꿈들을 문자 그대로 받아들이지 않
고 그 이면에 감추어진 상징적 의미를 해석하여 수많은 환자들을
치유했다. 그럼에도 그는 오이디푸스 신화의 경우는 그 내용을 어
느 정도는 문자 그대로 해석했던 셈이다. 프로이트의 제자 융은
이러한 해석을 반박하면서, 신화의 내용은 상징으로 읽어야지 문
자 그대로의 의미로 읽어서는 안 된다고 역설한다.

융은 상징을 자아 인격 또는 의식의 작용에서 비롯된 의도적 상
징과 정신의 무의식적 원천에서 자연발생적으로 생겨나는 비의

장 오귀스트 도미니크 앵그르의 〈오이디푸스와 스핑크스〉. 파리, 루브르 박물관.

도적 상징, 두 종류로 구별한다. 그리고 사람들을 영적인 세계로 이끄는 종교 상징은 자연발생적으로 생겨나는 비의도적 상징으로, 이것은 정신의 가장 깊은 층인 집단 무의식에서 비롯된 원형적 이미지라고 주장한다. 특히 집단 정신을 반영하고 있는 신화에서는, 어머니—아들의 관계는 인류의 보편적 심리 구조 자체를 반영하는 상징으로 보아야 한다는 것이다.[44)]

사람들은 종종 상징을 보면서 삶에 담겨 있는 어떤 진리를 깨닫게 된다. 특히 종교적인 상징을 보면서 그 안에서 신적인 현존을 직관적으로 발견하고 깊은 감동에 사로잡히게 된다. 왜 그럴까? 융에 의하면, 내면적이며 인류 보편적인 집단 무의식적인 실재를 표현하는 종교 상징은 우리 영혼을 각성케 하는 원형적 이미지를 다시 실현시켜주기 때문에, 우리 삶의 실존적인 가치를 드러내주며, 우리 삶의 진실을 계시해준다는 것이다. 신화를 형성하는 정신은 오늘날 의식과 동일시되는 기능적 측면의 정신이 아니라 신들의 세계를 표상하는 종교적 정신이다. 그렇기 때문에 신화에 나타나는 근친상간은 영적 의미를 담고 있다.

융 학파의 해석에 따르면, 신화에 나타나는 영웅은 보편자적 인간의 특징을 갖는 하나의 원형상, 즉 인류의 삶의 대표자로서의, 또한 민족 정신의 새로운 이념의 담지자로서의 개인이다. 신화에서 영웅이 모성—원형의 영향력에서 벗어나 성숙한 성인의 위치에 이르는 것은 영웅의 전반부 과제에 해당한다. 성숙한 성인이 된 영웅에게는 공동체에 새로운 질서를 확립할 의무가 주어진다.

---

44) 카를 구스타프 융, 《무의식의 분석》, 16~164쪽. 이 책은 융과 그의 제자들의 글을 모은 *Man and His Symbol*을 번역한 것이다.

이를 위해 낡은 지배의 원리를 대변하는 아버지를 제거하는 과정이 필요하다. 신화에 나타나는 부친 살해는 바로 인간의 존엄성을 짓밟는 고착된 지배 원리의 퇴치를 상징적으로 표현한 것이다. 신화의 후반부에서는 영웅에게 다시 어머니의 세계로 회귀하는 과제가 주어지는데, 이것은 정신 스스로가 지향하는 내적 목적을 실현하기 위한 것이다. 그 내적 목적이란 불사의 인간으로 다시 태어나는 것, 영혼의 불사를 획득하는 것이다. 오이디푸스 신화에서 영웅과 어머니와의 결혼이라는 근친상간적 이미지로 표현되는 것은 바로 영적 존재로 거듭난 신적 인간이 되는 것, 융의 표현을 빌리자면 '개인의 전인격화Individuation' 과정을 뜻한다.[45]

신화의 이미지들이 만들어지는 과정에는 정신이 작용하고, 그 정신에 영향을 끼치는 역사 · 사회 · 문화적 조건들과 자연 환경적 조건들이 개입한다. 정신은 때로는 의식적으로 때로는 무의식적으로 활동하며, 지적 요소나 구조를 작용케 하기도 하고 심리적 요소나 구조를 작용케 하기도 한다. 신화의 이미지는, 단 하나의 신화 이미지라 할지라도, 단선적으로 결정되는 경우란 결코 없고 언제나 복합적이고 다차원적으로 결정되는, 지극히 복합적인 문화적 실재다.

"신화의 세계는 마치 형성되자마자 잘게 부서져, 그 파편들에서 새로운 세계가 탄생되는 것처럼 보인다"라고 인류학자 보아스Franz Boas가 말했듯이,[46] 신화는 고착되어 전승되는 과거의 유물

---

45) 이유경, 〈영웅 신화의 분석심리학적 이해〉, 신화아카데미 엮음, 《세계의 영웅 신화》, 333~379쪽.
46) Claude Lévi-Strauss, *Anthropologie structurale* (Paris : Plon, 1974/초판, 1958), 227쪽에서 재인용.

페테르 파울 루벤스가 그린 〈앙리 4세의 신화〉. 파리, 루브르 박물관. 앙리 4세의 오른팔을 잡고 있는 제우스와 왼팔을 잡고 있는 크로노스를 볼 수 있다.

이 아니라, 시대와 환경 속에서 끊임없이 변형되어가는 살아 있는 생명체 같은 것이다. 이러한 신화의 변형은, 주어진 시대의 조건들에 만족하지 않고, 혹은 시대의 조건들에 적응하여 계속 새로운 신화들을 만들어내는 인간 정신 활동의 역동성을 말해주는 것이다. 주어진 시대와 환경이 안고 있는 문제들은 문화의 다양성만큼

이나 수적으로 많고 또 질적으로 상이하다. 그렇기 때문에 해석은 늘 다양할 수밖에 없으며, 다양한 해석은 서로를 배제하기보다는 신화의 제반 모습들을 드러내어 우리가 그 총체적 면모를 파악할 수 있도록 도와준다.

4. 이야기되는 이미지의 힘

(1) 상상력의 보고

흔히들 신화는 상상력의 보고라고 말한다. 고대 신화의 주제나 모티브들을 소재로 한, 또는 그것들에 영감을 받아 창작된 음악, 회화, 조형물 및 문학 작품의 수가 이루 헤아릴 수 없이 많기 때문이다. 동일한 내용을 담고 있더라도 '언어로 이야기되는 이미지'는 '시각적으로 영상화된 이미지'와는 그 효과가 사뭇 다르다. 12 티탄신족과 퀴클로페 삼형제, 가이아의 뱃속에서 헤카톤케이레 삼형제가 꿈틀대고 있을 때 가이아를 덮어 누르는 우라노스, 아버지 우라노스의 생식기를 자르고 자식들을 자기의 입속으로 삼켜버리는 크로노스, 이러한 이미지들을 누군가가 말로 이야기해주거나 글로 읽게 할 때와 시각적으로 영상화해서 보여줄 때를 비교해서 생각해보면 그 차이점을 잘 알 수 있다.

가이아가 준비해준 반달 모양의 낫으로 아버지 우라노스의 생식기를 자르고 지옥에 갇혀 있던 티탄족을 구출한 크로노스는 누이 레아와 결혼해 자식들을 낳는다. 그러나 그는 자기 자식이 자기 자리를 빼앗을까 두려워 아이가 태어나자마자 입으로 삼켜버린다. 고야는 자식을 집어삼키는 크로노스의 이야기를 회화로, 말하자면 문자 그대로 식인의 장면으로 표현했는데, 그 그림은 보는 이로 하여금 소름끼치는 경악을 느끼게 한다. 그러나 똑같은 내용이라 할지라도 그것을 듣거나 읽을 때 이런 경악감은 훨씬 완화된다. 시각적 이미지는 언어로 이야기되는 이미지에 비해 머릿속에 뚜렷이 각인되어 오래 기억된다. 반면 이야기되는 이미지는 시각

프란시스코 고야는 자식을 집어삼키는
크로노스의 이야기를 회화로 나타냈다.
마드리드, 프라도 미술관.

적 이미지만큼 뚜렷하고 강한 인상을 남기지는 않지만 고개를 갸
우뚱하게 만드는 의구심을 불러일으키면서 희미한 여운을 남긴
다. 예컨대 이런 것이다. 크로노스가 사이를 갈라놓은 우라노스와
가이아는 하늘과 땅이며, 또 크로노스라는 이름 자체가 어원적으
로 '마멸시키다, 소모하다'를 의미하는 어근을 갖고 있으므로[47]

---

47) 후기 조로아스터 교리에서 주르반Zurvan은 선신 아후라 마즈다Ahura Mazda와 악신
아흐리만Ahriman 모두를 존재하게 한 근원 또는 아버지다. 언어학자 에밀 벤베니스트
Émile Benvenist는 이란의 주르반과 그리스의 크로노스가 '마멸시키다, 소모하다'를
의미하는 공통 어근user을 가짐을 보여주었다. Georges Dumézil, 'Le mythe et le
temps", *Recherche Philosophiques*, 248쪽.

이미 시간의 속성을 함축하고 있다. 그런 까닭에 자식을 잡아먹는 크로노스의 이야기에서는 문자 그대로 받아들이기에는 어렴풋하나마 뭔가 다른 어떤 것——그것이 무엇인지 정확히 알 수 없다 하더라도——이 분명 느껴진다. 이런 의구심과 여운은 그 이야기를 전해 들은 사람들로 하여금 그 의미에 대해 계속 생각하게 하거나 그들의 상상력을 자극한다. 실제로 고대 신화의 내용들은 철학자들에게는 끊임없이 사색하게 하고 시인, 작가, 예술가들에게는 창조적 영감을 불어넣었다. 그리하여 동일한 내용도 다양하게 재해석되고 표현되었으며, 그 결과 신화는 상상력의 보고라 불린다.

바르트는 신화를 '2차 기호 체계' 또는 '메타 언어'로 정의하는데, 이는 한없이 재해석될 수 있는 신화 언어의 특성, 즉 신화 언어의 표현 형식에 주목하여 신화를 규정한 것이다. 신화는 그에 앞서 존재했던 언어라는 기호의 연쇄에 의해 이루어진 2차 기호 체계이므로 신화 기호의 기표는 일상 언어다.[48) 예컨대 '그는 집

---

48) 바르트가 소쉬르Ferdinand de Saussure의 용어들을 빌려 설명하므로 소쉬르 언어학의 주요 개념들을 이해할 필요가 있다. 다소의 논란이 있지만 언어학자들은 낱말이 언어의 유의미한 기본 단위인 기호라는 데 대체로 동의한다. 소쉬르는 이 기호가 음성적 요소와 개념적 요소, 두 가지로 이루어져 있음을 파악하고 이들을 각기 다른 용어로 구별한 최초의 언어학자다.

기호signe의 ┌─ 기표(기호 표현signifiant) : 청각 이미지image acoustique
두 구성 요소 └─ 기의(기호 의미signifié) : 개념concept

또 우리가 일상적으로 사용하는 언어인 활용어langage는 두 측면을 갖는다. 사회적 약속의 부분인 랑그langue와 개인이 담론에서 사용하는 파롤parole이 그것이다.

활용어 ┌─ 랑그
　　　 └─ 파롤

예를 들면 '그는 벨 소리를 듣고 잠시 멈칫했으나 곧 하던 일을 다시 계속했다'라는 문장을 '그는 잠시 멈칫했으나 벨 소리를 듣고 곧 하던 일을 다시 계속했다'로 바꾸면

신화	언어	1. 기표 (시니피앙)	2. 기의 (시니피에)
		3. 기호 I.　　기표	II. 기의
		III. 기호	

2차 기호 체계.

으로 돌아와 정원에 소나무 한 그루를 심었다' 라는 신화소를 가
정해보자. 그 신화를 만든 신화 제조자가 단순히 한 대상, 즉 한
식물 종(種)으로서의 소나무를 가리키기 위해서 소나무를 신화의

뜻이 완전히 달라진다. 또 단어의 배치는 해당 언어의 문법 규칙을 따른다 하더라도 단
어의 의미를 사회적으로 통용되는 일반적 의미로 사용하지 않고 그 단어에 자신의 고
유한 의미를 부여해 사용하면 의사 전달에 문제가 생긴다. 예컨대 자신은 다른 사람들
이 '벨' 이라 부르는 것을 '기차' 라 부르고, '일' 을 '나무' 라 부르기로 결정한 어떤 사
람이 있다고 해보자. 그리하여 그가 벨 소리를 기차 소리로, 일을 나무로 바꾸어 표현
한다고 해보자. 그러면 '그는 벨 소리를 듣고 잠시 멈칫했으나 곧 하던 일을 다시 계속
했다' 는 앞의 문장은 '그는 기차 소리를 듣고 잠시 멈칫했으나 곧 하던 나무를 다시 계
속했다' 가 된다. 이 경우 역시 뜻이 완전히 달라지는 것이다. 그러므로 자신이 말하고
자 하는 바를 올바로 전달하기 위해서는 그 언어 체계가 정해놓은 규칙들에 따라 단어
들을 배치해야 하며, 일상적으로 통용되는 단어들을 사용해야 한다. 이것이 바로 언어
의 사회적 약속 부분에 해당되는 랑그의 측면이다. 반면 파롤은 특정 담론에서 사용하
는 개성적 측면의 특수 언어, 상황적 언어다. '그는 구운 고기와 야채가 담긴 큰 접시
를 가져간 그 악한의 모습을 보지 못했다', '그 사람은 보지 못했다. 구운 고기와 야채
가 담긴 큰 접시를 가져간 그 사악한 자의 얼굴을', '구운 고기와 야채가 담긴 커다란
접시를 가져간 그 악당의 모습을 그는 보지 못했다'. 이 문장들은 주어, 목적어의 위치
가 다르고 표현도 약간씩 다르지만 모두 동일한 내용을 이야기하고 있다. 붉은 장미꽃
한 다발을 통해, 아니면 상큼한 향기를 은은히 뿜어내는 프리지아 묶음이나 순백의 고
고한 백합꽃 다발을 통해 사랑하는 이에게 나의 애정을 전할 수 있듯이, 우리는 동일한
내용을 상황이나 개성에 따라 이처럼 다르게 표현할 수 있다. 이 측면이 파롤로서의 언
어다.

소재로 사용한 것은 아닐 것이다. 그는 소나무에 문자 그대로의 의미 이상의 어떤 다른 의미를 실어 자신이 말하고자 하는 뭔가를 표현하려 했을 것이다. 이때 그 어떤 의미는 자신이 속한 사회의 구성원들에게 공유되는 것 가운데 하나여야 한다. 그렇지 않으면 메시지는 제대로 전달되지 않는다. 그러나 2차 기호 체계인 신화 기표로서의 소나무는 이미 역사, 지리, 도덕, 식물학, 문학 등 온갖 풍부한 가치 체계를 담고 있으므로, 신화를 접하는 사람들은 소나무를 통해 신화 제조자의 의도와는 상관없이 그 외의 다양한 의미들을 읽어낼 수 있다. 가령 소나무는 늘 푸른 나무라는 생물학적 특성으로 인해 누구에게나 항상성(恒常性)을, 또 침엽수라는 형태적 특성으로 인해 뾰족함을 상기시킨다. 한국, 중국, 일본 등의 동아시아 국가들에서는 그 항상성으로 인해 변치 않는 기개의 군자를 상징하며, 또 소우주를 형상화한 분재의 재료로 많이 사용되는 까닭에 세계수(世界樹)를 상징하기도 한다. 우리나라에서는 상록수가 문학 작품의 제목이기도 하다. 그래서 한국인들에게 소나무는 《상록수》의 작가 심훈의 문학 세계를, 또는 《상록수》의 주인공들과 같은 숭고한 사랑을 상기시키기도 한다. 신화 제조자는 소나무에 이 여러 의미들 중의 하나를, 또는 다른 어떤 의미를 부여했을 것이나, '그는 집으로 돌아와 정원에 소나무 한 그루를 심었다' 라는 신화소는 사람에 따라 군자, 지조, 세계수, 숭고한 사랑 등 저마다 달리 수용된다.

신화가 끊임없이 재해석될 수 있는 까닭은 바로 여기에 있다. 바르트의 말대로 "신화의 기표는 하나의 상징이 아니다. 그것은 하나의 상징이 되기에는 너무 많은 영향력trop de présence을 가지고 있다". 일상 언어인 신화 기표는 "풍부한 이미지, 체득된 이미지, 자발적이고 순진무구하며 논란의 여지가 없는 이미지 행세를 한다".[49]

이처럼 신화는 그 이미지적 상징성, 또는 2차 기호의 다의성(多義性)으로 인해 역사를 통해 상상력의 보고로서 수많은 시인, 예술가, 사상가들의 창조적 영감을 자극했다.[50] 전통의 진수를 담고 있는 신화가 동시에 새로운 문화를 창조하는 가장 풍부한 원동력이기도 했던 경우는 여기서 굳이 예를 들어 설명할 필요가 없을 정도로 무수히 많고 또 우리 모두가 익히 알고 있다.

그런데 다른 한편으로, 신화는 통치자들에 의해 이데올로기를 교묘하게 은폐하는 위장의 도구로도 종종 활용되었으며, 종교 지도자들에 의해 신자들에게 교리를 성공적으로 체화시키는 수단으로도 이용되었다. 이때 이야기라는 전달 방식이 또한 재미와 은밀함을 가중시키며 그 효력을 증대시키는 데 큰 몫을 한다. 예를 들면 기독교의 성인전, 불교 설화집 《자타카*Jataka*》는 각각 기독교와 불교 교리를 재미있게, 은밀히 체화시키는 데 일조한다. 또 조로아스터교의 경전 《분다히슨*Bundahishn*》이 이야기하는 사후 심판의 장면은 조로아스터교 신자들에게 강한 인상을 남겨 그들의 삶을 이끄는 데 커다란 영향력을 발휘한다.

---

49) Roland Barthes, *Mythologies*, 203쪽.
50) 롤랑 바르트는 신화의 이미지적 기표에 새로운 의미를 부여하는 의미 전유를 신화적 개념의 기본 성격으로 규정한다. 앞의 책, 204쪽.

(2) 은폐된 이데올로기

조로아스터교[배화교(拜火教)]는 선악이 명확하게 구분되는 윤리적 이원론의 종교다. 힌두교나 다른 대다수 종교와 마찬가지로 조로아스터교도 살았을 때의 개인의 자아, 도덕 의식, 행위의 결과가 그의 사후(死後) 운명을 결정한다고 생각한다. 조로아스터교는 이런 내생의 교리를 신화적으로 전달한다. 특히 그들은 개개인이 죽은 후 나흘째에 받게 되는 심판의 광경을 매우 선명하고 상세하게 꾸며 이야기한다. 그전 사흘 동안에, 죽은 이의 영혼은 지금까지 머물렀던 육신의 머리에 좌정해서 지난날의 선하고 악한 생각과 언행들을 돌이켜본다고 한다. 그동안 의로운 영혼에게는 군사들이 찾아와 위로해주고, 사악한 영혼에게는 악령들이 찾아와 맴돌면서 당장에라도 끌고 가 처벌할 듯이 위협하며 괴롭힌다. 나흘째 되는 날 그 영혼은 '친바트 다리'로 가서, 미트라와 그의 동료인 스라오샤, 라슈누 등 여러 심판관들 앞에 선다. 라슈누는 선행과 악행의 무게를 판가름할 무시무시한 저울을 들고 있다. 심판이 진행되어 선고가 내려지면, 영혼은 친바트 다리에 올라 걸어간다. 다리 가운데 이르렀을 때 일어나는 일을 팔레비어 경전 《분다히슌》은 다음과 같이 묘사하고 있다.

거기에는 칼날같이 날카로운 모서리가 하나 있고……다리 아래는 지옥이다. 영혼은 그 모서리 위에 올라간다. 의로운 영혼일 때에는 모서리가 저절로 누워 넓은 면을 밟게 된다. 그러나 사악한 영혼일 때에는 날카로운 모서리 그대로여서 길을 내주지 않는다……세 걸음째 내딛으면[51] 다리 끝에서 떨어져 지옥에 거꾸로 처박힌다.[52]

친바트 다리를 건너는 영혼.

    의로운 영혼은 아름다운 소녀의 모습으로 나타나는 그 자신의
데나[53]에게 인도되어 다리를 건넌다는 이야기, 그리고 사악한 영
혼은 자신의 데나인 추한 노파와 맞닥뜨리게 된다는 이야기가 후
대의 한 경전에서는 더욱 생생하게 묘사된다.

---

51) 세 걸음은 그 영혼이 저지른 악한 생각, 악한 말, 악한 행동을 표상한다.
52) J. B. 노스, 《세계 종교사 (상)》, 184쪽.
53) 생전의 생각과 언행, 즉 인격의 집결체 같은 것을 말한다.

(의로운 영혼이) 친바트 다리에 첫발을 내딛으면 낙원에서 향기로운 바람이 불어온다. 그 냄새는 사향이나 용연향(龍涎香)과도 같아 비할 데 없이 좋은 향기다. 다리 중간에 이르면 지금껏 본 적이 없을 만큼 아름다운 여자가 나타난다……그 미녀가 다가오면 (영혼은) 말한다. "내가 일찍이 본 적이 없을 만큼 아름다운 당신은 누구십니까?" 그 미녀는 이렇게 답한다. "저는 당신이 하셨던 선행입니다. 저는 본래 착했지만 당신의 행실은 저를 더욱 아름답게 만들었습니다." 다음에 그녀가 그를 안으면 둘은 지극히 즐거운 걸음을 옮겨 쉬이 낙원에 이른다.[54]

그러나 사악한 사람의 영혼은 이와 반대로 된다.

(영혼이) 친바트 다리에 첫발을 내딛으면 곧 지옥에서 악취나는 바람이 몰아쳐온다. 세상에서 맡아본 적조차 없는 지독한 악취다. 그보다 더 심한 냄새는 없다. 이것은 영혼에 대한 형벌 중에서도 가장 지독한 것이다. 다리 중간에 이르면 지독히도 추하고 무시무시한 형상이 나타난다. 그보다 더 추하고 흉한 것은 세상에서 찾아볼 수가 없다……그러므로 영혼은 마치 늑대를 본 어린 양처럼 두려움에 떨며 도망치려 한다. 그 유령이 다가와서는 말한다. "어디로 도망치려 하느냐?" 그러면 (영혼은) "세상에서 미처 본 적이 없을 만큼 추하고 무시무시한 당신은 대체 누구요?"라고 묻는다. 노파가 대답하기를, "나는 네가 스스로 저지른 악행이다. 나는 원래부터 추하기는 했다. 그러나

54) J. B. 노스, 《세계 종교사(상)》, 185쪽.

네가 매일 나를 더욱더 추하게 만들더구나. 그래서 이제 너는 나와 너 자신을 이렇게 비참한 파멸로 몰고 온 거야. 우리는 지금부터 부활의 날까지 형벌을 받으며 지낼 것이다." 다음에 그녀가 그를 안으면, 둘 다 친바트 다리에서 떨어져 지옥에 거꾸로 처박힌다.[55]

사람들이 사회가 바람직하게 생각하지 않는 행위를 할 때마다 그들에게 '그런 생각, 그런 말, 그런 행동을 하면 죽어서 지옥으로 떨어진다' 거나 '생전의 언행의 결과는 죽어서 응답받는다' 거나 '업 짓지 말라' 거나 하는 말을 반복하면 그들은 반성하기는커녕 오히려 반발하기 일쑤다. 그러나 어렸을 때부터 이런 이야기를 듣고 자란 사람이라면 성장하면서, 특별한 환경이 그의 마음을 망가뜨리지 않는 한, 이 이야기가 계속해서 그의 사고와 행위에 무의식적으로 영향을 끼칠 것이다.

"잘 쓰면 약, 잘못 쓰면 독"이라는 우리 속담이 있다. 나타남과 감춤, 밝음과 어둠, 있음과 없음 등과 같은 상반되는 요소들이 늘 동시에 공존하고 있음을 깨달은 오늘날의 지식인들이 비동시적인 것의 동시성, 갈마들기, 차연(差延) 등의 추상적 개념으로 표현하는 대극성의 공존은 이미지로 이야기하는 신화의 힘을 무조건적으로 찬미할 것이 아니라 그 효력에 비판적이고 신중한 주의를 기울일 것을 요구한다.

현재 아동, 청소년, 일반 성인들이 많이 읽고 있는 신화들은 대다수가 서구 신화들이라 해도 과언이 아니다. 롤플레잉 게임들의

---

55) 앞의 책, 185쪽.

소재로 활용되는 신화들도 주로 서구의 것들이다. 이것들 속에는 서구 문화와 사고의 흔적들이 곳곳에 깊이 박혀 있다. 그리스 신들은 인간에게 온갖 것을 다 허용하나 신에 대한 불경은 결코 용서하지 않는다. 뛰어난 영웅이라도 예외가 아니다. 신들을 속이거나 그 앞에서 재능을 뽐내면 가차 없이 응징이 따른다. 선과 악이 관계 속에서 파생되거나 시공 속에서의 배치에 따라 결정되는 것이 아니라 선한 집단과 악한 집단이 애초부터 명확히 구분된다. 켈트 신화나 게르만 신화의 내용은 대부분 본래 선한 집단과 본래 악한 집단의 투쟁으로 구성되어 있으며, 유일신의 신화를 고수하는 신앙 공동체는 자신들과 대적하는 다른 유일신 신앙 공동체를 악으로 규정하고 있다. 이러한 신-인 관계관과 선악관이 초래한 부정적 효과를 오늘날 우리는 팔레스타인에서, 또 9·11 테러 이후 아프가니스탄과 이라크에 대해 미국 정부가 취한 행동 등 곳곳에서 목도하고 있다.

그런데 신화는 '이미지로 이야기' 하기 때문에 정치적 프로파간다나 법률 조문처럼 이데올로기적 강압성이 느껴지지 않으며, 철학이나 역사처럼 딱딱하게 느껴지지도 않는다. 그래서 정서적으로 맞지 않더라도 별 저항 없이 재미있게 읽힌다. 이런 신화들을 자주 접하는 것은 외래품을 사용하거나 외국 상표의 의상을 걸치는 것과는 전적으로 다르다. 의상이나 다른 물품들은 필요할 때 사용하다가 마음에 들지 않거나 쓸모없게 되면 치워버리기만 하면 되지만, 신화는 자꾸 접하다 보면 그 속에 내포된 이데올로기가 습관이 몸에 붙듯 정신 속에 스며들어 무의식의 일부를 이루기 때문이다.

주로 고대 신화의 내용들을 소재로 하여 만들어지는 온라인 게임이라는 새로운 놀이 문화에 어린이뿐 아니라 성인들까지 몰입하고 있고, 몇몇 초국적 거대 기업들이 대중 매체와 디지털 매체들을 통해 자본주의 이데올로기를 이미지화하여 전 세계적으로 은밀히 유포하고 있는 시대에 우리는 살고 있다. 오늘날 신화학자들의 임무는 현대 신화, 즉 대중 문화의 이데올로기를 비판하고, 신화의 탈신비화 작업을 행하는 데 있다는 바르트의 주장은 그래서 한층 더 설득력을 얻는다.

토템 기둥 totem pole, 미국, 알래스카.

제 5 장

신화적 사고 : 다차원의 사고, 총체적 사고

각 나라마다 태초에 하늘과 땅이 어떻게
생겨났는지, 낮과 밤이, 산과 바다가, 어떤 섬이, 한 식물 종(種)
이나 동물 종이 어떻게 생겨났으며 인간은 또 어떻게 생겨났는지,
눈·비·얼음·서리·지진·화산·번개 같은 자연 현상들이 왜,
어떻게 해서 생겨났는지를 이야기하는 신화들을 가지고 있다. 이
런 종류의 신화들은 과학과 관심 영역을 공유하고 있으며, 과학처
럼 자연계에서 일어나는 여러 사건들을 설명하고 있는 것처럼 보
인다. 그러나 이 신화들이 우주 구성물의 생성과 자연 현상의 발
생을 설명하는 방식은 오늘날의 과학이 설명하는 방식과는 사뭇
다르다.

　하늘과 땅이 창조되기 이전의 세계는 어떠했는지, 하늘과 땅은
어떻게 생겨났는지, 인간은 어떻게 생겨났는지 등을 한 중국 신화
는 다음과 같이 이야기한다.

옛날에 하늘과 땅이 아직 형성되지 않았을 때에는, 상(像)만 있고 형태는 없었다. 고요하고 컴컴하고, 흐릿하고 아득하고, 까마득하고 깊어서 그 문을 알 수가 없었다. 두 신(神)이 함께 섞여 생겨나 하늘과 땅을 만들어내었다. 그러나 깊숙하여 그 끝나는 곳을 알지 못하고, 매우 커서 그 멈추는 곳을 알지 못하였다. 이에 나뉘어 음양(陰陽)이 되고, 또 나뉘어 팔극이 되었으며, 단단한 것과 부드러운 것이 어울려 만물이 형성되었다. 어수선한 기운은 벌레가 되고, 맑은 기운은 사람이 되었다.[1]

일본 신화에 의하면, 섬나라 일본은 태초에 마치 물 위에 떠 있는 기름이나 해파리처럼 표류하고 있었다고 한다. 이것을 단단하게 고정시켜 형태를 완성한 신은 가미요나나요[神世七代]라고 불리는 신들 중 마지막에 나타난 이자나기와 이자나미다. 이들 두 신은 물 위에서 기름처럼, 또 해파리처럼 표류하는 것을 단단하게 만들고 고정시켜서 일본 국토를 만들라는 천신들의 명령을 받고는, 천신들이 하사한 아마노누보코[天之沼矛]라는 창을 가지고 아메노하시[天浮橋]라는 천상의 다리 위에 서서 바닷물을 휘젓기 시작했다. 두 신이 아메노하시에 서서 그 창을 바다에 찔러 바닷물이 부글부글 소리가 나도록 휘저은 뒤 들어 올렸을 때, 그 창끝에서 떨어지는 소금물이 쌓여 섬이 되었다. 이 섬이 곧 이자나기와 이자나미 신이 만든 14개의 일본 섬 중 최초의 섬인 오노고로시마[淤能碁呂嶋]라는 섬으로, '저절로 굳어서 생긴 섬'이라는 뜻이다.

---

1) 《淮南子》, 〈情神訓〉.

이자나기와 이자나미를 모신 신사. 일본 이즈모(出雲) 지방.

노르웨이 신화에 의하면 이 세계는 신들이 최초의 생명체인 서리[霜] 거인 이미르의 몸을 가지고 만들었으며, 죽은 나무 두 그루에서 인간이 탄생했다.

태초에, 아직 하늘도 땅도 없고 신들도, 한 움큼의 풀도 없었을 때, 북쪽에는 추위와 어둠이 있었고, 남쪽에는 따뜻한 기운과 밝음이 있었으며, 그 사이에 기능아가프라 불리는 심연이 입을 벌리고 있었다. 북쪽의 얼음 지역은 니플하임이라 부르는데, 으스스하고 안개가 자욱했다. 한편 무스펠스하임이라 부르는 남쪽에서는 불꽃이 타오르고 있어서 아무도 살 수 없었다. 니플하임의 얼음과 서리가 기능아가프 심연으로 미끄러지고 무스펠스하임의 불꽃이 심연으로 흩날려 가 그 얼음과 서리를 녹였다. 타오르는 불꽃의 힘으로 얼음과 서리는 물방울로 녹아내려 거기서 최초의 생명체인 서리 거인 이미르가 생겨났다. 이미르는 남성인 동시에 여성인 양성적 존재였다. 젖이 풍부한 뿔 없는 암소 아우둠라 역시 기능 아가프에서 불과 얼음의 결합으로 생겨났다. 이미르가 자는 동안 왼쪽 겨드랑이에서 흘린 땀에서 한 남자와 한 여자가 자랐고, 이미르의 한쪽 발은 다른 쪽 발의 아들을 하나 낳았다. 모든 서리 거인들과 산의 거인들은 이들의 후예다. 서리 거인 이미르는 아우둠라의 젖을 먹고 힘센 거인으로 성장했다. 어느 날 아우둠라가 돌처럼 딱딱한 얼음을 혀로 핥아내자, 저녁 무렵에 남자의 머리카락이 밖으로 솟아 나왔다. 둘째 날에는 머리가 온전히 생겨났으며, 셋째 날에는 신들의 조상이 전신의 모습을 드러내었다. 그는 아들 하나를 탄생시켰으며 그 아들은 거인의 딸 베스틀라와 결혼하여 오딘, 빌리, 베를 낳는다. 난폭한 서리 거인 이미르의 몸이 비대해지면서 점점 더 많은 공간을 점령하게 되자 오딘, 빌리, 베는 이미르를 죽인다. 이미르의 상처에서 흐른 피는 속 빈 나무 줄기로 만든 배를 타고 피의 바다 위로 피신한 베르겔미르 부부와 파푸트루드니르를 제외한 모든 거인을 익사시켰다. 오딘과 빌리는 이미르의 살점을 떼어 땅을 만들고, 뼈로 산을 만들었으며, 피로는 바다와 호수를 만들었다. 이미르의 두개골로 하늘을 만들었으며, 동서남북 네 귀퉁이 아래에는 난쟁이들을 두었다. 오딘 형제는 광활한 육지 안쪽에 거대한 방벽을 둘러쳐 미드가르트[2]를 짓고, 거인들

---

2) 북유럽 신화에서 세상은 세 영역으로 이루어져 있다. 가장 높은 영역은 아스가르트로, 무사 신들이 사는 곳이다. 두 번째 영역은 인간이 살고 있는 미드가르트이며, 세 번째 영역은 미드가르트에서 북쪽으로, 그리고 지하로 9일을 달려가야 도착하는 죽은 자들의

의 세계 우트가르트와의 경계로 삼았다. 그 방벽은 이미르의 눈썹으로 만들어졌다. 이미르의 뇌는 구름으로 변했다. 인간 세계 주변에 방벽을 충분히 쌓아 올리고 나서야 비로소 신들은 그 한가운데에 자신들의 아스가르트를 세웠다. 오딘 형제는 땅 위로 삐져나온 죽은 나무 두 그루를 발견하고 그것으로 최초의 남자와 여자를 만든다. 이 두 인간 아스크와 엠블라는 모든 가족, 종족, 인종의 조상이 된다.[3]

해산(海産) 동물 산호는 오랫동안 식물로 인식되었을 정도로 물속에서 풀처럼 유연하게 움직인다. 그러나 붉은 산호는 수면 위의 바위에 붙어 골축(骨軸)이 형성되면 광물처럼 딱딱하게 되어버린다. 산호가 물 밖으로 나오면 딱딱하게 굳어버리게 되는 것은 죽음의 시선을 가진 메두사의 머리와 닿았기 때문이라고 그리스 신화는 전한다. 그 사연은 다음과 같다.

메두사는 포르키스[4]와 케토 사이에서 태어난 고르곤의 세 자매 중 막내다. 첫째 스테노('힘')와 둘째 에우리알레('멀리 날다')는 불멸하지만 메두사는 유한한 생명을 가진 존재다. 메두사는 멧돼지 이빨과 황금 날개를 가지고 있고, 머리카락은 올올이 전부 뱀이다. 메두사와 눈길을 마주친 존재는 누구나 그 자리에서 돌로 변하기 때문에 서쪽 끝 그녀가 살고 있는 동굴 주위에서는 돌로 변한 사람이나 동물을 많이 볼 수 있었다. 아테나 여신의 방패 한

세상 니플하임이다.

3) 라이너 테츠너, 《게르만 신화와 전설》, 성금숙 옮김(범우사, 2003/초판 1쇄, 2002), 15~34쪽.

4) 바다의 신 폰토스와 대지의 신 가이아의 아들.

터키의 아폴론 신전에 새겨져 있는 메두사 머리.

가운데에는 이 메두사의 머리가 새겨져 있는데, 메두사의 머리를
베어 아테나 여신에게 갖다 바친 사람은 페르세우스다. 페르세우
스는 아르고스의 왕 아크리시오스의 딸 다나에와 제우스 사이에
서 태어났다. 다나에에게 반한 제우스는 황금 소나기로 둔갑해 그
녀와 결합하여 다나에에게 페르세우스를 잉태케 한다. 아크리시
오스 왕은 손자에게 죽임을 당할 것이라는 신탁을 듣고 어린 손자
페르세우스를 바구니에 넣어 세리포스 섬의 물결에 떠내려 보낸
다. 페르세우스는 어머니 다나에와 함께 세리포스 섬에서 생활하
며 훌륭한 청년으로 성장한다. 다나에를 사랑한 세리포스 섬의 폴
리덱테스 왕은 페르세우스를 없애기로 마음먹고, 어느 날 그에게
메두사의 머리를 베어 가지고 오라고 한다. 페르세우스는 아테나
의 방패와 헤르메스가 빌려준, 메두사의 목을 벨 강철 낫과 날개

달린 신발, 그리고 보이지 않게 해주는 하데스의 투구를 가지고 메두사를 찾아간다. 그는 하데스의 투구를 쓰고서, 메두사를 직접 바라보지 않고 아테나의 방패에 비춰 그녀의 위치와 동태를 파악하면서 다가간다. 그리고 마침내 메두사가 잠들어 있을 때 그녀의 목을 베어 마법의 자루에 넣는다. 페르세우스는 헤르메스의 날개 달린 신발을 신고 세리포스로 돌아가는 길에 에티오피아인들이 사는 케페오스 왕국의 상공에서 저 아래 해변가 바위 위에 묶여 있는 안드로메다 공주를 본다. 어머니 카시오페이아가 아름다움을 뽐낸 탓에 그 죗값을 대신 치르고 있던 안드로메다 공주는 바다 괴물에게 잡아먹히기 직전이다. 그녀의 아름다움에 마음을 뺏긴 페르세

메두사의 머리가 달린 방패 아이기스를 들고 서 있는 아테나 여신. 로마, 바티칸 박물관.

우스는 곧장 땅으로 내려가 칼로 괴물을 죽이고 바위에 묶여 있던 공주를 풀어준다. 페르세우스는 바닷물에 손을 씻기 위해 메두사의 목이 들어 있는 자루를 잠시 땅에 내려놓는다. 해변의 돌멩이에 메두사의 머리가 상하지 않도록 나뭇잎을 깔고 그 위에 해초를 놓은 다음 자루를 올려둔다. 그런데 해초는 메두사의 머리에 닿는 순간부터 잎도 줄기도 모두 굳어지기 시작한다. 이를 보고 재미있어하던 바다 요정들이 이 해초의 씨앗을 파도에 실어 보내 이 생물을 널리 퍼뜨린다. 그래서 산호는 오늘날까지도 물속에서는 생물인데 물 밖으로 나와 대기에 닿으면 단단한 돌이 되어버린다고 한다.

메두사의 목을 들어보이는 페르세우스.
로마, 바티칸 박물관.

과학적 인과론의 관점에서 보면, 비합리적이고 비논리적인 듯 보이는 신화의 이러한 설명 방식은 무지몽매한 사유에 기인한 것으로 보인다. 그래서 신화에 관심을 가졌던 19세기 말에서 20세기 초의 대부분의 학자들은 이러한 신화를 만든 고대인이나 원시인들이 지적 미개 상태에서 우주와 인간에 대한 올바른 지식을 결여하고 있었기 때문에 우주 창조와 인류 발생, 우주 현상과 자연계의 여러 현상들에 대해 그렇게 설명한다고 생각했다.

신화를 원시 과학으로 폄하하면서 신화와 과학을 대립시키는 관점의 기저에는 전(前) 과학적 · 비논리적인 신화/합리적 · 논리적인 과학이라는 인식, 그리고 신화를 만드는 정신, 즉 신화적 사고는 지적 능력이 결여된 열등한 사고라는 편견이 깔려 있었다. 이때 신화적 사고는 근대 이후의 과학적 · 철학적 합리성에 대비되는 전근대적 사고 유형을 총칭하며, 대체로 주술적 사고, 원시 심성, 야생의 사고, 고대 사고라 일컬어지거나 때로는 동양적 사고와 동일시되기도 하는 그런 사고를 가리킨다.

그런데 앞의 신화들은 근대 과학처럼 우주 현상이나 자연계의 사건 및 현상들을 객관적으로 설명하기 위한 목적에서 만들어진 것들일까? 신화를 만들어내는 정신은 지적 이성과 논리가 결여된 정신일까? 오늘날 신화학자들은 이러한 신화/과학의 대립 구도를 부정하며, 신화의 논리를 합리적 이성의 논리로 재단하기를 거부한다. 신화는 그 나름의 방식으로 자연계와 인간 세계를 바라보는 하나의 창, 즉 우주를 향해 열린 하나의 문으로, 거기에는 자연과학, 철학, 종교, 윤리, 역사, 문학, 예술의 맹아가 총체적으로 연결되어 응축되어 있음을 깨달았기 때문이다.

1. 신화, 원시 과학인가

신화가 비과학적이고 비논리적이라는 견해에 가장 강하게 반발하며 신화적 사고의 논리성과 과학성을 밝혀낸 이는 아메리카 인디언 신화를 연구한 프랑스 인류학자 레비스트로스다. 그는 신화를 만든 주체인 원시 정신——그는 이 정신을 야생의 사고라 불렀다——의 특성들을 드러내 보여주는 한편,[5] 신화 자체의 논리와 속성들을 밝혀냄으로써[6] 신화적 사고의 특성들을 총체적으로 규명했다.

레비스트로스는 《오늘날의 토테미즘*Totémism d'aujourdhui*》과 《야생의 사고*La pensée sauvage*》에서 신화적 사고의 특성을 잘 드러내 보여주는 수많은 예들을 제시하면서, '원시인들은 경제적 욕구에 충실한 존재로서, 주술적이며 따라서 비과학적이고 비논리적이다'라는 주장을 반박한다.

신화를 만들어내는 원시 정신 또는 고대 정신에 대해 초기 민속학자나 인류학자들이 가졌던 편견은 대체로 세 영역의 관찰에 근거해 이루어졌다. 언어 영역, 기술·경제적 영역, 그리고 사회 조

---

5) 레비스트로스가 《오늘날의 토테미즘*Totémisme d'aujourdhui*》과 《야생의 사고*La pensée sauvage*》에서 보여주고자 했던 바다. 그는 구체적 예들을 들어 신화적 사고와 과학적 사고의 유사점 및 차이점들을 대비시키면서 신화적 사고의 특성들을 규명했다. 이를 통해 그는 현대인들이 원시 사고에 대해 가지고 있는 편견에서 벗어나 올바른 인간 이해에 이르기를 바랐다. 염원대로 레비스트로스의 작업은 인간 이해의 지평을 확장한 것으로 평가받는다.

6) 1958년에 출간된 《구조인류학*Anthropologie structurale*》, 1964년부터 1971년 사이에 출간된 네 권의 신화 연구지 《날것과 익힌 것*Le cru et le cuit*》, 《꿀에서 재로*Du miel aux cendres*》, 《식탁 예절의 기원*Origine des manières de table*》, 《벌거벗은 인간*L' homme nu*》, 그리고 1973년에 출간된 《구조인류학 II*Anthropology structurale II*》를 통해 그가 일관되게 보여주고자 한 것은 바로 신화의 논리와 속성들이다.

직이나 제도가 그것이다. 다시 말해서, 지적으로 열등한 비논리적이고 비합리적인 사고이고 실용적 욕구와 본능에 따라 움직이는 정신이라는 원시 정신에 대한 초기 신화학자들의 인식은, 첫째 글의 언어가 결여된 말의 언어인 원시 사회의 언어적 특성들과 말과 글의 언어인 현대 서구 언어의 특성들의 비교, 둘째 사냥, 수렵, 또는 농경 중심의 경제 및 그 기술들과 현대의 산업 경제와 기술 문명들의 비교, 그리고 마지막으로 토테미즘으로 일컬어지는 씨족이나 부족 단위의 사회 조직 및 그 제도들과 도시나 국가 단위의 사회 조직 및 그 제도들의 비교에 근거해 이루어졌다.

고대 사회나 원시 사회를 연구한 많은 학자들이 이 사회들은 현대 문명 사회에 비해, 또 그 사회 내의 개별적 특수어들에 비해 일반어나 추상적 관념어가 덜 발달했다는 점에 주목했다. 그리하여 추상적 관념어의 빈곤을 종종 원시인들의 지적 열등성을 말해주는 근거로 내세우곤 했다. 일반어 또는 추상적 관념어들은 구체적인 실재물의 속성들에 지속적으로 관심을 가졌을 때, 또 그 속성들을 구별할 수 있기 위해 좀더 잘 깨어 있는 관심을 가졌을 때 생겨난다는 이유에서였다.

이에 대해 레비스트로스는 먼저 추상적 관념어의 풍부함이 문명화된 언어들의 독점물이 아님을 밝혀주는 예들이 경시되어왔다고 말한다. 북미 서북부에 사는 인디언들 사이에서 치누크어가 널리 쓰였는데, 이 언어를 사용하는 인디언들은 모든 소유물이나 특질들을 거의 다 추상적 언어로 표현한다고 한다. 예를 들면, '그 악인이 그 가엾은 아이를 죽였다' 라는 말이 치누크어로는 '그 사나이의 악이 그 아이의 가엾음을 죽였다' 라고 표현된다. 그런

가 하면 '그 여자는 너무 작은 바구니를 사용했다'라는 말은 '그
여자는 양지꽃의 뿌리들을 조개 바구니의 협소함 속에 넣었다'라
고 표현된다.[7]

　그런데 언어 영역과 관련하여, 대다수의 초기 민속학자와 인류
학자들은 이율배반적인 태도를 드러낸다고 레비스트로스는 지적
한다. 왜냐하면 민속학자들은 이 반대의 경우, 즉 일반어가 개별
적 특수어보다 많은 경우에도 역시 야만인들의 지적 빈곤을 확인
하는 증거로 활용하고, 이 경우 일반어의 발달을 원시인들의 유기
체적 욕구 또는 경제적 욕구에 기인하는 것으로 설명하기 때문이
다. 다시 말해서 연구자들이 개별적 특수어보다 일반어가 더 발달
한 원시 사회를 접하게 됐을 때, 그들은 일반어나 추상적 관념어
의 빈곤을 증거로 내세워 원시인을 지적으로 열등한 인간으로 간
주했던 자신들의 견해를 수정하려 하지 않고, 이제는 일반어의 발
달을 지적 욕구가 아닌 생존을 위한 본능적 욕구에 기인한 것으로
설명함으로써 원시인을 동물의 영역에 귀속시킨다는 것이다.

　기술 · 경제적 영역과 관련해서, 프레이저, 레비브륄 같은 민속
학자들은 원시 사회의 낮은 단계의 경제와 기술을 곧 원시 사고의
지적 단순함이나 열등성의 증거로 간주했고, 의식적이고 복합적
이며 일관된 분류 체계는 낮은 단계의 경제 · 기술과는 양립할 수
없는 것으로 여겼다. 레비브륄은 원시 사회의 낮은 단계의 경제와
기술을 곧 원시 사고의 단순함이나 조야함에서 비롯된 것으로 간

---

7) F. Boas, "Handbook of American Indian Languages", Part I, Bulletin 40, *Bureau of
　American Ethnology*(Washington D. C. : 1911), 657~658쪽 ; Claude Lévi-Strauss, *La
　pensée sauvage*, 3쪽에서 재인용.

주했다. 또 특정 동물이나 식물을 각 씨족이나 하위 씨족들의 토템으로 삼아 그 명칭을 씨족명이나 하위 씨족명으로 가지면서 그것들을 숭배하거나 그것의 식용을 금지하는 것과 같은 다양한 토테미즘 현상을 관찰한 결과, 원시인들은 자연계와 인간계를 구분하지 못한다고 생각했다. 그리하여 레비브륄은 원시 정신의 특성을 '신비적 참여'로 규정하기에 이른다.

말리노프스키는 신화를 비롯한 모든 다른 기술 · 경제 · 법률 · 도덕적 문화들과 사회 조직들은 본능적 욕구, 실용적 욕구를 충족시키기 위해 고안된 것이라고 파악했다.[8] 말리노프스키가 트로브리안드 섬의 원주민 사회를 직접 관찰하여 확인한 바에 의하면, 신화는 신앙을 표현 · 앙양하고, 도덕을 수호 · 강화하며, 의례의 효능을 보증해주는 등 공동체의 실용적 욕구를 충족시키기 위해, "항상 특정한 사회적 기능을 충족시키기 위해, 특정 집단을 찬미하기 위해, 혹은 비정상적인 상태를 정당화하기 위해 특별히 만들어진"것이다. 그렇기 때문에 실용적 필요성에 의해 만들어진 신화가 원주민들의 관습, 법률, 도덕 속에서 살아 작용하지 못할 때, 즉 신화가 더 이상 원주민들의 사회 생활을 통어하지 못할 때는 기존의 신화를 대체할 새로운 신화가 만들어진다.

레비스트로스는 "야만인들은, 사람들이 즐겨 상상하듯이, 동물적 조건들을 겨우 탈피하여 욕구와 본능에 내맡겨진 존재가 아니며, 또 그들의 의식이 감정에 지배되고 혼돈과 참여 속에 빠져 있었던 적은 결코, 어디에서도 없었다"[9]라고 역설하면서, 원시인들

---

8) B. 말리노프스키, 《원시신화론》, 48~49쪽.

이 토템적 동식물에 기울이는 관심은 생리적 욕구에서 비롯되었다고 주장한 말리노프스키와 신비적 참여로서 원시 심성을 규정한 레비브륄을 비판한다. 그는 원시 기술 문명의 과학성과 지적 우수성을 입증하는 숱한 예들을 제시할 뿐 아니라, 토테미즘이 체계적·의식적으로 고안된 지적 분류 체계임을 조목조목 보여준다.

오늘날 그 누구도 신석기 시대에 터득한 위대한 문명의 기술들, 예컨대 토기 제작, 직조, 농경, 가축 사육과 같은 거대한 업적들을 우연한 발견의 축적으로 이루어진 것이라거나 어떤 자연 현상을 그저 수동적으로 구경해서 깨우친 것으로 생각할 수 없다. 이 각각의 기술들은 수세기에 걸친 능동적이고 조직적인 관찰과 대담한 가설 설정, 실험과 검증의 숱한 반복이라는 과정을 거쳐 이루어진 것임을 부정할 수 없다. 또 신화적 사고가 탄생시킨 고대 이집트의 피라미드나 고대 메소포타미아의 지구라트, 우리나라의 석굴암 등은 현대의 기술로는 도저히 이루기 어려운 과학 기술의 위업들이다. 그럼에도 현대인들은 그것들을 마치 우연의 산물인 듯이 여기면서, 혹은 과학적으로는 설명되지 않는 기적의 산물인 양 그것들을 '불가사의'라고 부르면서 은연중에 고대인의 뛰어난 과학성과 기술성을 부인하거나 외면하고 싶어한다.

고대인이나 원시인들의 자연 환경과의 밀접한 관계는 새삼 거론할 필요도 없을 정도로 전 세계의 고대 또는 원시 사회 연구자들에 의해 일찍이 확인된 사실이다. 그들은 자신들을 둘러싸고 있는 주

---

9) Claude Lévi-Strauss, *La pensée sauvage*, 57쪽.

변 환경에 대해 정확하고도 다양한 지식을 습득했다. 현지 조사자들의 보고에 의하면, 그들은 예리한 식별력으로 바람, 빛, 계절의 색깔, 물결의 장막, 파도의 변동, 기류와 해류 등과 같은 자연 현상의 미묘한 변화들 및 바다와 육지의 온갖 생물 종의 고유한 특성들을 파악했다. 끝없는 지적 호기심과 관심, 체계적 관찰 및 시행착오의 반복 없이는 불가능한, 그래서 자연의 과학이라고 불릴 수 있는 이러한 지식들은 오늘날의 자연과학자들의 자연에 대한 지식보다 훨씬 정확하고 세밀하며 친환경적이고 실용적이다. 한 현지 조사사의 다음 기록은 이를 잘 보여주는 수많은 예들 중 하나에 불과하다.

아침 6시, 보슬비를 맞으며 나와 랑그바는 파리나를 떠나 빈리로 향했다. 아라사스를 지나면서 랑그바는 거머리가 달라붙는 걸 방지하기 위해 '아나플라 킬랄라'라는 나무의 껍질을 10×50센티미터 크기로 몇 장 자르라고 내게 말했다. 우리는 나무껍질의 안쪽 면으로 발목과 다리를 몇 번씩 문질렀다. 풀잎 위로 흐르는 빗방울로 인해 젖어 있던 발목과 다리에서 곧 장밋빛 거품이 일며 그것이 그대로 훌륭한 방충제가 되어주었다. 아이푸드 부근의 오솔길에서 랑그바는 갑자기 걸음을 멈추더니, 지팡이를 땅속에 쿡 찔러서 조그마한 풀, '타와그 쿠군 블라드라드' 한 뿌리를 캐냈다. 이 풀은 멧돼지를 덫으로 유인하는 데 좋은 미끼가 된다는 것이었다.

우리는 다시 걸음을 재촉했으며, 얼마 후 그는 또 멈춰 서서 '리얌 리얌'이라 불리는 작은 난초 한 뿌리를 캐냈다. 그것은 다른 풀들 밑에 가려 있어서 좀처럼 눈에 띄지 않는 것이었는데, 농작물을 해치는 기생충을 퇴치하는 데 효험이 있는 풀이라고 했다. 빈리에 당도해서

랑그바는, 오는 길에 채집한 풀들이 상하지 않도록 조심스럽게 야자
나무 잎을 엮어 만든 배낭을 뒤져 '아그푸'라 불리는 소석회(消石灰)
와 잎담배를 꺼냈고, 그것을 다른 식재료들과 교환하고자 빈리 주민들
과 교섭했다. 지역마다 각기 다른 인도 후추의 장점들에 대해서 한참
토론을 벌이고 난 후 랑그바는, '카무티 이나스 왕', '카무티 루파우'
라는 두 종의 고구마 줄기를 잘라내서 가지고 가도 좋다는 승낙을 받
아냈다. 우리는 고구마 밭에서 각각 25줄기씩 잘라내서, 그것을 '사깅
사바'라는 재배 식물의 넓은 잎으로 정성껏 쌌다. 랑그바의 집으로 돌
아올 때까지 시들지 않게 하기 위해서였다.

돌아오는 길에 우리는 사탕수수의 일종인 '투부 미나마'를 씹어서
빨아 먹었으며, 또 땅에 떨어진 '붕가'라는 열매를 줍기도 했고, 어떤
때는 버찌처럼 생긴 열매를 '부그네이'라는 관목숲 속에서 따 먹기도
했다. 우리는 한낮이 되어서야 마라림에 도착했는데, 가는 도중 내내
지난 수십 년간 달라진 식물의 생태에 대해 이야기를 주고받았다.[10]

그러나 자연의 과학이라 불러도 좋을 원시인이나 고대인들의
이러한 지식이 단지 경제적 · 실용적 목적만을 위해 구축된 것이
아님을 보여주는 예들 또한 수없이 많이 발견된다. 예컨대 미국
동북부와 캐나다에 사는 인디언들은 동물들의 습성과 특성에 대
해 동물학자보다 훨씬 더 실용적인 지식을 가지고 있을 뿐 아니
라, 파충류의 각 속(屬)을 구별하여 명칭을 붙이고, 종과 변종도
구별하여 각기 다른 명칭을 부여하고 있었다. 이들 인디언들에게

---

10) Claude Lévi-Strauss, *La pensée sauvage*, 12~13쪽.

파충류는 아무런 경제적 효용 가치가 없음에도 불구하고 말이다.

토테미즘이나 신화 등과 같은 원시 문화도 마찬가지다. 인류의 초기 문화가 인간이 세계 속에서 생존하는 데 필요한 가장 원초적인 요소, 즉 경제적·사회적 유용성이나 생물학적 욕구 충족에서 생겨난 것이라는 말리노프스키식의 견해를 전적으로 부인할 수는 없다. 하지만 문제는 이 경우 원시인의 지적 능력을 은연중에 동물적 본능과 유사한 것으로 치부해버리게 된다는 것이다. 그리고 말리노프스키는 이미 실용성을 상실한 신화라 할지라도 사라져 없어지는 것이 아니라 계속 존속하여 또 다른 새로운 문화를 창출한다는 사실을 간과했다.

사회인류학자 모스Marcel Mauss와 뒤르켐의 토테미즘 연구는 원시 정신에 대한 이러한 편견에 일격을 가했다. 이들은 원시 공동체의 구성원들이 특정 동물이나 식물을 숭배하는 것은 경제적 유용성과 같은 어떤 직접적인 필요 때문이라기보다는, 그 토템이 행사하는 일종의 상징적 기능 때문이라고 설명한다. 그들은 토테미즘의 목적이 사회적 질서, 즉 사회적 연대감의 구축에 있다는 사실을 간파했다. 현대인들이 사회 질서를 유지하기 위해 여러 제도들을 고안하고 사회 안정을 유지하기 위해 여러 필요한 기능에 구성원들을 적절히 분배·배치함으로써 사회를 조직화하듯이, 원시인들도 자신들의 공동체를 마찬가지로 조직화하는데, 이 사회 조직 체계가 바로 토테미즘이라는 것이다.[11] 모스와 뒤르켐은 토테미즘을 사회 구성원들을 적절하게 분배하고 배치하는 일종

---

11) Émile Durkheim · Marcel Mauss, "De quelques formes primitives de classification", 162~230쪽.

의 분류 체계로 설명함으로써 결국 근대의 합리적 정신과 원시 정신 사이에 지적 동질성을 상정한 셈이다.

레비스트로스의 토테미즘 연구는 여기서 더 나아가 토테미즘의 형성 과정에 주로 작용하는 원리를 규명하고, 그 원리들 배후에서 정신 작용의 논리를 파악한다.[12] 그 원리란 바로 유사성의 법칙에 따라 작용하는 은유와 인접성의 법칙에 따라 작용하는 환유로,[13] 레비스트로스는 근대의 유형학에서도 이들 원리가 작용하고 있음을 지적한다.[14]

고대인이나 원시인의 동식물에 관한 지식은 생물학적 욕구나 경제적·사회적 유용성으로 인해 구축된 것이 아니다. 동식물에 대한 지속적이고 예리한 관찰과 거듭된 시행착오에 의해 축적된 지식이 먼저 있기 때문에 유용하거나 흥미로운 것으로 간주되는 것이다. 고대인이나 원시인이 지적으로 열등한 미개인이라는 생각은 현대인의 편견에 불과하다. 원시 사회가 상당히 복잡하고 정교하게 고안된 토테미즘이라는 분류 체계에 의해 조직화되어 있음을 관찰한 레비스트로스는 '원시인들의 사고는 단순하고 조야

---

12) 말리노프스키의 기능주의가 생명이나 물질이나 제도의 현상적 차원과 관계망들을 다룬다면, 레비스트로스의 구조주의는 다양한 물질적 영역들을 이어주는 관계망들과, 그 관계망들을 형성하는 보이지 않는 논리와 법칙들의 차원을 다룬다.

13) Claude Lévi-Strauss, 'Vers l'intellect', Le totémisme aujourd'hui(Paris : PUF, 1962), 108~153쪽. "이러한 예들은 이 논리들이 여러 축 위에서 동시에 작용함을 보여줌으로써 선행한 것들을 완성시킨다. 이 논리들이 항들 간에 설정하는 관계들은 흔히 인접성이나 유사성에 근거를 두고 있다. 이런 점에서 볼 때, 이들의 논리는 형식상으로는 근대의 유형학과 별반 다르지 않다." Claude Lévi-Strauss, La pensée sauvage, 85쪽.

14) "이른바 토테미즘이라는 것은 오성의 소관이며, 그리고 그것이 응하는 요구들, 또 그 요구들을 충족시키기 위해 그것이 찾는 방법은 먼저 지적 질서의 것이다." Claude Lévi-Strauss, Le totémisme aujourd'hui, 153쪽.

하다는 편견이 민속학자들로 하여금 일관되고 복합적이며 의식적인 원시인들의 분류 체계를 보지 못하게 했다'라고 말한다.[15]

"원시인들의 객관적 지식에의 욕구는, 비록 근대 과학이 실재들에 몰두하는 정도만큼 그쪽으로 향하지는 않는다 하더라도, 근대 과학에 비견될 만한 지적 보행과 관찰 방법들을 내포하고 있다. 두 경우 다 우주는 필요한 것들을 충족시키는 수단이자 사고의 대상이다"[16]라고 레비스트로스는 주장한다.

프레이저나 타일러Edward Burnett Tylor 같은 초기 종교학자들의 암묵적 가설처럼 신화를 과학적 사고보다 지적으로 열등한 주술이나 종교적 사고의 산물로 간주해서는 안 된다. 신화적 사고는 인지력이 결여된 미개 사고가 아니다. 신화적 사고는 근대의 과학적 사고 못지않게 지적이고 논리적이다. 원시인이나 고대인들의 자연에 관한 지식과 근대인의 과학적 지식에 차이가 있다면 전자는 후자처럼 자연을 대상화하고 객관화하는 지식이 아니라, 인간이 가야 할 길을 일러주는 지혜이다. 인간은 자연과 대화를 나누고 자연의 질서와 오묘한 섭리에 귀 기울여 자연에 동화되어 살아야 함을 일깨워주는 지혜인 것이다. 사회적 분류 체계로서의 토테미즘이란 자연계와 인간계의 질서를 면밀히 파악하여 둘을 연결시킴으로써 세계 속에서의 인간의 위치를 인식하는, 공유된 집단인식 체계인 것이다.

고대인이나 원시인을 지적 미개인으로 간주하게 만드는 또 하

---

15) 레비스트로스에게 신화적 사고와 야생의 사고 또는 원시 사고는 동의어이고, 토템 분류의 논리는 바로 신화적 사고의 논리다.

16) Claude Lévi-Strauss, *La pensée sauvage*, 5쪽.

나의 요소는, 앞에서 말했듯이, 자연계 및 인간계에서 발생하는 현상들에 대한 원시인과 고대인의 설명 방식, 이른바 신화적 설명 방식이 과학적 설명 방식과 다르다는 점에 있다. 과학적 합리성의 관점에서 보면 신화적 설명은 지적·논리적 인식이 결여된 것처럼 보인다. 그러나 논리를 필연적 관계들의 설정으로, 과학을 인간과 자연, 우주의 생성과 변화를 관찰하여 그것들에 대한 보편적 진리나 법칙을 발견하는 것을 목적으로 하는 지식 체계로 이해한다면, 신화는 근대 과학 못지않게 논리적이며 과학적임을 레비스트로스는 그의 여러 저서 속에서 수많은 신화 분석을 통해 실제로 보여준다.

호텐토트족의 한 신화는 인간이 영생을 누리지 못하고 죽을 수밖에 없는 이유와 토끼의 입이 찢어진 이유가, 토끼가 끝없이 새로 태어나는 달의 메시지를 왜곡하여 인간에게 잘못 전달한 데 있다고 이야기한다. 달이 이(蝨)에게 "나는 죽는다. 하지만 나는 죽으면서 산다. 너희도 그러할 것이다"라는 메시지를 인간에게 전해주라고 했다. 이가 달의 메시지를 인간에게 전해주러 가는 도중에 토끼를 만났다. 토끼가 그 메시지를 자신이 전해주겠다고 하여 이는 자신의 임무를 토끼에게 위임했다. 그런데 토끼는 달의 메시지를 뒤틀어 "나는 죽는다. 그리고 나는 죽으면서 소멸한다. 너희도 그러할 것이다"라고 잘못 전달했다. 달은 이에 화가 나서 토끼의 입을 내리쳤다. 그래서 그때부터 인간은 유한한 생명을 살게 되었고, 또 토끼는 찢어진 입을 갖게 되었다.

토끼가 달의 메시지를 왜곡해서 전달했기 때문에 인간이 유한한 삶을 살게 되었고, 또 그 잘못으로 인해 토끼의 입이 찢어졌다

중국 당나라의 청동 거울.
계수나무와 약을 찧는 토끼, 그
리고 두꺼비가 보인다. 런던, 빅토리아
& 앨버트 박물관.

는 설명은 경험론적 관점에서 보면 터무니없고 불가능한 것으로
보인다. 그러나 논리적인 관점에서 보면 달의 메시지 전달자인 토
끼, 토끼의 메시지 왜곡과 그로 인한 인간의 유한한 삶, 그리고 토
끼의 찢어진 입까지의 연결에는 어떤 논리적 일관성이 있다.

차고 기울었다 사라진 뒤 다시 나타나 차고 기우는 달의 위상
변화는 바로 영생의 이미지다. 이것은 인간이 결코 극복할 수 없
는 조건, 즉 인간은 아무리 위대해도 결국 한정된 삶을 살고 사라
질 수밖에 없다는 조건과 극명하게 대비된다. 또 토끼의 찢어진
입은 보름달을 축으로 대칭을 이루는 달의 형상과 유사하다. 게다

가 동물들 중 유독 설치류——토끼는 설치류 중에서 가장 덩치가 크다——만이 입이 갈라져 있는데, 이것은 뭔가 설명을 필요로 한다. 그래서 신화는 이들을 뭉뚱그려 하나의 이야기로 엮어내었다.

이처럼 신화에는, 비록 근대 과학의 논리와는 조금 다르기는 하지만, 과학적 사고를 작동시켜 그 연결 고리들을 파악하려 하면 분명히 발견되는 나름대로의 일관된 논리가 있다. "신화적 사고의 논리는 실증적 사고가 근거해 있는 논리만큼 까다로우며, 근본을 파헤쳐보면 그 둘은 별로 다르지 않다. 이들 간의 차이는 지적 조작의 질에 있다기보다는, 이 조작이 어떤 사물에 가해지느냐에, 즉 조작이 가해지는 사물의 본성에 있다. 우리는 언젠가는 신화적 사고와 과학적 사고 속에 동일한 논리가 작용하고 있다는 것을, 그리고 인간은 언제나 꽤 잘 생각해왔다는 것을 알게 될 것이다"라고 레비스트로스는 말한다.[17]

원시 과학을 지적으로 열등한 전(前) 과학적 설명 체계로 이해하지 않는다면, 우리는 신화를 고대 과학 또는 원시 과학이라 부를 수 있다. 하지만 그렇다고 해서 신화를 단순히 초기 단계의 자연과학으로서의 원시 과학으로 받아들여서는 안 된다. 원시 과학으로서의 신화는 근대 과학과는 다른 다차원의 과학, 구체의 과학으로, 근대 과학의 논리가 지적 차원에서만 작동한다면 구체 과학의 논리는 정서적인 차원과 지적인 차원을 함께 아우르며 작동하기 때문이다.

---

17) Claude Lévi-Strauss, *Anthropologie structurale*, 255쪽.

2. 신화, 자연의 과학에서 몽상의 시학으로

　　　　　　　　　　　　신화적 사유의 특성들을
살펴보기 전에 먼저 과학사에서 중요하게 다뤄지는 어떤 사건을
상기해보자.

　알다시피 플라톤은 우리 눈에 보이는 것들을 진정한 현실로 받
아들이지 않았다. 그는 진정한 것은 사물들 자체가 아니라 가시적
이고 감각적인 세상을 초월해 있는 이데아의 세계라고 생각했다.
그렇기 때문에 그는 자연에 특별한 관심을 기울이지 않았다. 그러
나 그의 제자 아리스토텔레스는 스승 플라톤과는 반대로 생각했
다. 그는 이데아가 진정한 것이 아니라 오히려 우리 눈에 보이는
것이 진정한 것이라고 믿었기 때문에, 자연을 관찰함으로써 많은
것을 배울 수 있다고 생각했다. 진리를 보이지 않는 초월의 세계
가 아니라 경험의 세계에서 찾으려 했던 아리스토텔레스는 오늘
날 과학자들 사이에서 최초의 자연과학자로 간주된다.[18]

　그런데 아리스토텔레스는 지구가 우주
의 중심에 있고, 반면에 태양, 행성
들이 투명한 커다란 구(球)들에
고정된 채 지구의 둘레를 돌고
있다고 믿었다. 아리스토텔레스
가 죽은 지 10여 년 후에 태어

아리스토텔레스의 초상. 파리, 루브르 박물관.

난 아리스타르코스는, 오늘날 우리가 알고 있는 것처럼, 태양이 우주의 중심이고 지구와 다른 행성들이 그 주위를 돌고 있다고 주장했다. 그러나 그의 주장은 아리스토텔레스의 학설을 추종했던 그 당시 그리스인들에게 받아들여지지 않았다. 아리스토텔레스와 프톨레마이오스가 주장한 천동설은 유럽에서 1,800년 동안이나 진리로 간주되어, 이와 반대되는 의견을 표명하는 사람들은 이단자로 몰려 종교 재판을 받고 투옥되고 고문당하고 처형되었다.

이 희생자들 중에 유명한 사람이 바로 1600년에 로마에서 화형당한 조르다노 브루노Giordano Bruno다.[19] 그는 우주가 무한히 크고 지구는 수많은 행성들 가운데 하나일 뿐이며, 다른 별들도 행성들이 그 주위를 돌고 있다고 주장하여 처형당했다. 또한 브루노와 같은 견해를 지녔던 철학자 한 사람도 화형당했으며, 프랑스에서는 태양이 행성 체계의 중심이라고 주장하는 사람들 모두가 사형 판결을 받았다. 마찬가지로 코페르니쿠스Nicolaus Copernicus의 지동설을 지지한 갈릴레이Galileo Galilei도 1633년에 종교 재판에 회부되었다. 그는 공개적으로 자신이 잘못 생각했음을 시인한 뒤 여생을 가택 연금 상태로 지내야만 했다. 이들은 모두 천동설의 우주관만을 절대 진리로 간주하는 사고가 지배했던 시대의 희생자들이었다.

---

18) 에릭 뉴트, 《쉽고 재미있는 과학의 역사 1—탈레스에서 뉴턴까지》, 이민용 옮김(이끌리오, 1999), 43~55쪽.

19) 이탈리아 철학자 브루노는 아리스토텔레스의 철학, 특히 그의 우주론만을 비판한 것이 아니다. 그는 코페르니쿠스의 지동설을 지지하기는 했으나, 몇 가지 점에서는——우주의 무한성과 세계의 복수성을 주장하는 등——코페르니쿠스를 넘어섰다. 코페르니쿠스는 비록 지동설을 주장하는 내용을 담은 책을 저술하기는 했으나, 처형이 두려워 그 책을 죽기 며칠 전에야 출판했고, 그래서 종교 재판을 받지 않았다.

이 사건들은 과학적 패러다임의 변화에 따라 참이 거짓이 되고 거짓이 참이 되는 진위의 전도에 대한 예증의 하나로 흔히 거론된다. 주체의 의식과 역사적 조건들을 괄호치며 불변의 객관적인 진리를 주장했던 근대 과학조차 오늘날에는 패러다임 개념을 수용하여, 진리란 특정 시대의 지배적 사고 체계에 따라 결정된다는 점을 인정한다. 그러나 신화를 일종의 원시 과학 또는 고대 과학으로 간주할 수 있다고 주장할 때, 우리는 과학적 패러다임의 변화에 따른 '원시 과학 → 고대 과학 → 근대 과학'으로의 진화론적 발달 단계를 떠올려서는 안 된다.

레비스트로스는 신화와 과학의 차이를 다음과 같이 지적한다. "인간 정신의 발달 단계에 따라 결정되는 것이 아니라, 자연이 과학적 인식의 공략을 받을 때 나타나는 두 전략적 층위들이다. 하나는 지각과 상상력의 층위에 대략 맞추어졌고, 다른 하나는 그 층위를 벗어난 것이다. 두 가지 다른 길을 통해 모든 과학──그것이 원시 과학이건 근대 과학이건──의 목표인 필연적 관계들에 이를 수 있듯이, 전자는 감각적 직관에 매우 가까운 길에서 필연적 관계들에 이르려고 하고, 후자는 감각적 직관에서 멀리 떨어진 길에서 그 관계들에 이르려고 한다."[20] 다시 말해서 신화와 과학은 동일한 현상의 인과 관계를 각기 다르게 설명하는 상반된 설명 체계가 아니라, 동일 현상의 다른 진실, 다른 의미들을 각기 다른 방식으로 표현하는 서로 다른 설명 체계이며, 신화적 설명 체계는 감각적 직관이 좀더 강하게 작용하는 설명 체계라는 것이다.

---

20) Claude Lévi-Strauss, *La pensée sauvage*, 5쪽.

신화적 사고와 과학적 사고는 서로 다른 사유 방식이다. 과학적 사고에서 태양은 플라스마 상태의 입자들이 중력에 의해 뭉쳐 있는 덩어리지만, 신화적 사고에서는 매일 아침 동쪽에서 떠올랐다 저녁에 서쪽으로 지고 북쪽의 어두운 계곡에 머물렀다 다음날 아침 다시 동쪽에서 떠오르는, 우주의 규칙적인 질서이자 변치 않는 찬란한 진리의 빛이며, 그래서 신적이고 제왕적인 권능의 현현이다. 과학적 사고에서, 봄에 식물의 싹을 틔우고 곡물의 이삭을 발아시키는 비와, 삶의 터전들을 파괴하고 뭇 생명을 앗아가는 대홍수의 비는 동일하다. 그것들은 수소와 산소가 2대 1의 비율로 합성되어 이루어진 물이며, 이 물은 한랭 기단과 온난 기단이 만나 정체 상태에 있을 때 생긴다. 그러나 신화적 사고에서 전자는 단비, 풍요를 가져다주는 곡우(穀雨)이며, 후자는 폭우(暴雨)다. 또 전자는 조상의 은덕, 신의 은총의 표시며, 후자는 조상의 분노, 신의 분노의 표시다. 이처럼 신화적 사고와 과학적 사고는 서로 다른 사유 방식이기 때문에, 신화학자들은 신화를 과학적 시각에서 읽기를 거부하며, 신화를 전(前) 과학으로 간주하는 것은 신화적 사고에 대한 몰이해에서 나온 것이라고 반박한다.

노르웨이 신화는 신들이 거대한 '나무' 또는 '우주수(宇宙樹)' 주위에서 회의를 한다고 하지 않고, 거대한 '물푸레나무' 이그드라실이라고 나무 이름을 구체적으로 명시한다. 그 견고성으로 인해 유럽인들에게서 창의 재료로 사용되었고, 늘 푸름의 항상성으로 인해 종교적 의례에 사용되었던 물푸레나무는 일반적인 나무와 다른 어떤 신성한 의미를 지니기 때문이다.[21] 근대 과학이 추상적 개념들을 이용해 필연적 관계들을 설명하는 추상의 과학이라면, 신화는 구체적 이미지들을 사용해 필연적 관계들을 설명하는 '구체의 과학'이라고 레비스트로스가 적절히 지적했듯이, 신화의 언어는 감각의 언어이고 감성의 언어다. 그것은 대상들의 개별적 특수성들에 무관심한 과학적 개념어가 아니다. 감각의 세계는 일반어나 추상어보다는 특수어, 구체어를 더 선호한다.

'먹을거리' 하면 기껏해야 식사, 음료수, 간식 등 몇 가지 용도만 떠오르지만, 또 과학적 사고에서 아이스크림은 탄소, 수소, 산소, 유황, 질소의 함량비로 환원되지만, 신화적 사고에서 아이스크림, 생크림, 초콜릿, 우유, 김치, 고사리, 치즈, 커피, 포도, 수박 등은 저마다 다른 세계를 상기시키며 여러 다양한 감정들을 불러일으킨다. 그리하여 주체인 나의 세계와 나의 생리적 욕구를 충족시키기 위한 대상인 음식의 세계를 나와 네가 교감하여 소통하는 우리의 세계로 융합시킨다.

취리히에 있는 한 동물원의 원장이 돌고래와 처음으로 상면했을 때의 느낌을 표현한 다음의 글은 문화계의 인간과 야생계의 동물이 함께 융합하여 만들어내는 신화의 세계를, 그리고 이 세계가 과학의 세계와 얼마나 다른가를 잘 보여준다. "좀 과장해서 말한다면 그 돌고래의 인간적인 눈초리, 괴상한 콧구멍, 어뢰 같은 몸짓과 그 빛깔, 유난히 매끈매끈하고 반지르르한 피부, 부리 모양의 입 속에 가지런하게 4열로 나온 뾰족한 이빨"에 대해 다음과 같이 말하며 자신의 감동을 서술하고 있다.

---

21) 노르웨이 신화에서 신들은 우주수인 물푸레나무 아래에서 회의를 열었고, 그리스 신화에 의하면 제우스는 물푸레나무 꼭대기에 자신의 번갯불을 올려놓았다.

폴리피는 물고기와는 전혀 다르다. 70센티미터가 채 못 되는 거리에서 반짝거리는 눈으로 쳐다보는 그의 눈과 마주칠 때면 잠시 숨이 막히고, 이것이 진짜 동물인가 아닌가, 자문하게 된다. 너무도 신선하고 신비하고 또 괴이한 동물이어서 마법에 걸린 사람이 동물이 되어 있는 것이 아닌가 하는 착각을 일으킨다. 그러나 동물학자의 두뇌는 그것이 학명으로 Tursiops truncatus라 불린다는, 냉정한 그리고 고통스럽기까지 한 사실만을 연상할 뿐이다.[22]

신화적 사고에서 자연은 인간이 마음껏 이용하기만 하면 되는 돈단무심(頓斷無心)한 물질적 대상인 천연 자원이 아니다. 자연의 움직임과 변화는 인간의 삶 전체에 영향을 미친다. 아니, 자연과 인간은 서로의 삶에 영향을 주고받으며 교감하는 동일 유기체의 일부분이다. 철학과 교수를 지내다가 나이 쉰이 넘어 농사꾼이 된 윤구병이 전북 변산에 내려가 서툰 농사일을 배우느라 쩔쩔매면서 깨달은 것이 바로 이것이다.

"할머니, 콩은 언제 심어요?" 물으며 달력을 쳐다보던 윤씨는 "으응, 올콩은 감꽃 필 때 심고, 메주콩은 감꽃이 질 때 심는 거여" 하는 동네 할머니 말씀에 정신이 번쩍 났다──윤씨는 "사람에게 철을 가르치는 것은 사람이 아닙니다. 사람은 한 철 또 한 철 자연과 교섭하는 가운데 밖에서 나는 봄철, 여름철, 가을철, 겨울철을 내면화합니다. 그리고 그 과정에서 철이 나고 철이 듭니다"라고 말한다.[23]

---

22) Claude Lévi-Strauss, *La pensée sauvage*, 52~53쪽.

이웃집 할머니에게 콩 심을 때를 물어보던 윤구병은 아마도 '모월 모일쯤'이라는 대답을 예상하며 달력을 보았을 것이다. 오늘날 우리의 모든 삶이 달력 속의 한 숫자와 연결되어 꾸려질 정도로 우리가 긴요하게 사용하고 있는 이 달력이라는 것은 지구의 공전 주기를 대략 365로 나눈 것에 불과하다. 다시 말해서 달력이 나타내는 요소로는 날짜에 따른 태양의 고도 차이지 기상 상태는 아니다. 그런데 경작에 영향을 끼치는 요소로는 빛의 온도나 일조량뿐 아니라 습도, 바람 등 여러 가지가 있다. 올해의 지금은 작년보다 더 추울 수도 있고, 비가 더 많이 올 수도 있다. 달력은 이러한 기상 변화들을 제대로 알려주지 못하지만, 감꽃은 기후에 따라 피고 지면서 콩 심을 때를 정확히 알려준다. 그래서 기술·산업 문명 시대 이전의 달력들은 자연의 변화에 따른 민중의 생활상을 그리고 있으며, 오늘날에도 농부들은 여전히 고대인이나 원시인들처럼 자연의 삶에 자신의 삶을 동화시키면서, 우주의 질서를 자신 속에 내면화하면서 살아간다.

"이론적 지식은 감정과 양립 불가능한 것이 아니며, 인식은 객관적인 동시에 주관적일 수 있고, 인간과 살아 있는 존재들 간의 구체적 관계는 때로는 과학적 인식의 세계 전체를 감성적 뉘앙스로 채색한다. 특히 과학이 전적으로 자연적인 그러한 문명 속에서는"이라고 레비스트로스는 말한다.[24]

신화적 사고는 지혜가 아직 열리지 않아서 인간과 동식물을 뒤

---

23) 윤구병이 어린이들을 위해 쓴 《계절 그림책》을 소개한 신문 기사. 《한겨레신문》, 2000년 6월 19일자.
24) Claude Lévi-Strauss, *La pensée sauvage*, 53쪽.

집단 활동의 리듬을 표현하는 15세기의 프랑스 달력. 1월에는 눈이 오고, 2월에는 땅을 개간한 다. 3월에 포도나무 가지치기를 하고, 4월에는 양 이 태어난다. 5월에 사냥을 시작하고, 6월에 건초 를 만든다. 7월에는 추수를 하고, 8월에는 타작을 한다. 9월에 씨앗을 뿌리고, 10월에는 포도주를 만든다. 11월에 돼지를 풀어놓아 살을 찌워 12월 에 잡아먹는다.

섞어 같은 종으로 혼동하는 등의 미개 사고가 아니다. 레비스트로스가 세계 여러 지역에서 수집한 숱한 예들을 통해 거듭 강조하듯이, 원시인들은 "같은 속(屬)에 속하는 종들 사이의 미세한 차이까지도 구별할 수 있는, 생계 수준을 넘어서는 세밀하고 정확한 식별력"을 가지고 있었다. 신화 속에서 사람의 이야기가 동식물이나 천체, 그 밖의 자연 현상들과 결부되어 즐겨 다루어진다면, 그것은 신화적 사고가 사회 집단과 자연 종을 동일 종으로 혼동해서가 아니라, 한편으로는 사회 집단의 수준에서 나타나는 다양한 성격들과 차이들을, 다른 한편으로는 자연 종의 수준에서 드러나는 여러 특질과 차이들을 깊이 파악하여 이 두 다른 질서의 세계를 서로 대응시켰기 때문이다.[25]

또 신화 속에서 신들의 모습이 종종 동식물이나 천체 또는 자연 현상으로 나타나곤 하는데, 그것은 인간의 인식이 자연을, 그 변화무쌍한 움직임의 원리를 속속들이 다 파악할 수 있는 대상, 그리하여 지배·착취가 가능한 대상으로 생각하는 것이 아니라, 인간의 삶이 의존해 있는 무한하고 다양한 힘들을 지닌 경외의 대상, 인간의 이성으로는 그 무궁한 변화의 원리를 다 알 수 없는 신성한 존재로 생각하기 때문이다.

1852년을 전후해서 미합중국 정부가 나날이 늘어나는 미국 국민을 이주시키기 위해 시애틀의 인디언 부족에게 그 부족의 땅을 팔 것을 요구했을 때, 시애틀 추장이 워싱턴의 대통령에게 보낸 다음의 서한은 자연과 인간의 관계에 관한 신화적 인식을 잘 보여

---

25) 앞의 책, 178쪽.

준다.

워싱턴에 있는 대통령은 우리에게 편지를 보내어, 우리 땅을 사고 싶다는 뜻을 전합니다. 하지만 하늘을 어떻게 사고팝니까? 땅을 어떻게 사고팝니까? 우리에게 땅을 사겠다는 생각은 이상하기 짝이 없어 보입니다. 맑은 대기와 찬란한 물빛이 우리 것이 아닌 터에 그걸 어떻게 사겠다는 것인지요?

이 지구라는 땅덩어리의 한 조각 한 조각이 우리 백성에게는 신성한 것이올시다. 빛나는 솔잎 하나하나, 모래가 깔린 해변, 깊은 숲속의 안개 한 자락 한 자락, 풀밭, 잉잉거리는 풀벌레 한 마리까지도 우리 백성에게는 신성한 것이올시다. 이 모든 것이 우리 백성의 추억과 경험 속에서는 거룩한 것이올시다.

우리는 나무껍질 속을 흐르는 수액을 우리 혈관을 흐르는 피로 압니다. 우리는 이 땅의 일부요, 이 땅은 우리의 일부올시다. 향긋한 꽃은 우리의 누이올시다. 곰, 사슴, 독수리⋯⋯이 모든 것은 우리의 형제올시다. 험한 산봉우리, 수액, 망아지의 체온, 사람⋯⋯이 모두가 형제올시다.

반짝거리며 시내와 강을 흐르는 물은 그저 물이 아니라 우리 조상의 피올시다. 만일에 우리가 이 땅을 팔거든 그대들은 이것이 얼마나 거룩한 것인가를 알아주어야 합니다. 호수의 맑은 물에 비치는 일렁거리는 형상은 우리 백성의 삶에 묻어 있는 추억을 반영합니다. 흐르는 물에서 들리는 나지막한 소리는 우리 아버지의 아버지의 음성입니다.

강 역시 우리의 형제입니다. 강은 우리의 마른 목을 적셔줍니다. 강은 우리의 카누를 날라주며 우리 자식들을 먹여줍니다. 그러니까 그대들은 형제를 다정하게 대하듯이 강 또한 다정하게 대해야 합니다.

만일에 우리가 이 땅을 팔거든 공기가 우리에게는 소중하다는 것에, 대기의 정기가 그것을 나누어 쓰는 사람들에게 고루 소중하다는 것에 유념해주어야 합니다. 우리 할아버지에게 첫 숨결을 불어넣어주었던 바람은 우리 할아버지의 마지막 한숨을 거두어 갑니다. 이 바람은 우리 자식들에게 생명의 정기를 불어넣습니다. 그러니까 만일에 우리가 이 땅을 팔거든, 다른 땅과는 달리 신성한 땅으로 여겨주십시오. 풀밭의 향기로 달콤해진 바람을 쏘이고 싶은 사람들이 찾아가는 신성한 땅으로 여겨주십시오.

그대들의 자식들에게 우리가 우리 자식에게 가르치는 것을 가르쳐주시겠어요? 우리는 자식들에게 땅이 우리의 어머니라는 것을 가르칩니다. 땅에 일이 생기면 땅의 아들에게도 일이 생깁니다.

우리는 땅이 사람에게 속하는 것이 아니라 사람이 땅에 속한다는 것을 가르칩니다. 우리는 이 세상 만물이, 우리가 핏줄에 얽혀 있듯이, 그렇게 얽혀 있다는 것을 압니다. 우리는 사람이 생명의 피륙을 짜는 것이 아니라는 것을 압니다. 우리는 우리의 삶이라고 하는 것이 그 피륙의 한 올에 지나지 않는다는 것을 압니다. 우리는 사람이 그 피륙에 하는 것은 곧 저에게 하는 것임을 알고 있습니다.

우리는 우리의 신이 그대들의 신이라는 것도 알고 있습니다. 이 땅은 신에게 소중합니다. 그러므로 이 땅을 상하게 하는 것은 창조자를 능멸하는 짓이라는 것을 우리는 압니다.

그대들의 운명이 우리들에게는 수수께끼입니다. 들소가 모두 살육되면 도대체 어떻게 되는 것인지요? 야생마라는 야생마가 모두 길들여지면 도대체 어떻게 되는 것인지요? 은밀한 숲의 구석이 수많은 사람 냄새에 절여지고, 언덕의 경치가 '말하는 줄'로 뒤엉킨다면 도대체 어떻게 되는 것인지요? 수풀은 어디에 있나요? 사라지고 말았나요? 그러면 독수리는 어디에 살지요? 사라졌나요? 저 발 빠른 말과 사냥 감에게 이제 그만 작별 인사를 하는 것이 어떠한지요? 누리는 삶의 끝은 살아남는 삶의 시작이랍니다.

마지막 붉은 인간이 황야에서 사라지고 그 추억이 초원을 지나가는 구름 그림자 신세가 될 때에도 이 해변과 이 숲이 여기 이렇게 있을까요? 거기에 우리 백성의 혼이 조금이라도 남아 있게 될까요?

우리는 이 땅을 갓난아기가 어머니의 심장소리를 사랑하듯이 사랑합니다. 그러니 만일에 우리가 이 땅을 팔거든 우리가 사랑했듯이 이 땅을 사랑해 주시오. 우리가 보살폈듯이 보살펴주시오. 그대들의 것이 될 때 이 땅이 간직하고 있던 추억을 그대들 마음속에 간직해 주시오. 자식들을 위해서라도 이 땅을 간직하면서, 하느님이 우리 모두를 사랑하듯이 이 땅을 사랑해 주시오.

우리가 이 땅의 일부이듯이 그대들도 이 땅의 일부올시다. 이 지구
는 우리에게 소중합니다. 이것은 그대들에게도 소중합니다. 우리는 하
느님이 한 분뿐이라는 것을 압니다. 홍인종이 되었든 백인종이 되었든
인간은 헤어질 수 없다는 것도 압니다. 우리는 결국 형제인 것입니
다.[26]

바지직 마른 장작을 불태우며 널름거리는 불꽃, 따뜻한 바람에
실려 촉촉이 젖어드는 봄비를 맞고 연초록 잎을 피워내는 버드나
무, 단단한 대리석, 뭇 생명을 키워내고 다시 거둬들이는 대지 등
신화적 사고는 이처럼 구체적이고 감각적인 우주의 움직임인 경
이로운 신의 몸짓을 온몸으로 느낀다. 그리고 바로 이 순간 물,
불, 나무, 흙, 돌, 하늘, 새들에 관한 '자연의 과학' 은 종교적 지혜
로, '몽상의 시학' 으로, '생명의 예술' 로 바뀐다. 그렇기 때문에
신화는 과학과 종교, 윤리, 시(詩)와 예술이 함께 어울리는 '다차
원의 과학', '총체적 인간학' 이다.
　태양신 헬리오스의 아들 파에톤은 하루 동안만 태양 수레를 몰
게 해달라고 아버지에게 졸랐다. 태양신은 아들이 자기 대신 태양
수레를 몰 경우 겪게 될 온갖 위험을 이야기하며 겁을 주고 분에
넘치는 아들의 욕망을 저지하려 했으나, 파에톤은 고집을 꺾지 않
고 막무가내로 졸랐다. 힘닿는 데까지 아들을 타이르다 지친 아버

---

26) 조셉 캠벨,《신화의 힘》, 이윤기 옮김(고려원, 1992), 84~87쪽. 시애틀 추장의 편지로
　　알려진 이 글은 사실 시애틀 추장이 직접 쓴 편지가 아니라 그의 연설 내용이 다큐멘터
　　리 작가에 의해 각색된 것이다. 그러나 아메리카 원주민들과 함께 생활했던 여러 현지
　　조사자들의 보고로 미루어볼 때, 이 글이 보여주는 자연관은 아메리카 인디언들의 자
　　연관을 잘 반영하고 있다고 볼 수 있다.

오비디우스의 두상. 로마, 바티칸 박물관.

지는 어쩔 수 없이 허락을 하고는 파에톤을 헤파이스토스가 만든 태양 수레가 있는 곳으로 데리고 갔다. '이 태양 수레는 바퀴 굴대도 황금, 뼈대도 황금, 바퀴도 황금이었고 바퀴살만 은이었다' 고 신화는 이야기하면서 동틀 무렵의 장면을 다음과 같이 묘사한다.

　　파에톤이 벅찬 가슴으로 태양 수레를 만져보고 찬탄하고 있을 즈음, 붉게 동터오는 동녘에서는 새벽잠을 깬 아우로라[27]가 장미꽃이 가득 핀 방의, 눈부시게 빛나는 방문을 활짝 열었다. 별들이 달아나기 시작

---

27) 새벽의 여신이다.

했다. 루키페르[28]가 긴 별의 대열을 몰고 마지막으로 하늘을 떠나고 있었다. 태양신은 이 루키페르가 떠나는 것과, 하늘이 붉어지면서 이지러진 달빛이 여명에 무색해지는 것을 보고는 발 빠른 호오라이[29]에게 분부하여 천마(天馬)를 끌고 나오게 했다. 호오라이가 분부를 시행했다. 호오라이들은 천장 높은 마구간에서 암브로시아를 배불리 먹은 천마를 끌어내어 마구(馬具)를 채웠다. 천마들은 숨쉴 때마다 불길을 토했다.[30]

일출의 순간을 묘사하는 이 부분이 한 편의 시라면, 아들 파에톤이 무사히 태양 수레를 몰고 돌아올 수 있도록 헬리오스가 천계의 지형을 자세히 설명하며 아들에게 신중한 처신을 당부하는 부분은 과학, 윤리, 또 과학 너머의 신비를 이야기한다.

되도록이면 채찍은 쓰지 말고 고삐는 힘껏 틀어잡도록 해야 한다. 천마는 저희들이 요량해서 잘 달릴 게다만 이들의 조급한 마음을 누그러뜨리기는 여간 어려운 일이 아니다. 천계의 다섯 권역(圈域)을 곧장 가로질러 가려고 해서는 안 된다. 자세히 보면 세 권역의 경계선 안으로 조금 휘어진 샛길이 있다. 이 길을 잡으면 설한풍이 부는 남극 권역과 북극 권역을 피해 갈 수가 있다. 이 길로 들어서면 바퀴 자국이 보일 게다. 하늘과 땅에 고루 빛을 나누어 주려면 너무 높게 몰아서도 안

---

28) '빛을 부르는 자'라는 뜻이다.
29) 때(시간)의 여신들.
30) 오비디우스, 《변신 이야기》, 이윤기 옮김(민음사, 1996), 67쪽.

되고, 너무 낮게 몰아서도 안 된다. 너무 높게 몰면 창궁에 불이 붙을 것이고, 너무 낮게 몰면 대지를 그을리고 만다. 그 중간이 가장 안전하니 명심하여라. 오른쪽으로 너무 치우치지 말아야 한다. 거기에는 똬리를 튼 뱀[31]이 있다. 왼쪽으로 너무 치우쳐 신들의 제단을 태워서도 안 된다. 이 사이를 조심해서 지나가도록 하여라.[32]

아버지의 충고에도 불구하고 한껏 우쭐해진 파에톤은 태양 수레를 속력을 내어 몰았다. 태양신 대신 파에톤이 올라타

기원전 5세기경에 만들어진 풀리아 접시에 그려진 〈헬리오스와 4두 전차〉. 파리, 루브르 박물관.

갑자기 수레의 무게가 가벼워진 탓에 천마들은 제멋대로 날뛰었고, 또 파에톤은 황도 12궁의 동물들을 보고 놀라 그만 고삐를 놓치고 말았다. 태양 수레를 이끌던 천마 네 마리가 마음대로 날뛰자 수레는 궤도를 이탈하고 산과 바다와 땅이 불길에 휩싸였다. 이때 리비아가 사막으로 변했고, 에티오피아인들은 태양의 열기 때문에 피가 살갗으로 몰려 피부가 새까맣게 되었다고 한다.[33]

고대 이집트인들은 동쪽에서 생명의 빛을 퍼뜨리며 떠오르는 아침 해를 케프리, 이글거리는 한낮의 태양을 라, 밝은 햇살을 거둬들이며 지평선 아래로 떨어지는 저녁 해를 아툼이라 불렀다. 인도의 베다서에 나타난 태양신의 명칭은 열두 개가 넘는데, 이는 태양의 다채로운 모습과 다양한 힘이 인간 사회와 자연계에 미치는 영향의 차이를 고대 인도인들이 인식했기 때문이다. 신화적 사고에게 자연은 감정과 감각이 탈각된 명사가 아니라 때와 장소에 따라 희로애락의 강도를 달리 드러내며 움직이는 동사이며, 인간이 지배하여 무자비하게 활용해야 할 천연 자원이 아니라 그 몸짓과 노래에 외경심과 매혹, 신비감이 느껴지는 초자연적 신이다. 신화적 사고에게 세계의 여러 차원은 소통이 단절된 채 분리되어 있는 것이 아니라 끊임없이 상호 침투하고 있다. 그래서 신화라는 하나의 스토리 속에서는 우주의 여러 차원이 서로 연관지어 이야기된다.

바닷물은 왜 짤까? 토끼 입은 왜 찢어져 있을까? 산호는 왜 물

---

31) 뱀자리 성좌.
32) 오비디우스,《변신 이야기》, 67~68쪽.
33) 앞의 책, 61~78쪽.

밖으로 나오면 딱딱하게 굳어질까? 인간은 왜 영원히 살지 못할까? 사람들은 왜 힘들게 노동을 해야 하며, 여성들은 왜 해산의 고통을 겪어야만 할까? 인간은 어떻게 지구상에 존재했으며, 이 지구는 어떻게 생겨났을까? 저 하늘의 별들은 어떻게 생겨났으며, 어떻게 운행되고 있을까? 누가 처음 우리나라를 세웠을까? 누가 최초로 수많은 식물 중에서 약초를 식별해냈을까? 신화는 과학, 종교, 철학, 문학, 역사의 차원을 모두 연결하여 이러한 물음들에 답한다.

지성과 감성이 함께 어울려 작용하여 우주의 여러 차원을 동시에 연결지어 의미를 부여하는 다차원의 과학인 신화, 레비스트로스는 이러한 신화의 힘을 '의미 없음에 항거하는 해방적 힘'으로 보았다. 그는 신화적 사고가 자연과 인간, 이성과 감성을 융화시켜, 그리고 신과 인간을 교감시켜 우주 만물을 풍부한 의미의 세계로, 이상적인 낙원의 세계로 변화시키는 통합적 사고임을 보여주었으며, 이 사고는 분열된 세계, 분열된 인간 정신을 통합시키는 구원적 역할을 할 수 있으리라고 보았다.

신화적 사고는 지칠 줄도 모르고 경험과 사건들을 배치하고 또 재배치하여 그것들에서 의미를 발견해내는, 경험과 사건들의 포로만은 아니다. 신화적 사고는 과학이 먼저 양보할 수밖에 없었던 '의미 없음'에 항거하는 해방자이기도 하다.[34]

---

34) Claude Lévi-Strauss, *La pensée sauvage*, 33쪽.

해변에 서서 바다를 바라볼 때, 우리의 눈에는 엄청난 양의 물, 해변의 모래, 바위에 부딪쳐 부서지는 파도, 소리, 거품, 공기, 바람과 구름, 태양, 하늘, 그리고 빛 등이 한꺼번에 들어온다. 모래와 바위는 서로 다른 존재인가? 모래라는 것은 결국 작은 돌멩이들의 집합이 아니던가? 달은 하나의 거대한 바윗덩어리인가? 만일 우리가 바위의 성질을 이해한다면 모래와 달의 성질도 이해하게 될까? 공기 속에서 부는 바람을 바다에서 이는 파도와 비슷한 원리로 이해할 수 있을까? 서로 다른 것으로 보이는 여러 다른 소리들은 어떤 공통점을 갖고 있는가? 색깔은 대체 몇 종류가 있는 걸까? 등등. 이러한 것들이 과학적 호기심이다. 이런 질문들에 답하기 위해 과학적 사고는 언뜻 전혀 관계없어 보이는 대상들을 순차적으로 분석하여 그것들 간에 그다지 차이가 나타나지 않는 근본에 이를 때까지 파고 들어간다. 계속 파고 들어가다 보면 공통점이 발견되리라는 희망을 갖고 모든 물질과 자연 현상을 낱낱이 분해하는 것이다.[35] 결국 자연계의 모든 현상과 존재들은 몇몇 입자들로 구성된 물질로 환원되어버리고, 그것들은 이제 더 이상 인간 세계와 감정을 교류하지 않게 된다.

근대 문화가 치른 합리화와 탈주술화에 대한 대가는, 베버Max Weber가 20세기 초에 이미 지적했듯이, 바로 '의미 상실'과 '가치 상실'이다.[36] 신화적 사고는 과학적 사고가 분리시킨 자연, 인간, 우주를 상호 소통시키고, 또 과학적 사고가 탈색시킨 의미를

---

35) 리처드 파인만, 《파인만의 여섯 가지 물리 이야기》, 박병철 옮김(승산, 2003), 70쪽.
36) 막스 베버, 《탈주술화 과정과 근대 : 학문, 종교, 정치》, 전성우 옮김(나남, 2002).

삶의 피륙 위에 수놓아 우리의 삶을 풍부하게 채색한다. 그러나 신화의 세계와 과학의 세계가 교차점 없이 평행선을 달리는 것은 아니다. 레비스트로스는 오히려 '신화의 본질을 이해할 수 있는 능력을 제공해주는 것은 다름 아니라 현재의 과학적 사고'라고 역설한다. 과학적 사고를 통해 신화의 논리 구조를 파악하면 "과거에 우리가 무지하고 부조리한 것으로 간주하고 내버려두었던 신화적 사고에 들어 있는 엄청난 것들을 이해할 수 있게 된다고 주장하는 것이다"[37].

만일 우리가 신화적 사고를 무지하다거나 부조리한 것으로 치부하지 않고 그 논리를 이해하려 노력한다면, 그의 주장대로 과연 원시 신화나 고대 신화 속에 담겨 있는 '엄청난' 어떤 것을 이해할 수 있을까? 오늘날 우리나라의 수많은 어린이들이 빠져들고 있는 그리스 신화 속에는 과연 엄청난 어떤 것이 들어 있는 것일까?

3. 등용문의 신화 : 우주의 춤과 노래에 몸을 실어라

전 세계에서 신화에 대한 관심이 고조되고 있으며, 어린이뿐 아니라 성인들도 인터넷 게임이나 영화 혹은 책을 통해 여러 문명권의 신화들을 접하고 있다. 하지만 아직은 대중들이 신화의 가치를 제대로 알고 있지 못한 것처럼 보인다. 게다가 인터넷 게임들이 세계의 여러 신

---

37) 클로드 레비스트로스, 《신화와 의미》, 임옥희 옮김(이끌리오, 2000), 53~54쪽.

화들을 소재로 차용하여 만들어지고 있으나 일반인들의 관심은 주로 그리스 신화에 집중되고 있으며, 어린이와 청소년들이 즐겨 읽는 신화도 주로 그리스 신화다. 그리스 신화에는 대중들의 흥미를 자아낼 만한 어떤 내재적 요소가 분명 있기는 하다. 그러나 그것이 레비스트로스가 말한 '엄청난' 어떤 것이 아님은 확실하다. 그래서 신화 속에 들어 있는 엄청난 어떤 것이 무엇인지를 예를 통해 구체적으로 확인하기 전에, 먼저 그리스 신화의 대중적 흡인력이 어디에 기인하는지를 생각해보자. 그리스 -로마 신화라는 말이 흔히 쓰이지만 사실 로마 신화는 그리스 신화 체계를 고스란히 받아들여 신들의 명칭만 로마식으로 바꾼 것이므로, 그리스 신화의 어떤 특성들이 대중들을 끌어당기는지를 알아보면 될 것이다.

우선 그리스 신화는 다른 나라의 신화들보다 우리에게 친숙하다. 헤브라이즘과 함께 서구 문화의 토대를 이루고 있는 것이 헬레니즘, 즉 고대 그리스와 관련된 문화인데, 오늘날 서구 문화가 세계화되면서 헬레니즘 또한 세계화되었기 때문이다. 그러나 그리스 신화가 대중적 흡인력과 친근감을 발휘할 수 있는 더 직접적인 원인은 헬레니즘의 인본주의적 성격에 있을 것이다.

그리스 신화에 나오는 신들은 불멸하며 인간의 운명을 좌우한다는 것을 제외하고는 모든 면에서 너무나 인간적이다. 사랑하고 질투하고 증오하며, 사기와 도둑질도 서슴지 않고, 무기를 들고 서로 싸우기도 한다. 최고 신 제우스의 여성 편력은 상상을 초월하며,[38] 그의 배우자 헤라의 질투 또한 정도가 지나치다. 신화에 나타나는 그리스 신들의 이러한 신인동형동성성(神人同形同性性)

은 '삶의 환희'라고 일컬어지는 고대 그리스인들의 생활 방식에서 나왔다.

고대 그리스인들은 현존하는 모든 것을 즐기며 그것에 종교적 의미를 부여했다. 그들은 "에로틱한 경험, 인간 육체의 아름다움에 신성한 가치를 부여했으며, 행진, 게임, 춤, 노래, 운동 경기, 스펙터클, 향연 등과 같은 온갖 종류의 조직화된 집단적 향유의 기회들에 종교적 기능을 부여했다".[39] "인간 육체의 완전함——육체의 아름다움, 조화로운 움직임, 고요함, 평정——에 대한 종교적 의미는 예술가들에게 영감을 불어넣어"[40] 그들은 신상(神像)들을 인간의 모습으로 조각하여 사원을 장식했다.

이에 더하여 그리스 신화는 다른 지역 신화들에 비해 스토리가 길고 플롯이 잘 짜여진 편이다. 철 따라 신들을 찬미하는 여러 대제전 기간 중에 거행되는 희·비극 경연대회에 참가하기 위해, 고대 그리스의 시인이나 작가들은 민중들 사이에서 떠돌아다니는 신화의 편린들을 모아 청중들의 심금을 울릴 만한, 인간성을 잘 드러내는 호소력 있는 이야기들을 만들어 냈다. 그 결과, 제사에서 신들에게 바쳐진 찬가나 기도문들로 이루어진 인도 베다의 신화나, 주로 고대 제왕과 공신들의 위업에 대한 단편적 에피소드로 전해지는 고대 중국의 역사화된 신화, 몇몇 건국 신화나 무가(巫歌)가 주를 이루는 우리나라의 신화에 비해 그리스 신화는 재미와

---

38) 물론 이것은 문자 그대로 받아들였을 때 그렇다는 것이며, 그 속에 내포된 의미는 다르게 읽힐 수 있다.

39) Mircea Eliade, *A History of Religious Ideas*, vol. I, *From the Stone Age to the Eleusinian Mysteries*, 262쪽.

40) 앞의 책, 262쪽.

흡인력을 지니게 되었다. 문학적 윤색이 신화소들의 원래 의미를 파악하기 어렵게 만들기는 하지만, 그 풍부한 표현력과 그 속에 담겨 있는 인간적 진실들로 인해 후대의 사람들은 그리스 신화에서 고대 그리스인들의 삶뿐만 아니라 보편적 인간의 애증 또한 읽어낼 수 있었다. 그리스 신화가 시공을 초월하여 시인, 작가, 예술가들에게 창조적 영감을 불러일으키며 끊임없이 재해석될 수 있었던 것은 그 자체 속에 이러한 힘이 내재되어 있기 때문이다.

하지만 그리스 신화들은 수많은 시인과 작가, 철학자의 손길을 거치면서 고대인들이 간직했던 소중한 지혜, '엄청난 어떤 것'을 상실해버렸다. 반면, 인도 베다서의 신화들, 고대 중국의 신화들, 우리나라의 무가나 원시 신화들은 흥미로운 스토리를 갖추지도 않았고 플롯이 잘 짜여지지도 않았지만, 그 안에는 그리스 신화나 북유럽의 신화에는 없는 귀중한 무엇이 있다. 이것은 비록 겉으로 분명히 드러나 있지는 않으나, 우리가 과학적 사고를 작동시켜 신화의 숨은 의미를 파악해냈을 때, 우리 앞에 놀라운 세계를 펼쳐 보여준다. 중국의 등용문(登龍門) 이야기를 예로 들면 좋을 듯하다.

용문(龍門)은 중국 산서성(山西省) 하진현(河津縣) 서북 지역, 섬서성(陝西省) 한성현(韓城縣) 동북 지역, 그리고 황하(黃河)의 양안(兩岸)에 걸쳐 있는 산 이름이다. 바다에서부터 황하의 상류로 거슬러 올라가다 보면 삼문협(三門陜)이라는 곳이 나오는데, 이곳은 물길이 매우 거센 곳으로 유명하다. 이 삼문협을 지나면 바로 용문이다. 원래 용문산이 황하의 물길을 가로막아, 그 물이

양자강과 회수의 물과 합쳐져 넘쳐흐르면서 천지가 물바다가 되곤 했는데, 우(禹)가 황하의 물길을 끌어들이고 용문산의 험한 지세를 개척하여 물길을 내고 서로 통하게 함으로써 홍수를 다스렸다고 고대 신화는 이야기한다.[41]

고대 중국인들은 물고기들이 삼문협을 넘어 위로 올라가면 용이 되어 하늘로 올라가고 삼문협 위로 못 올라가면 그곳에서 죽는다고 생각했다. 용문이라는 지명은 삼문협의 거센 물결을 타고 오른 물고기들이 용이 되어 하늘로 올라갈 때 통과하는 문이라는 뜻에서 붙여진 이름이며, 오늘날 우리가 '입신출세하다' 라는 의미로 사용하는 등용문이라는 말은 바로 여기서 나왔다.

물고기가 용이 되어 하늘로 올라간다는 이 무지하고 불합리해 보이는 생각은 도대체 어디서 나온 것일까? 우가 용문산을 뚫어 홍수를 다스렸다는 신화는 비과학적이고 주술적인 치수 작업을 이야기하는 것일까? 등용문이 함축하고 있는 원래의 의미가 진정 입신출세일까?

고대 기록에 의하면, 춘분경에는 천둥소리가 들리고 번개가 치기 시작한다. 이때는 땅 밑에 칩복하여 꿈틀거리고 있던 벌레들이 땅 위로 기어 나오며,[42] 밤하늘에 용자리(별자리)가 모습을 드러낸다고 한다.[43] 춘분에서 조금 더 지나면 곡우(穀雨)다. 곡우는 나

---

41) 《淮南子》,〈人間訓〉；《書經》,〈泰族訓〉,〈禹貢〉 편에는 "우가 황하의 물길을 이끌어 적석산을 거쳐 용문산에 이르렀다(導河, 積石, 至于龍門)"라고 기록되어 있다.

42) "이달(중춘의 달)에 낮과 밤의 길이가 같다. 비로소 천둥소리가 들리고 번개가 치기 시작한다. 땅 밑에 칩복해 있던 벌레들이 이 움직임에 감응하여 땅 위로 구멍을 뚫고 나오기 시작한다(是月也, 日夜分, 雷乃發聲, 始電, 蟄蟲感動, 啓戶始出)." 《禮記》,〈月令〉.

43) "칩거했던 벌레들이 움직이기 시작하는 때와 용성이 나타나는 때는 모두 이월이다(啓蟄, 龍見, 皆二月也. 春二月雩, 秋八月亦雩, 春祈穀雨, 秋祈穀實. 當今靈星秋之雩也. 春雩廢, 秋雩

무에 한창 물이 오르는 시기다. 그래서 예로부터 중국과 우리나라에서는 이때 고로쇠나무와 같은 나무의 수액을 받아 마시면 위장병이 낫는다 했으며, 이 풍속은 지금까지 이어지고 있다. 겨우내 얼어 있던 물이 풀려 그 생명수가 위로 뻗어 올라가는 이 시기는 또한 소하(遡河) 어류들이 산란을 위해 강을 거슬러 올라가는 때이기도 하다.[44]

연어나 송어, 열목어와 같은 소하 어류가 산란을 위해 황하의 상류로 가기 위해서는 삼문협의 급류를 통과해야만 한다. 떨어지는 물살의 힘이 엄청나기 때문에 물고기들은 가장 힘이 약한 부분을 공략해야만 한다. 그들은 정면 돌파를 시도하지 않고, 물 속이나 가장자리의 바위 같은 것에 의지해 꼬리를 힘차게 휘저으면서 뛰어오른다. 그러나 아무리 꼬리를 힘차게 휘저어도 떨어지는 물의 기운을 잘 활용하지 못하면 실패하고 만다. 강의 물길을 거슬러 오르는 것은 물고기의 힘만으로는 불가능하고, 차고 오르는 물고기의 힘과 아래로 떨어지는 물의 힘이 절묘한 조화를 이루어야만 물고기가 삼문협을 넘어설 수 있다. 폭포에서 떨어지는 물의

在也)."《論衡》. 왕충은 '계칩(啓蟄), 용현(龍見)'이라는 문구가 《춘추좌씨전》에서 인용한 것이라고 말하는데, 실제로 《춘추좌씨전》에는 "침충이 움직이기 시작하는 때에는 교제를 지내고, 용성이 나타나는 때에는 우제를 지낸다(啓蟄而郊, 龍見而雩)"라고 기록되어 있다. 그리고 고대 월령에 의하면, 겨울 동안 땅속에 침복해 있던 벌레들이 움직이기 시작하는 때인 계칩은 2월인 중춘의 달이 아니라 입춘의 달에 속해 있다.

44) "해마다 곡우 때면 경기도 연천군 군남, 왕징, 미산면 임진강 상류에서는 산란기를 맞아 하류에서 떼지어 올라오는 누치가 강을 가득 메워 장관을 이룬다고 한다. 과거에는 이즈음 임진강 상류에서 수많은 낚시꾼들이 몰려들어 누치를 잡아 즉석에서 매운탕을 끓여 먹는 모습을 볼 수 있었다고 한다. 강물이 점차 탁해지면서 이제는 누치 잡이가 예전만 못하지만, 그래도 곡우 때면 어김없이 누치가 수백여 마리씩 떼를 지어 상류로 올라간다고 한다."《한겨레신문》, 2003년 4월 19일자.

힘이 일정하지 않기 때문에, 어느 순간 아래로 흐르는 물의 기운과 역류하려는 물고기의 기운이 일치하게 되는 때가 있는데, 그 순간 물고기들은 물길보다 더 높이 뛰어오를 수 있게 된다. 다시 말해서 내리치는 물의 힘과 꼬리로 힘차게 뛰어오르는 물고기의 힘이 서로 상응하여 공명하는 순간 물고기는 거센 물결을 뛰어넘는다. 이 절묘한 조화의 한순간을 위해 소하 어류들은 수십 차례, 혹은 수백 차례가 넘는 시도를 계속한다. 삼문협의 물길을 뚫고 올라가 황하의 상류에서 산란에 성공하는 물고기의 수는 그다지 많지 않아, 많은 물고기들이 삼문협에서 죽고 만다.

이러한 배경을 이해하고 나면 등용문이라는 말이 단지 입신출세의 길에 들어선 영광스러운 결과만을 가리키는 것이 아님을 알 수 있다. 등용문은 오히려 자연의 상반되는 두 실체들 간에 완벽한 조화가 이루어졌음을 함축하고 있고, 이 조화가 우주의 신비와 리듬에 동화되고자 노력하는 과정의 결과임을 암시하고 있다. 다시 말해서 흘러내리는 강물의 힘과 그에 맞서 꼬리로 힘차게 뛰어오르는 물고기의 힘이 절묘한 조화를 이루었음을, 막아선 험산의 부동의 산마루와 요동치며 흐르는 강물의 거센 물줄기가 서로 소통했음을 의미하고 있다. 등용문이란, 말하자면 음과 양이 상응하여 조화로이 혼융된 상태와 그 결과, 즉 물고기들의 산란, 생명의 씨앗의 파종을 예견하고 있는 복합적 의미의 낱말인 것이다.

용문산은 황하의 양안에 걸쳐 있는지라 멀리서 보면 그 형상이 위를 향해 열린 문처럼 보인다. 그래서 고대 중국인들은 그것을 땅 밑의 칩충들이 천둥소리에 놀라 구멍을 뚫고 땅 위로 나오듯이 겨우내 얼어붙은 물속에서 물고기의 형상을 하고 있던 용이 천둥

원구단 석고. 1897년 고종이 대한제국의 황제로 즉위하면서 건축한 원구단은 왕
이 봄에 풍년을 기원하며 하늘에 제사를 지내던 곳이다. 원구단 석고 옆면에 승
천하는 용이 조각되어 있다.

소리에 감응하여 몸을 일으켜 구름을 타고 하늘로 올라갈 때 통과
하는 문으로 생각했던 것 같다.[45]

음의 기운과 양의 기운이 완벽한 조화를 이룬 춘분에 구름을 타
고 하늘로 올라간 용은 모여든 구름[46]을 물로 변화시켜 지상으로
내려 보냄으로써[47] 봄에 생명의 씨앗을 가꿀 농부들의 일손을 바
쁘게 한다. 하늘에 용자리가 나타난 것을 보고 고대 중국인들은
머지않아 봄비가 촉촉이 내릴 것임을, 그래서 파종할 때가 가까워
졌음을 알았을 것이다. 그들은 우주의 규칙적인 리듬이 어긋나지

---

45) "용이 천둥소리를 들으면 몸을 일으킨다. 용이 몸을 일으키면 구름이 오고, 구름이 오
면 용이 그것을 탄다(龍聞雷聲, 則起. 起而雲止, 雲止而龍乘之)." 《論衡》, 〈龍虛篇〉.
46) "백익이 우물을 만들었을 때, 용이 검은 구름을 타고 올라갔다(伯益作井, 龍登玄雲)."《淮
南子》, 〈本經訓〉.
47) "용으로 비를 불러온다(以龍致雨)."《呂氏春秋》, 〈恃君覽〉, 召類.

않도록 춘분 때에 곡식을 살찌울 비〔곡우〕를 기원하는 의식을 거행했다. 우가 용문산을 뚫어 물길을 만들어 산과 강이 서로 소통하게 했다는 신화는 우주 질서에 동화되어 살았던 고대 중국인들의 바로 이러한 삶, 즉 자연이 곧 문명이었던 때의 삶을 이야기하고 있다.

　역사에 있어서의 객관성은 단지 역사적 사실과 역사가의 해석 사이의 관계의 객관성, 즉 과거와 현재와의 끊임없는 피드백만이 아니다. 그것은 또한 과거와 현재와 미래 사이의 객관성이기도 하다. E. H. 카는, 역사가가 자신이 처해 있는 조건, 즉 사회와 역사 속에 놓여 있는 자신의 상황에 대한 시야를 뛰어넘는 능력을 갖췄을 때, 그리고 과거에 대한 지속적이고 깊은 통찰력을 가지고 미래에 대한 이해를 향해 접근할 수 있을 때에야 비로소 그를 일컬어 객관적이라 할 수 있다고 했다.[48] 만일 우리가 근대적 합리성에 대한 맹신에서 벗어나 그 한계와 가치를 비판적으로 성찰할 수 있는 객관적 능력을 갖춘다면, 그리고 전근대인 또는 전통 사회 사람들의 신화적 삶에 대한 이해가 우리의 암울한 미래와의 대화로 이어진다면, 자연이 곧 문명이었던 때의 삶은 이미 지나가버린 과거에 불과한 것, 인류의 아득한 지평 저 밖에서만 존재했던 것으로 머물지는 않을 것이다. 신화 속 깊이 묻혀 있는 대자연의 지혜에 귀 기울이려는 노력들은 그 자체로 생명 에너지가 되어, 무자비한 개발로 병들어 신음하고 있는 우리의 자연 환경을 건강하고 풍요롭고 다채로운 모습으로 재생시켜주는 밑거름이 되지 않을까?

---

48) E. H. Carr, 《역사란 무엇인가》, 161~165쪽.

곤륜산(崑崙山)의 서왕모(西王母). 런던, 대영 박물관.

제 6 장

살아 있는 신화

'추락한 이카로스의 신화', '맨주먹의 신화'. 20세기 후반에 우리나라의 대표적인 경제 주역의 반열에 올라 있었던 대우의 김우중, 현대의 정주영 같은 인물에 대해 말할 때 대중 매체들은 이러한 표현들을 즐겨 사용한다. 또 성공한 어떤 벤처 기업인을 언급하면서 '미다스의 손을 가진'이라는 수식어를 붙이기도 한다. 그런가하면 '나이키'라는 이름의 스포츠웨어도 있으며, '박카스'라는 이름의 드링크 제품도 있다. 나이키는 승리의 여신이며, 박카스는 고대 그리스에서는 디오뉘소스, 로마에서는 바쿠스라 불린 포도주의 신이자 재생의 신이므로 우리는 왜 이 신들의 이름이 상품에 차용되었는지 어렵잖게 알 수 있다.

이처럼 고대 신화 인물들의 이름을 차용하여 현대의 특정 인물이나 현상을 묘사하거나 상품명을 짓는 것을 두고 신화가 여전히 살아 있다고 말하는 사람들도 있다. '살아 있는 신화'를 특별히 강조하는 신화학자들도 있다. 그런데 '살아 있는 신화', '신화를 살다', 또는 '신화가 살아 있다'는 말은 무슨 뜻일까? 단지 현재의 어떤 특정인의 행위와 고대 신화의 어떤 인물의 행위 사이에 유사성이 있어 오늘날 어떤 신화 속 이름이 비유적으로 회자된다고 해서 우리는 그 고대 신화가 살아 있다고 말할 수 있는 것일까? 오늘날 우리가 나이키 운동화나 박카스를 소비한다고 해서 '신화를 산다living myth'고 말할 수 있을까? 예술가나 작가, 사상가들에게 영감을 불어넣어 새로운 작품들을 탄생시키는 신화가 살아 있는 신화일까? 고대 신화를 소재로 해 만들어진 영화나 온라인 게임들을 즐기는 행위가 신화를 사는 것일까? 다시 말해서 현대인들이 원시 신화나 고대 신화를 소비하는 것, 또는 그 의미를 재해석하는 것이 곧 신화를 사는 것일까?

반우반인(半牛半人) 미노타우로스를 정복한 테세우스. 런던, 빅토리아 & 앨버트 박물관.

테세우스가 미노타우로스를 죽이고 미궁을 탈출하는 데 성공하
자 미노스 왕은 테세우스가 도망갈 수 있도록 도와준 사람이 다이
달로스일 것이라고 의심했다. 화가 난 왕은 이번에는 다이달로스
와 그의 아들 이카로스를 미노타우로스가 갇혀 있던 미궁에 가두
었다. 다이달로스는 미궁을 빠져나가기 위해 새의 깃을 모아 실로
묶고 밀랍으로 붙여 새의 날개 모양을 만들었다. 그런 후 그 날개
를 달고 하늘로 날아올라 깃털 날개를 아래위로 움직여 균형을 잡
으며 날아보았다. 그는 아들 이카로스에게도 날개를 만들어주고
나는 법을 가르쳐주었다. 다이달로스는 이카로스에게, '너무 높
이 올라가면 태양의 열기에 깃이 타버릴 것이고, 너무 낮게 날면
바닷물에 젖어 깃이 무거워질 것이므로, 하늘과 땅의 중간을 겨냥
하여 반드시 그 사이로만 날아야 한다'고 주의를 주었다. 이윽고
다이달로스는 날개를 달고 날아올라 이카로스에게 자신의 뒤를
바싹 뒤쫓아 오라고 했다. 크레타의 미궁을 벗어나 하늘을 날던
이카로스는 허공을 높이 날고 싶은 욕망에 사로잡혀 아버지 곁을
떠나 하늘 높이 솟아올랐다. 그는 태양의 열기에 날개를 붙인 밀
랍이 녹는 줄도 모르고 높이 날아올랐다. 밀랍이 녹아 깃이 떨어
지자 이카로스는 바다로 곤두박질쳤고, 얼마 후 깃털만 물 위에
떠올랐다. 다이달로스는 하늘을 나는 자신의 재주를 원망하며 아
들의 주검을 찾아 그 근처 섬에 묻었다. 사모스 섬 서쪽에 있는 그
섬은 그 후 '이카리아(이카로스의 섬)'라 불렸다고 한다.

불가사의한 미궁의 건설은 초월적 능력을 가진 장인을 필요로
한다. 하지만 탁월한 능력을 가진 인물은 마음속에 오만함이 자리
잡을 때 신성의 영역을 침범하게 된다. 뛰어난 장인 다이달로스는

신들처럼 자연의 비밀을 아는 인간이지만 결코 신성의 영역을 침범하지 않고 인간의 한계와 운명을 감수하는, 말하자면 분수를 아는 인간으로 묘사된다. 그래서 다이달로스야말로 한번 들어가면 길을 찾아 나오기 어려운, 구불구불한 마이안드로스 강과 같은 미로들로 이루어진 크노소스의 미궁 라비린토스를 건축할 수 있는 적임자였던 셈이다. 하지만 그의 아들 이카로스는 자신의 능력이 아닌 아버지의 능력에 기대어 감히 하늘에 오르려 했던 인물, 다시 말해서 자신에게 행운으로 주어진 어떤 특권에 기대어 인간의 한계를 능가하는 탁월함의 이상을 실현시키고자 했던 인물로 묘사된다. 유한한 인간이 자신의 운명을 능가하는 신적 권능을 누리려 할 때, 그것은 불경죄에 해당된다. 고대 그리스인들의 종교적 심성은 불경죄를 결코 용납할 수 없었다. 불경죄는, 합당한 방식으로 상응하는 대가를 치르지 않으면, 운명적으로 주어진 인간의 능력이나 수명을 단축시킨다고 그들은 생각했다.

이카로스 신화가 이런 메시지를 전달할 목적으로 만들어졌든 아니든, 고대 그리스인들에게 그 신화는 하나의 재미있는 이야기나 역사라기보다는 자연 안에서의 인간의 위치와 한계를 인식시키고 도덕률을 일러주는 일종의 삶의 헌장이었던 셈이다. 미다스 왕의 신화도 마찬가지다.

바쿠스[1] 신이 스승 실레노스와 자신의 신도들과 함께 뤼디아의 트몰로스 산에서 어울려 놀 때의 일이다. 어느 날 실레노스가 사라졌다. 술에 취해 온 마을을 쓸고 다니는 실레노스를 본 프뤼기

---

1) 디오뉘소스 신을 로마에서는 바쿠스 신이라 불렀다.

아 농부들이 그를 붙잡아 가버렸기 때문이다. 프뤼기아 농부들은 실레노스를 꽃다발로 묶어 미다스 왕에게 데리고 갔다. 미다스 왕은 한때 트라키아에서는 오르페우스에게서, 아테네에서는 에우몰포스에게서 바쿠스 비의(秘儀)를 배운 적이 있었다. 미다스 왕은 자기가 섬기던 신의 스승인 실레노스를 알아보고 반갑게 맞아들여 열흘 밤낮 동안 잔치를 베풀었다. 열하루째 되던 날 루키페르가 하늘의 별들을 몰아낼 즈음, 왕은 실레노스를 리디아로 데려가 바쿠스 신도들에게 인도했다.

바쿠스 신은 스승이 돌아온 것을 보고 크게 반가워하며, 미다스 왕에게 감사의 표시로 선물을 하나 내리고 싶으니 무엇이든 원하는 것을 말하라고 했다. 그러자 미다스 왕은 자기 손에 닿는 것은 무엇이든 황금으로 변했으면 좋겠다고 말했다. 바쿠스 신은 '그보다 나은 소원이 얼마든지 있을 텐데……'라고 생각했으나 겉으로는 내색하지 않고 그 소원이 이루어질 것이라고 대답했다.

프뤼기아로 돌아간 미다스 왕은 바쿠스 신의 말이 사실인지 아닌지를 확인해볼 요량으로 손에 잡히는 참나무 가지 하나를 꺾어 보았다. 그러자 신통하게도 참나무 가지는 그의 손이 닿자마자 황금 가지로 변했다. 미다스 왕은 그래도 미심쩍어 이번에는 땅바닥의 돌멩이를 하나 주워 보았다. 그러자 돌멩이도 그의 손 안에서 금덩이로 변했다. 흙을 한 움큼 쥐어보아도 곧 금이 되고, 지나가다가 무심코 잘 익은 곡식의 이삭을 하나 잡아보아도 황금 이삭이 되었으며, 사과나무에서 사과를 한 알 따보아도 황금 사과가 되었다. 누가 보았으면 미다스가 그 사과를 헤스페리데스의 황금 사과나무에서 따왔다고 말할 터였다.

니콜라 푸생이 그린 〈바쿠스와 미다스〉. 미다스가 바쿠스에게 소
원을 말하고 있고, 실레노스는 바쿠스 옆에서 졸고 있다. 뮌헨,
알테피나코테크 미술관.

　기적은 거기서 끝나지 않았다. 미다스가 왕궁으로 들어오면서
기둥 하나를 만졌는데 그 기둥은 황금 기둥이 되었고, 손을 씻으
려고 물을 움큼 떠 올렸는데 그 물은 금덩어리가 되어 손에서 미
끄러져 떨어졌다. 미다스 왕이 모든 것을 금으로 만들어버리는 황
홀한 순간을 꿈꾸며 행복에 젖어 있을 때 시종이 빵과 고기를 차

린 음식상을 가지고 들어왔다. 그러나 왕이 먹으려고 빵을 집자
빵은 딱딱하게 굳어 금이 되었다. 고기를 먹으려고 한 입 베어 물
면 고기는 잇자국만 남기고 금으로 변했다. 그는 자신에게 이런
선물을 준 바쿠스 신의 포도주에 물을 타서 마시려고 했다. 그러
나 포도주는 그의 입술 사이로 들어가다 말고 굳어져 금덩어리가

되었다. 그가 만지는 모든 것이 금으로 변해 바야흐로 엄청난 부자가 되려는 판인데도 미다스는 덜컥 겁이 났다. 음식이 아무리 많아도 먹을 수 없었고, 갈증으로 목이 타는데도 아무것도 마실 수 없기 때문이었다. 황금 소리만 들어도 지긋지긋해진 그는 이루어진 지 얼마 되지 않은 이 소원이 싫어 하늘을 향해 두 팔을 벌리고 외쳤다.

"아버지 바쿠스 신이시여, 저를 용서하소서. 큰 죄를 지었나이다. 기도하옵건대 저를 불쌍히 여기시고, 이 재앙에서 저를 구해주소서!"

미다스 왕이 자신의 잘못을 깨우치자 바쿠스 신은 그에게 주었던 권능을 거두어주겠다면서 다음과 같이 말했다.

"황금에 눈이 어두웠던 너의 욕망을 씻으려거든 사르디스에서 가까운 강으로 가라. 그 강으로 가서 리디아 물길을 따라 계속 올라가 그 물이 발원한 곳에 이르거든 네 머리와 몸을 담그고 네 죄를 정하게 씻어라."

미다스 왕은 바쿠스 신이 가르쳐준 강의 발원지로 갔다. 그가 머리와 몸을 씻자 모든 것을 황금으로 변하게 하는 권능은 그의 손에서 강물로 옮겨가 그 물빛을 바꾸어놓았다. 이 금맥이 여기에 묻힌 것은 아득한 옛날의 일이기는 하나, 오늘날까지도 이 근처의 흙에는 금이 많다. 말하자면 그 강물에 젖은 흙은 모두 누렇게 보이는 것이다.[2]

데메테르와 페르세포네를 숭배하는 엘레우시스 비의, 디오뉘소

2) 오비디우스, 《변신 이야기 2》, 이윤기 옮김(민음사, 1999/초판, 1998), 112~116쪽.

스 비의, 오르페우스 비의와 같은 고대 그리스의 이른바 신비 종교들은 부활한 구세신(救世神)과 합일하는 체험을 제공함으로써 고대 그리스인들의 불멸에의 욕구를 충족시켜준다. 이 신비 종교들의 사상은 대개 영혼과 물질을 구분하는 이원론에서 출발한다. 물질은 악하고 비열한 것으로 간주되었기 때문에, 모든 존재의 근원이고, 순수한 빛 속에서 살며, 비인격적이고 불가지한 신은 오직 영혼과 관련돼 있을 뿐 물질과는 결코 관계를 가질 수 없다고 여겨졌다.

미다스 왕의 이야기는 스스로를 디오뉘소스 신도로 자처하는 자가 물질적 탐욕을 버리기는커녕 오히려 과욕의 늪에 빠져 신에게 좀더 풍부한 물질을 갖게 해달라고 청함으로써 어떠한 결과를 초래하는지를 적나라하게 보여준다. 다른 여러 신화에서도 리디아와 프뤼기아가 '황금이 많은' 땅으로 묘사되는 점으로 볼 때, 실제로 이 지역은 고대에 황금이 풍부했던 고장이었을 가능성이 크다. 결국 미다스 왕의 신화는 물질적 탐욕에 집착하는 인간에 대한 도덕적 경고와 함께, 리디아와 프뤼기아가 과거에 그 지역을 다스렸던 어떤 조상이 자신의 탐욕을 뉘우쳐 불멸의 가치를 중시하는 신에게 의탁한 덕분에 금을 많이 함유한 땅이 되었다는 메시지를 전하고 있다.

물질적 탐욕으로 가득 찬 미다스 왕이 재생의 신 디오뉘소스와 연결돼 있는 이 신화가 고대 그리스인들에게 전하는 이러한 경고적 메시지와는 달리, 오늘날 '미다스의 손'은 경제적 부를 가져다주는 기적의 손이라는 의미로 인식되며, 그래서 물질적 가치를 중요시하는 많은 현대인들에게 성공의 대명사로 자리잡았다.

이카로스의 신화나 미다스 왕의 신화가 아무리 소중한 메시지를 담고 있어도, 이 신화들이 단지 재미있는 이야깃거리나 한갓 비유로서 존재할 뿐이라면 이들은 살아 있는 신화라고 할 수 없다. 이 신화들이 살아 있는 신화가 되기 위해서는 그 이야기를 듣는 사람들의 삶에 어떤 식으로든 영향을 끼쳐 그들의 삶을 변화시켜야 한다. 마찬가지로 추락한 이카로스의 신화, 맨주먹의 신화, 미다스의 손이 오늘날의 우리에게 단지 특정인들의 삶을 환기시키는 것으로 끝난다면, 이것들은 살아 있는 신화라 할 수 없다. 고대 그리스인들과 로마인들에게 이카로스의 신화와 미다스의 신화가 그러했듯이, 신화를 인용한 이 표현들은 대한민국의 많은 사람들에게——설령 고대 그리스의 이카로스 신화와 미다스 신화의 내용을 모르는 사람이라 할지라도——단지 일시적인 어떤 느낌을 불러일으키는 것으로만 끝나지는 않는다. 어떤 이들에게는 윤리적 경종으로 작용하고, 또 어떤 이들에게는 현재의 역경을 헤치고 희망찬 미래로 나아갈 용기와 열정을 부추기는 등, 사람에 따라 다양한 심리적 · 실존적 변화를 초래하는 힘을 지니고 있다.

집단의 정신과 삶에 긍정적이건 부정적이건 커다란 영향을 끼치는 이데올로기나 인물 또는 사건에 대해 오늘날 매스컴은 흔히 신화라는 수식어를 사용한다. 이 경우 신화는 행위의 규범, 본보기를 의미하는데, 말리노프스키와 엘리아데는 바로 이런 신화를 살아 있는 신화로 간주하며 신화의 진정한 의미와 가치를 바로 여기서 찾으려 했다. 이들이 주목하여 강조한 신화는 이야기될 뿐만 아니라 행해지는 것, 살아지는 것이다.

1. 원시 신앙, 법률 및 도덕적 지혜의 실용적 헌장

현대인들에게 고대 신화의 의미는 무엇일까? 재미있는 이야깃거리? 고대인들의 정신과 삶의 흔적? 창조적 영감의 원천? 인간 심혼의 이미지? 말리노프스키나 엘리아데는 이 중 어느 것도 선택하지 않을 것이다. 물음 자체에 문제를 느낄 것이기 때문이다. '고대인들에게 고대 신화의 의미와 가치는 무엇일까?' '무문자 사회 구성원들에게 그들 신화의 의미와 가치는 무엇일까?' 이런 식으로 물어야 우리는 이 두 사람이 주장하는 살아 있는 신화의 의미를 이해할 수 있는 바른 길로 접어들게 된다.

19세기와 20세기에 유럽에서 연구된 신화들은 크게 두 부류로 나누어진다. 인도, 유럽, 이집트, 중근동 지역, 중국 등의 문자 사회의 신화들과 아프리카, 아메리카, 오스트레일리아, 멜라네시아의 원주민 사회와 같은 무문자 사회의 신화들이다. 전자가 거의 대부분 문헌으로 전해지는 고대의 문화 유산이라면, 후자는 그 당시 원주민들 사이에서 입과 귀를 통해 전해지던 생명력 있는 설화다. 말리노프스키는 트로브리안드 섬에서 과거의 문화 유산이 아닌 현재의 문화적 실재로 생생하게 작용하고 있는 신화를 목격하고 그 역동적인 사회적 기능을 직접 확인한 민속학자다. 그리하여 그는 생생하게 '살아 있는 신화'를 강조하면서, 신화의 진정한 가치는 신화의 내용 자체에 있다기보다는 신화가 입과 귀를 통해 전해지면서 영향력을 발휘하는 일상적 삶의 현장에 있음을 역설한다.

유대인들에게 그들의 유일신 야훼는 우주와 우주 내의 모든 존재, 그리고 인간을 창조한 창조주다. 유대교 경전 제일 첫머리의 〈창세기〉에 기록되어 있는 야훼 신의 창조 행위는 단순히 태초에 있었던 어떤 사건을 기록한 것이 아니다. 그것은 오늘날 인간이 일상을 영위하고 있는 우주라는 거대한 공간이 유일신 야훼의 신성한 활동의 산물, 거룩한 창조물임을 말해주는 증거다. 그와 동시에 그들의 신이 엿새 동안 창조 작업을 하고 일곱째 되는 날 휴식을 취했듯이 유대인들도 언제 어디서든 야훼 신을 본받아 엿새 동안 열심히 일하고 일곱째 날에는 안식해야 함을 일러주는 삶의 계율이다. 말리노프스키가 트로브리안드 섬에서 목격한 신화란 바로, 유대인들에게 있어서의 〈창세기〉나 〈출애굽기〉처럼, 오늘날에도 생생하게 살아서 일상을 이끌어가는 그런 이야기들이었다. 그것은 숱한 문학적 윤색을 겪은, 그래서 오늘날 한갓 재미있는 이야깃거리가 되어버린 그리스 신화나 게르만 신화, 이집트나 메소포타미아 신화 같은 것들과는 달랐다.

미개 사회에서 현존하고 있는 신화, 즉 '생명을 가진 원시 형태의 신화'는 단순히 이야기되고 있는 설화일 뿐만 아니라, '살아 있는 진실'이기도 하다. 신화는 오늘날 우리가 소설 속에서 보는 허구적인 성질을 가지고 있는 것이 아니라 살아 있는 진실로서, 태초에 일어났다고 믿어지는 것을 이야기하고 있으며, 그 이래로 지속적으로 세계와 인간의 운명에 영향을 미치고 있다고 믿어지는 것을 이야기하는 것이다. 그러므로 미개인에게 있어서 신화는, 예컨대 독실한 기독교인에게 있어서의 천지 창조, 타락, 십자가에서 그리스도에 의한 속죄라고 하는 성서 중의 설화와도 같은 의미를 지니는 것이라고 할 수 있다. 그리

로히르 반 데르 바이덴이 그린 십자가에서 내린 예수.
마드리드, 프라도 미술관.

고 이러한 성서의 이야기가 우리들의 제의나 도덕 속에 살아 있는 것과 마찬가지로, 또 우리들의 신앙을 지배하고 우리들의 행동을 제어하고 있는 것과 마찬가지로 미개인의 신화도 미개인에 대해서 그와 같은 역할을 한다.[3]

그래서 말리노프스키는 끊임없는 문화적 차용으로 인해 본래의 의미가 변질되어버린, 수많은 학자들이 지속적으로 관심을 기울여온 이집트, 중근동, 인도-유럽제족의 문헌 신화보다는 오히려 원시 신화에 눈길을 돌릴 것을 요청한다.

우리가 신화의 본질을 정확히 이해하고자 한다면, 신화 연구를 단순히 원전의 검토에만 한정시키는 것은 잘못된 것이다. 고전 시대나 동양 고대의 성전 및 그와 유사한 자료에 나오는 신화의 형태는 살아 있는 신앙의 맥락도 없고, 진정한 신앙자로부터의 주석을 청취할 수 있는 가능성도 없으며, 그들의 사회 조직 및 실제 행하여지는 도덕이나 일반적인 관습과 관련되는 지식도 없고, 또 최소한 현대의 현지 조사자가 쉽게 얻어낼 수 있는 모든 정보도 결여된 채로 우리에게 전해진 것이다. 더구나 현존 문헌에 정착된 형태의 설화는 기록자, 주석가, 유식한 사제 혹은 신학자들에 의해 꽤 변형되었을 것이라는 점은 의심할 여지가 없다. 아직까지도 생명력을 지닌 신화——다시 말해서 사제의 지혜 속에 미라화되기 이전의 신화나, 혹은 사멸해버린 종교의 견고하기는 하지만 생명 없는 묘지에 소중히 안치되기 이전의 신화

---

3) B. 말리노프스키,《원시신화론》, 24쪽.

──의 연구에 있어서 그 생명력의 비밀을 알기 위해서는 원시 신화 primitive mythology로 눈을 돌려볼 필요가 있다.[4]

말리노프스키는 '신화는 사실상 한가한 서사시도 아니며, 목적 없이 공허한 상상에서 분출되어 나오는 것도 아니다. 오히려 신화는 착실한, 그리고 매우 중요한 문화적인 힘을 가지고 있다'는 사실을 현지 조사를 통해 확인했다. 그가 제시한 릴리우[5]의 예들 중 하나를 살펴봄으로써 '신화를 산다'는 것의 의미를 좀더 명확하게 구체적으로 이해해보자.

트로브리안드 섬의 각 마을을 보면 중앙에 추장의 집이 있고, 그 근처에는 대개 원주민들이 '동혈(洞穴)' 또는 '집'이라 부르는 많은 특별한 장소──예컨대 작은 동굴, 수풀, 노출된 산호초, 우물, 강 지류의 상류 등──가 있다. 이러한 동혈은 그 마을의 최초의 조상인 남녀 한 쌍(가장으로서의 누이와 그녀의 보호자로서의 남동생)이 출현한 곳으로 알려져 있다.

마을 주민들이 전하는 한 릴리우에 의하면, 사람들은 원래 지하에서 살기 시작했다. 거기에서 인류는 모든 점에서 지금의 지상에서의 생활과 유사한 생활을 영위하고 있었다. 뿐만 아니라 지하에서도 계급의 구별이 존재했으며, 사람들이 특권이나 권리에 대해 알고 있었고, 재산을 사유하고 있었고, 주술에 대한 지식에도 정통해 있었다. 이러한 삶을 영위했던 인간들이 동혈을 통해 지상에 출현해서 토지에 대한 권리, 공민권, 경제적 특권, 주술 행사권 등

4) B. 말리노프스키, 《원시신화론》, 25쪽.
5) 트로브리안드 섬의 설화 유형의 하나. 78쪽 참조.

을 설정했다. 그들은 지하 세계에서 누렸던 문화를 지상에서도 지속시키기 위해 그 문화를 지상으로 가져온 것이다.

만일 누군가가 트로브리안드 섬의 어떤 마을을 방문한다면, 그는 최초의 조상이 지상으로 출현했던 장소를 소개받고, 조상인 남매의 이름을 듣게 되고, 나아가 현재 추장의 집터가 원래 남자 조상이 집을 세웠던 곳이라는 이야기를 듣게 될 것이다. 그리고 부수적인 정보로서, 조상들이 마을 사람들에게 그 지방의 생산물, 생산 용구, 생산 방법 등을 전해주었다는 이야기도 듣게 될 것이다. 트로브리안드 섬의 각 씨족이나 하위 씨족들[6]이 가지고 있는 토지·어장·지방 산업에 대한 소유권, 토템적·주술적·사회적인 모든 기술에 대한 권한이나 관습, 제도를 정당화해주는 것은 바로 이러한 신화다.

이처럼 트로브리안드의 원주민들에게 신화는 이야기되는 것이기보다는 오히려 생생하게 삶으로 살아지는 것이다. 그것은 재밋거리로 이야기되는 설화도 아니고, 사라져버린 과거에 대한 설명도 아니다. 신화는 원주민들의 관습, 법률, 도덕 속에 살아 있으며, "제의나 의식 혹은 사회적 규칙 등이 그 정당성, 유구한 권위, 진실성, 신성성을 필요로 할 때" 자신의 고유한 역할을 함으로써 원주민들의 사회 생활을 통어하고 있었다.

말리노프스키는 신화를 자연 현상을 설명하는 원시 과학이나 과학이 확립되기 이전의 설명 체계로 보는 견해에도 동의하지 않는다. "신화는 과학적 관심을 만족시켜주는 설명이 아니라, 심각

---

6) 트로브리안드 섬의 원주민들은, 한 씨족 아래에 또다시 몇몇 하위 씨족들이 있고 이들 사이에 위계 질서가 있는 복합적인 촌락 공동체를 구성하고 있다.

한 종교적 욕구, 도덕적 요청, 사회에 대한 복종과 자기 주장, 그 밖에 일상적인 요구까지도 만족시켜주기 위해 이야기되는 태곳적 진실의 서술적인 부활"이기 때문이다.[7]

　　신화는 원시 문화에 없어서는 안 될 기능을 다 하고 있다. 그래서 신화는 신앙을 표현하고 앙양하고 신조화시켜줄 뿐만 아니라, 도덕을 수호하고 강화시켜주며, 제의의 효능을 보증해주기도 하며, 인간을 이끌어나가는 데 필요한 실용적인 법칙을 포함하기도 한다. 이렇듯 신화는 인류 문화에 있어서 절대로 필요한 요소이다. 다시 말해서 신화는 무의미한 이야기가 아니라, 인류 문화에 봉사하는 활동적인 힘이며, 지적인 설명이나 예술적인 환상이 아니라, 원시 신앙과 도덕적인 지혜의 실용적인 헌장인 것이다.[8]

엘리아데 역시 말리노프스키와 마찬가지로 살아 있는 신화를 강조한다. 그러나 엘리아데는 신화의 사회문화적 기능을 강조하는 데서 더 나아간다. 그는 신화를 사는 정신을 단지 원시 정신 또는 고대 정신으로 간주하여 그 특성들을 파악하는 것에 그치지 않고, 이 정신의 기저에 깔려 있는 인간의 존재론적 욕구를 이해하는 데까지 이른다. 엘리아데는 역사적 합리성만을 중시했던 근대 이후의 서구 정신은 인간 삶의 소중한 측면을 상실한 결과 정신적 위기를 겪고 있다고 본다. 그래서 원시 정신이나 고대 정신을 편견 없이 올바로 이해하려 한 그의 신화 연구는 더욱 원대한 목적

---

7) B. 말리노프스키,《원시신화론》, 25쪽.
8) 앞의 책, 25쪽.

을 지향한다. 그는 이 정신과 합리적 정신과의 융화를 꾀하는 새
로운 휴머니즘을 주창한다.

2. 인간은 왜 신화적 삶을 기리는가

(1) 살아 있는 신화 : 원형의 모방

엘리아데의 신화관에서 창조 신화는 핵심적인 위치를 차지한
다. 아니 그보다는, 엘리아데에게 신화는 항상 어떤 창조의 이야
기다. 앞의 정의에서 보았듯이, 엘리아데에게 신화는 신적인 존재
들, 초자연적인 존재들, 또는 천체의 존재들의 태초의 활동을 이
야기하므로 신성한 이야기이고, 하늘과 땅, 인류, 동식물 또는 인
간이 사용하는 제도나 도구 등을 만들어내는 창조 작업을 이야기
하므로 창조의 이야기다. 또 인간이 오늘날과 같은 유한한 조건들
속에서 살아가게 된 것, 남녀의 상이한 성적 특성과 역할이 구분
된 문명이 존재하기 시작한 것도 모두 신적 존재들이 개입한 결
과다.

고대 사회 또는 원시 사회에서 신화는 인간이 왜 현재와 같은
삶을 누리게 되었는지를 이야기해줌으로써 인간으로 하여금 자
신의 유한한 조건들을 받아들이게 하며, 신화의 주인공인 신들 또
는 초자연적 존재들의 행위는 그 사회 구성원의 종교적 · 도덕
적 · 사회적 행위에 실질적인 힘을 발휘하며 생생하게 살아 작용
한다. 그래서 엘리아데는 신화적 사유의 구조를 잘 이해하기 위해
서는 '신화가 살아 있는' 사회——고대 사회, 전통 사회, 전근대

사회[9]——의 신화를 이해해야 한다고 주장한다. 바로 이 '살아 있는 신화'의 강조로 인해 엘리아데가 규정하는 신화의 범위는 불가피하게 좁아질 수밖에 없으며, 또 엘리아데의 독특한 신화관이 드러나는 곳도 바로 여기다.

신화가 여전히 살아 있는 그러한 사회의 원주민들은 신화를 우화나 민담들과 구별하여, 전자를 '참된 이야기', 후자를 '거짓된 이야기'라고 부른다. 포니 부족이 참된 이야기들 중 제일 우선적으로 꼽는 것은 세계의 기원을 다루는 이야기들이다. 이 이야기들에는 신적인 존재들, 초자연적인 존재들, 천상 또는 천체의 존재들이 등장한다.[10]

거듭 말하지만 오늘날 많은 이들에게 익히 알려져 있고, 또 신화의 대명사처럼 거론되기도 하는 그리스 신화는 고대 시인이나 작가들의 손길을 거치면서 숱한 변형을 겪었다. 엘리아데는 이와 같은 신화들의 연구를 통해서는 신화적 사고의 구조를 올바로 이해할 수 없다고 주장한다. 이는 그가 인간의 행동뿐만 아니라 인간 자신의 조건에 대해서, 즉 현실의 양태 일반에 대해서 본받아야 할 신적 모델을 제시하는 이야기들, 의례적 맥락 속에 있는 신화들만을 고유한 의미에서의 신화로 간주하기 때문이다. 엘리아데에게 있어서 신화를 사는 인간의 모습은 곧 종교적 삶을 사는 종교인의 모습이라야 하며, 따라서 그에게 신화적 사고와 종교적

---

9) 엘리아데가 말하는 고대 사회, 전통 사회, 전근대 사회란 우리에게 '원시적'이라고 알려진 세계와 아시아, 유럽, 아메리카 등의 고대 세계 양자를 지칭한다.
10) Mircea Eliade, *Aspect du mythe*, 20~22쪽.

사고는 동의어다.

종교적 사고에게 초월적 존재들의 활동을 이야기하는 신화는 인간의 업적들을 이야기하는 전설이나 재미나 교훈을 위해 만들어진 민담과는 질적으로 다르다. 민담이나 전설은, 비록 그 안에서 신화와 유사한 모티브나 주제들이 발견된다 할지라도, 신성성이 결여된, 엘리아데의 표현을 따르면 위상이 격하된 신화들이기 때문이다.

오늘날 많은 사람들, 특히 시인이나 소설가, 예술가들이 살아 있는 신화를 말한다. 그러나 엘리아데가 말하는 살아 있는 신화는 이들이 의미하는 것과는 다르다. 전자에게 살아 있는 신화란 고대 신화에서 창조적 영감을 받고 그 의미를 재해석하여 작품으로 형상화해내는 것 정도를 의미하지만, 엘리아데에게 살아 있는 신화란 신적 행위를 모방하는 것immitatio dei, 신적 존재들이 활동했던 신화적 시공간을 지금 이곳에서 다시 사는 것이다. 그래서 엘리아데는 "살아 있는 신화는 언제나 종교적 행위를 정당화하는 숭배 의례와 관련되어 있으며, 그러한 곳에서 신화는 허구가 아니라 탁월한 진실임을 드러낸다"고 역설하면서, "신화는 신성한 이야기로 간주되며, 또 늘 실재와 관계하므로 참된 이야기"라고 거듭 강조한다.[11]

요약하자면, 엘리아데가 보기에 원시 사회 또는 고대 사회나 전통 사회의 구성원들에게 신화는 '탁월한 진실'을 드러내주는 '참된' 이야기, '실재'와 관련된 '신성한' 이야기이므로 '본받아야

---

11) 앞의 책, 16~17쪽.

할 행위의 모델'을 제시해주는 것이다. 몇 가지 구체적인 예를 통해 그가 말하는 숭배 의식과 관련 있는 '살아 있는 신화', '참된 이야기', '실재에 관한 이야기'의 의미를 좀더 명확히 이해해보자.

고대 바빌로니아인들은 신년 의례인 아키투 축제에서 그들의 우주 창조 신화《에누마 엘리쉬*Enuma Elish*》가 이야기하는 창조 때의 사건들을 재현했다. 12일 동안 일곱 단계로 행해지는 신년 축제의 네 번째 날에 창조신 마르둑과 티아맛 간의 전투가 재현된다. 여기서 왕은 티아맛 신과 킹구로 대변되는 낡은 질서, 낡은 세계를 제거하고 새로이 우주와 인간을 창조한 바빌론 시(市)의 수호신 마르둑을 구현한다. 마르둑의 승리로 끝나는 전투의 재현 이후 신년 축제의 집인 비트 아키투로 가는 승리의 행진이 이어지고, 그곳에서 향연이 베풀어진다. 그 다음 단계로 왕과 여신을 표상하는 여사제[성창(聖娼)hierodule]와의 신성혼례hiero-gamy가 거행되고, 마지막으로 열두 달의 운명이 결정된다. 이렇게 함으로써 새해의 시작은 마르둑에 의해 우주가 재창조되어 최초로 질서가 수립된 순간, 분노, 소란, 갈등 또는 무질서가 사라진, 절대적으로 완전한 황금 시대와 동일시된다.[12] 말하자면 고대 바빌로니아인에게 모든 새해는 신들의 창조 활동이 이루어진 그때 그 시간을 처음부터 다시 시작하는 것, 곧 우주 창조의 반복이었던 셈이며, 한 해의 시초에 왕은 태초에 행해졌던 창조적 신들의 행위를 직접 모방함으로써 자신이 다스리는 왕국에 완전한 신

---

12) Mircea Eliade, *A History of Religious Ideas, vol. I, From the Stone Age to the Eleusinian Mysteries*, 56~84쪽.

적 질서가 유지되기를 보장받고자 했다.

고대 이집트의 경우도 마찬가지다. 고대 이집트에서 파라오의 즉위식은 일회적 행사로 끝나지 않고 주기적으로 재현되었다. 파라오 대관식을 재현하는 세드 축제는 처음에는 파라오의 즉위 30년 후에 거행되었으나, 후에는 2~4년마다, 더 뒤에는 1년마다 한 번씩 연초에 거행되었다고 한다. 연초는 나일 강의 물이 범람했다가 물이 빠져 지표면의 작은 언덕과 들판이 다시 드러나는 시기로, 이것은 고대 이집트인들의 우주 창조 신화가 이야기하는 시초의 때, 원초적 물에서 둔덕이 솟아 나와 우주 만물이 존재하기 시작한, 이집트인들이 테프 제피라 불렀던 때에 해당된다. 왕국을 다스릴 권한을 부여받는 파라오 대관식을 우주적·사회적으로, 그리고 그 밖의 모든 점에서 완벽한 우주 창조의 순간과 동일시함으로써, 파라오는 곧 우주 질서를 주관하는 신임을 만천하에 알렸던 것이다. 고대 이집트인들도 바빌로니아인들과 마찬가지로 해마다 시초의 때를 재생시켜 사회적 질서를 신적 질서에 동화시킴으로써, 창조의 풍요롭고 완전한 순간을 주기적으로 반복하여 다시 살고자

젖을 먹이는 이시스. 파리, 루브르 박물관.

했다.[13]

"우리는 시초에 신들이 했던 것을 해야 한다",[14] "신들이 그리했듯이 인간들도 그리 할 것이다"[15]라고 고대 인도의 사제들은 말한다. '시원의 때'는 분노, 소란, 갈등 또는 무질서가 나타나기 이전인 절대적으로 완전한 황금 시대, 우주적·사회적으로나 그 밖의 모든 면에서 완벽한 때이기 때문이다. 엘리아데가 주목한 것은, 이처럼 고대인들이나 전통 사회 사람들은 자신들이 본받아야 할 삶의 규범적 모델을 태초에 계시된 것, 초월적 근원을 지닌 것으로 생각했다는 사실이다.

엘리아데는 신화가 이야기하는 태초의 신적 존재들의 활동 및 행위를 원형이라 부른다.[16] 원형의 반복, 곧 창조의 신화적 순간을 지금 이곳에서 다시 사는 몸짓은, 위의 두 경우처럼, 신년 의례에서 가장 명시적으로 드러나지만, 엘리아데는 주기적 창조, 순환

---

13) Mircea Eliade, "Theogonies and Cosmogonies", *A History of Religious Ideas, vol. I, From the Stone Age to the Eleusinian Mysteries*, 87~97쪽.

14) 《사타파타 브라마나*Satapatha Brahmana*》, VIII, 2, 1, 4. Mircea Eliade, *Briser le toit de la maison*(Paris : Gallimard, 1986), 81쪽에서 재인용.

15) 《타이티리야 브라마나*Taittiriya Brahmana*》, I, 5, 9, 4. Mircea Eliade, *Briser le toit de la maison*, 81쪽에서 재인용.

16) 이 점에서 엘리아데의 원형 개념과 융의 원형 개념의 차이점이 분명히 드러난다. 주지하듯이 융의 원형은 집단 무의식인 인간 심혼의 이미지를 뜻한다. 그러나 엘리아데의 원형 개념은, 전통 사회 혹은 원시 및 고대 사회의 인간들은 자기가 살고 있는 여러 제도의 모델이나 여러 행동의 범주를 위한 규범이 시간이 비롯된 태초에 '계시된' 것이고, 그렇기 때문에 그 모델이나 규범은 초인간적이고 '초월적인' 근원을 지니고 있고, 가장 완전하고 풍부하다는 믿음을 함축하고 있다. 이 같은 사실들을 강조하기 위해 엘리아데는 '모범이 되는 모델exemplary model', '본(本)paradigm', 혹은 '원형'이라는 용어를 사용한다. 이것은 엘리아데 자신이 《영원 회귀의 신화*Le mythe de l'éternel retour*》의 서문에서 직접 명시하고 있는 바이며, 이 책의 부제가 바로 '원형과 반복 archétypes et répétition'이다.

적 재생의 모티브를 담고 있는 의례는 모두 신년 의례와 동일한 의미를 지닌다고 보았다.

연속되는 시간을 마디지어 일정한 기간의 끝과 새로운 기간의 시작을 구분하는 것이 새해라는 개념이다. 나라와 민족에 따라 새해의 시작은 고정되어 있지 않고 자유로우며 1년의 길이도 다르다. 예컨대 고대 이집트인들은 1년을 나일 강의 범람기인 6~7월에서부터 시작해서 홍수기, 발아기, 수확기의 세 계절로 나누었다. 각각의 계절은 네 달로 구성되었고 연말에는 여기에 5일이 추가되었다. 그러나 고대 중국에서는 동지 또는 춘분을 기점으로 해〔年〕를 구분했으며, 1년은 네 계절로 구분되었다.

새해가 언제 시작되고 또 1년의 길이가 어떠하든 중요한 것은 세계 어디에든 새해에 대한 관념이 있고, '새해는 시간을 처음부터 다시 시작하는 것, 곧 우주 창조의 반복'이라는 점이라고 엘리아데는 말한다. 그렇기 때문에 주기적 창조, 순환적 재생의 모티브를 담고 있는 의례는 모두 신년 의례와 동일시될 수 있다는 것이다. 예컨대 원시 사회에서 주요 작물의 수확 의례는——주요 작물의 수확이 1년에 몇 번 이루어지든——모두 주기적 창조, 순환적 재생의 모티브를 담고 있으므로 신년 의례와 동일한 것으로 간주할 수 있으며, 따라서 우주 창조의 반복으로 볼 수 있다. 또 새로운 존재로 거듭나는 세례, 낡은 우주 질서를 파괴하고 새로운 우주 질서를 창조하는 홍수도 마찬가지로 천지 창조의 주기적 반복으로 간주할 수 있다.[17]

---

17) Mircea Eliade, *Le mythe de l' éternel retour*, 65~77쪽.

인간은 시간을 흘러가는 대로 내버려두지 않고 그것을 마디지 어 날〔日〕, 주〔週〕, 달〔月〕, 계절, 해〔年〕 등으로 구별하여 인식해 왔고, 또 이것들에 특별한 의미를 부여했다. 7요(曜) 개념은 기독 교인들에게는 태초에 창조주에 의해 하늘, 땅, 해, 달, 별 등 우주 만물과 인간의 창조가 완성된 기간에서 비롯된 것으로 보이고, 비 기독교인들에게는 자의적인 시간 마디로 보인다. 그러나 7요 개 념은 원래 고대 메소포타미아인들이 달이 차기 시작하여 만월이 될 때까지 그들 왕의 왕관처럼 뿔 모양으로 땅을 비추며 빛나는 기간에 주목하여 의미를 부여한 시간 마디였다.[18] 이처럼 지나간 기간의 끝과 새로운 기간의 시작이라는 관념을 내포하고 있는 날, 달, 계절, 해와 같은 개념은 매일 뜨고 지는 태양의 규칙적인 운 행, 달의 차고 기욺, 사계절의 순환적 리듬, 태양 빛의 강도에 따 라 각기 다른 시기에 싹을 틔워 꽃을 피우거나 열매를 맺고는 잎 을 떨군 채 죽어가는 식물의 한살이 등과 같은 우주의 생체 리듬 을 관찰한 데서 비롯된 관념이다. 우주 구성물과 자연물들은 삶에 서 시작하여 죽음으로 종말을 맞이하는 것이 아니라 탄생 – 성 장 – 소멸 – 재탄생을 주기적으로 반복한다. 이들의 한살이 주기에 맞춰 삶을 영위했던 원시인이나 고대인들은 매 주기의 시작과 끝 에 그 탄생을 기뻐하고 죽음을 애도하며 재생을 염원하는 종교적

---

18) "그는 초승달이 나타나게 하여 밤을 표시하도록 하는 밤의 보석으로 임명했다. 모든 달을 빠짐없이 왕관 모양으로 구분하였다. 한 달이 시작할 때는, 그 달이 땅을 비추어 엿새 동안은 뿔 모양으로 빛나라. 일곱 번째 날은 왕관의 반쪽이다. 보름은 한 달의 중 간이며, 모든 달의 반이다. 샤마쉬Shamash(태양)가 너를 지평선에서 바라볼 때 너는 점점 볼 수 없게 되고 작아지기 시작할 것이다." 《에누마 엘리쉬》, 제4토판 12~20. 배 철현, 〈에누마 엘리쉬 : 마르둑 신과 바빌론 시에 대한 찬양시〉, 신화아카데미 지음, 《세계의 창조 신화》(동방미디어, 2001), 84~85쪽.

의례를 행했다.

고대 이집트인들은 태양이 아침에 천공인 누트 여신의 몸에서 태어나 저녁에 다시 누트 여신의 몸 안으로 들어간다고 생각했다. 그들은 낮 동안 대지 위에 생명의 빛을 발산하는 태양은 호루스 신, 밤 동안 누트 여신의 몸속 어둠의 대해를 가로지르는 태양은 오시리스 신이라 불렀다. 밤의 태양 오시리스는 고대 이집트인들의 장례에서 사후 세계의 신으로 등장하여 죽은 자들을 심판했다. 한편 파라오는 신으로 여겨졌으므로 그의 삶은 다른 인간들처럼 죽음으로 끝나서는 안 되었다. 그래서 죽은 파라오는 오시리스로, 새로 등극한 파라오는 부활한 오시리스, 즉 호루스로 간주되었다. 모든 생명의 근원인 파라오, 그의 신성한 권능은 백성들에게 양식을 공급해주어야 하므로 어둠에서 부활한 오시리스는 곡물 신이기도 했으며, 그래서 그의 누이이자 아내인 이시스의 여러 별명 중 하나는 밭을 의미하는 소치트(혹은 소체트)였다. 고대 이집트인들은 추수 때 최초로 벤 곡식 다발을 땅 위에 놓고 가슴을 치며 이시스에게 슬픔을 호소했다. 낫으로 살해된 곡물의 신 오시리스의 죽음을 애도하고 그 혼을 위로함으로써 이듬해 그가 다시 되돌아오기를 바랐기 때문일 것이다.[19]

이와 유사한 양상의 의식들이 중근동과 지중해 문화권 전역에서 광범위하게 행해졌다. 메소포타미아 지역의 탐무즈, 시리아의 아도니스, 프뤼기아의 아티스, 그리스의 디오뉘소스와 관련된 의식들 중의 일부는 모두 식물 신의 탄생, 죽음, 재생과 관련된 것들

19) 제임스 프레이저, 《황금가지 II》, 32쪽.

이다. 의례를 통해 주기적으로 식물 신의 행위를 모방하며 신화를 살았던 고대인들에게 시간이란 한번 흘러가면 되돌릴 수 없는 것, 즉 비가역적·선적인 것이 아니라 탄생과 소멸을 반복하는 순환적인 것이었다. 바로 이 시간이야말로 그들의 삶에서는 참으로 중요하고 의미 있는 시간이었고, 그래서 신화를 다시 사는 그 순간은 그가 진정으로 실재하는 순간, 참된 순간이다. 엘리아데의 통찰력은 다양한 종류의 의례가 함축하고 있는 주기적 창조, 순환적 재생이라는 공통된 모티브를 파악하는 것에서 그치지 않고, 우주 창조 행위의 반복에서 고대 정신이나 원시 정신의 역사에 대한 저항의 의지를 읽어내는 데까지 나아간다.

우주 창조의 반복이란 곧 원형을 모방 또는 반복하는 것이다. 원시 사회 또는 고대 사회에서 사물이나 행위는 그것이 원형을 모방 또는 반복하는 한에서만 실재적이게 된다. 하나의 행위(또는 사물)가 본이 되는 행동을 반복함으로써 실재를 획득하는 경우, 그러니까 다른 것은 모두 배제하고 오로지 그러한 반복을 통하여 실재를 실현하는 경우, 그곳에서는 은연중에 속(俗)의 시간, 지속성, '역사' 등의 소거가 이루어지고, 따라서 모범이 되는 행동을 재현한 사람은 그 스스로가 그 모범이 되는 행위가 나타났던 신화 시대로 전이되었다는 것을 깨닫게 된다.[20]

고대인에 의해 행해진 의미 있는 행위, 실재적인 행위, 즉 원형

20) Mircea Eliade, *Le mythe de l' éternel retour*, 50쪽.

적인 행동의 반복은 그 어떤 것이든 지속성을 정지시키고 속의 시간을 소거하며, 그렇기 때문에 그 행위는 신화적인 시간에 참여한다. 다시 말해 원형의 반복은 곧 '신의 모방immitatio Dei'으로, 이것은 지속적인 역사의 시간을 거슬러, 태초의 신화적 순간을 지금, 이곳에서 다시 사는 것이다.

그런데 엘리아데는 이러한 '역사의 소거'를 비단 신화를 사는 고대인 또는 원시인들의 몸짓에서만 감지하는 것이 아니라, 역사적 사건이나 인물들을 신화적 원형들로 변형시키는, 즉 역사를 신화화하는 변형의 메커니즘 속에서도 발견한다.

(2) 역사의 소거 : 존재에의 향수, 낙원에의 향수

이스라엘을 점령하여 지배한 로마의 폼페이우스 집정관이나 신바빌로니아의 느부갓네살(네부카드네자르) 왕은 유대인들에 의해 때로 용의 특질을 지니고 있는 것으로 묘사된다. 엘리아데는 이것을 고대 히브리의 예언자들이 그들의 고통스러운 역사를 감내하기 위해, 다시 말해 군사적인 패배와 정치적인 굴욕을 참아내기 위해, 히브리 민족이 겪은 당대의 사건들을 가장 고대의 우주 창조적 영웅 신화로 해석한 것이라고 보았다. 고대 신화는 용의 일시적 승리를 허용하고 있지만, 최후에는 메시아-왕에 의해 그 용이 제거되므로, 히브리인들의 상상력 속에서는 이방의 왕들이 용의 특질을 지니고 있는 것으로 의식되었다는 것이다.

비난하기 좋아하는 현대인들은 이러한 역사의 신화화를 정치적 선전이나 허풍으로 이해할 수도 있고, 이방의 왕들을 신화적 용으로 바꾸어버리는 것은 '역사적 현실'을 감내할 수 없어서, 그래서 온갖 대가를 치르고라도 신화 속에서, 희망적 사고 속에서 피난처를 찾아 스스로 위로하지 않으면 안 되었던 소수 민족 히브리인들의 고심에서 빚어진 하나의 창작물일 뿐이라고 볼 수도 있다.[21]

그러나 이러한 해석은 고대 심성의 구조를 전혀 고려하지 않았기 때문에 잘못된 것이라고 엘리아데는 주장한다. 역사를 신화로 설명하는 이러한 구상 방식을 히브리 예언자들과 같은 고대 지식인의 사고가 정치적 허풍이나 현실의 고통을 감내하기 위한 소극적 방편으로서 고안해낸 것으로만 볼 수 없게 하는 또 다른 예들이 많이 있기 때문이다.

"집단 기억은 어느 정도로 역사적인 사건을 기억하고 있는가? 완벽하게 기록되어 있는 역사적 인물에 대한 관심을 민중이 어떻게 보존하고 있는가?"[22]라는 물음을 던지면서, 엘리아데는 민간 기억도 역사적 사건과 인물들을 이들 지식인과 아주 유사한 방식으로 연결하고 해석한다는 구체적인 예들을 제시한다.

유고슬라비아의 민족 영웅 마르코 크랄례비치는 사망 연도(1394)까지 정확히 알려져 있는 역사적 실존 인물이다. 그러나 마르코라는 역사적 인격은 집단 기억 속에 들어가자마자 소거돼버렸고, 그의 전기는 신화적 규범들에 의해 재구성되었다.

그리스의 영웅들이 물과 샘의 요정들의 아들이었던 것처럼 그의 어머니도 아내도 모두 선녀vila라고 설명되고 있다. 전기에 의

---

21) 앞의 책, 52~53쪽.
22) 앞의 책, 51쪽.

헤라클레스와 스팀팔리아 호수의 새
들. 기원전 500년경의 아티카 항아
리. 파리, 루브르 박물관.

하면, 그는 정당한 방법이 아닌 책략을 통해 아내를 얻는데, 아내
가 날개를 찾아내어 자기를 버리고 날아갈까 봐 몹시 조심한다.
그런데 이 서사 발라드의 다른 변형을 보면 그의 아내는 첫아들을
낳은 뒤에 날아가버린 것으로 되어 있다. 뿐만 아니라 마르코는
인드라, 트라에타오나, 헤라클레스 등의 원형적인 모델처럼 머리
셋 달린 용과 싸워 그것을 죽이고, 형제가 서로 적이 되는 신화처
럼 자기의 아우 안드리야와 싸워 그를 죽이기도 한다. 또한 다른
모든 원형적 서사시와 마찬가지로 마르코의 이야기에서도 시대
착오적 현상이 나타난다. 앞에서도 언급한 바 있듯이, 1394년에
사망한 마르코가 1450년경 터키인에게 저항하는 전쟁에서 용맹

을 떨친 바 있는 역사적 인물 후냐디의 친구도 됐다가 적도 됐다
가 하고 있는 것이다.

현대의 서사시에서는 이러한 시대착오 현상이 훨씬 덜 나타나
는데, 엘리아데는 그 까닭을 역사적 인물들이 신화적인 영웅으로
탈바꿈할 시간이 없었기 때문이라고 설명한다.[23] 그런데 그는 민
간 기억이 역사적 진실을 제대로 기억하지 못하는 데는 시간에 따
른 기억력의 쇠퇴 외에 다른 중요한 것이 있는 것으로 파악했다.
왜냐하면 현대에도 역사적 사건이 불과 40여 년 만에 신화적 내
용들로 각색되는 경우가 있고, 이러한 일련의 예들에서 모두 역사
에 대한 저항을 읽을 수 있기 때문이다.

1차 세계대전이 일어나기 얼마 전 루마니아의 민속학자 콘스탄
틴 브레일로우Constantin Brailoiu는 루마니아의 마라무레슈라는
마을에서 비극적 사랑을 내용으로 한 어떤 발라드를 채록했다. 그
내용은 다음과 같다.

약혼한 한 젊은이가 산의 요정의 마법에 걸렸다. 결혼을 며칠
앞둔 날 질투에 불탄 요정은 이 젊은이를 높은 바위 꼭대기에서
떨어뜨렸다. 다음날 목동들이 나무 아래에서 젊은이의 시체와 모
자를 발견하고는 마을로 운반해왔다. 그의 약혼녀는 죽은 약혼자
앞에서 신화적 은유로 가득 찬 장송의 비가를 노래하기 시작했다.

브레일로우는 이 발라드의 변종들을 가능한 한 모두 채록하면

---

23) 엘리아데는 민간 기억 속에서 역사적 인물에 대한 회상은 2, 3세기 이상은 존속하지
    못한다고 말한다. 그리고 민간 기억은 개인적 사건들과 진짜 모습들을 잘 간직하지 못
    해서, 사건 대신 범주가, 역사적 인물 대신 원형이 자리잡는다고 주장한다. Mircea
    Eliade, *Le mythe de l'éternel retour*, 53~56쪽.

서 이러한 비극이 언제 일어났는지를 사람들에게 물어보았다. 사람들은 아주 오래된 옛날 이야기라고 답했다. 그러나 그는 조사를 계속하면서 이 사건이 겨우 40년 전에 일어난 사건임을 알게 되었고, 발라드의 주인공인 약혼녀가 아직 살아 있다는 사실도 알게 되었다. 실제의 사건은 다소 진부한 비극이었다.

어느 날 저녁 젊은 약혼자는 벼랑에서 미끄러졌다. 그는 즉사하지 않았으며, 그의 비명이 산을 울려 사람들이 그를 마을로 데려왔다. 마을로 운반된 뒤 그 비운의 젊은이는 곧 숨을 거두었다. 장례식 때 그의 약혼녀는 마을의 다른 여자들과 함께 통상적으로 그러듯이 장송의 비탄들을 반복했을 뿐이다. 물론 이 비탄에는 산의 요정에 대한 어떤 암시도 없었다. 브레일로우가 자신이 확인한 사실을 동네 사람들에게 들려주자, 그들은 그 늙은 여인이 모두 잊어버렸기 때문이라든가, 큰 슬픔이 그녀의 혼을 거의 빼놓았기 때문이라고 대답했다. 그들에게 있어서는 진실을 이야기하는 것은 오히려 신화였고, 실제의 이야기는 다만 곡해된 것일 뿐이었다.

"그런데 신화가 실제의 이야기보다 더 진실한 사실로 간주되었다는 것은 신화가 실제 이야기의 비극적인 참모습을 보다 깊이 드러내어주고 보다 풍부한 의미를 가지게 했기 때문이 아닐까?" 엘리아데는 이렇게 반문하며, 신화적 시간으로의 주기적 복귀, 집단기억의 비역사성 속에서 공히 '역사적 시간' 또는 '역사적 진실'에 대한 저항을 발견하고, 나아가 역사에 대한 저항의 몸짓 뒤에 숨어 있는 인간의 종교적 욕구, 인간의 한 존재 방식을 간파해낸다.

고대인의 의식에서 원형의 중요성, 그리고 원형 이외의 그 어떤 것도 기억 속에 붙들어두지 못한다는 점(집단 기억의 비역사성), 이런 것들은 전통적인 영성(靈性)spiritualité의 '역사에 대한 저항' 이상의 어떤 것을 우리에게 드러내는 것은 아닐까? 이것은 인간 개별성의 덧없음(무효성) 혹은 부차적 성격(중요성)을 보여주는 것은 아닐까.[24]

원형과 반복을 통해 삶의 실재성을 획득하는, 다시 말해 속의 시간을 소거하고 신화적 시공간 속으로 전이하여 초월적 모델의 행위를 모방함으로써 삶의 실재성을 획득하는 고대인들의 모습에서, 그리고 역사를 신화로 변형시키는 신화적 사고의 특성에서 엘리아데는 개체성, 일상성, 유한성에서 탈출하여 참된 인간으로 존재하고자 하는 욕구인 '존재에의 향수', '낙원에의 향수'를 읽어낸다. 그리고 이것을 "신적인 축복과 정신적인 풍요를 향유하는 이상적인 인간의 이미지"이자 "속적(俗的)인 실재의 무의미성에 의하여 압도되도록 내맡김으로써 야기되는 자기 상실에 대한 공포를 증거하는 것"으로 이해한다.[25]

현대 서구 철학은 인간을 특히 역사적 존재로, 역사적 조건들에 의해 제약받고, 역사에 의해 창조되는 존재로 규정한다. 여러 자연신이나 기능신, 조상신과 같은 다신(多神)뿐 아니라 야훼나 알라와 같은 유일신마저 상황적 존재, 역사적 존재인 인간이 만들어낸 것임이 밝혀졌으므로, 신 역시 역사에 의해 조건지어지는 존재로 간주된다. 축복과 풍요로운 낙원의 세계에서 추방된 인간이 이

---

24) 앞의 책, 62쪽.
25) 앞의 책, 109~110쪽.

번에는 절대적이고 무한한 신을 낙원에서 추방했다. 그 결과 인간
은 악과 고통이 난무하는 현실 세계에서 벗어날 구원의 기회를 상
실해버렸다. 엘리아데는 역사적인 것에만 의미를 부여한 서구 정
신이 20세기에 이미 한계와 위기에 봉착했다고 진단했으며, 이
위기는 종교적 삶을 회복할 때, 즉 추방한 신들과 잃어버린 낙원
을 일상의 삶 속으로 다시 불러들일 때, 다시 말해서 서구 정신이
고대 존재론을 창조적으로 자신과 융화시킬 때 비로소 극복될 수
있다고 보았다.[26] 그래서 엘리아데는 그가 '고대 존재론'이라 일
컬었던 삶의 방식, 신화를 사는 삶, '신적인 것들의 모방'이라고
부를 수 있는 삶의 방식이 철학적 인간학에 어떤 길을 열어주기
를, 그리하여 종국에는 새로운 문예 부흥, '새로운 휴머니즘'이
도래하기를 바란다.

  그가 우리에게 들려주는 한 랍비 이야기는, 이성과 영혼의 화합
을, 신화를 상실한 서구 정신과 그가 보기에 여전히 신화적 삶을
살고 있는 동양 정신과의 창조적 만남을 진정으로 바라는 한 성자
의 구원의 메시지다.

  크라쿠프의 경건한 랍비 에제키엘은 어느 날 누군가 그에게 프
라하로 가라고 권하는 꿈을 꾸었다. 프라하의 왕궁으로 가는 큰
다리 아래에 보물이 묻혀 있으니 가서 찾아오라는 것이었다. 똑같

---

26) Mircea Eliade, "Le symbolisme religieux et la valorisation de l'angoisse", M. Eliade
   외, *L'angoisse du temps présent et les devoirs de l'esprit*(Neuchatel : La Braconnière, 1954),
   55~72쪽. 이 책은 서구 정신의 위기를 공감한 소쉬르Raymond de Saussure, 리쾨르
   Paul Ricoeur, 엘리아데, 슈만Robert Shuman, 칼로제로Guido Calogero, 모리악
   François Mauriac이 1953년 제네바 국제 회담에서 발표한 글들을 모은 것이다. 엘리아
   데가 이 회담에서 발표한 이 글의 제목은 '종교적 상징 체계와 불안의 가치 평가'라는
   뜻이다.

은 꿈을 세 번이나 꾸게 되자 마침내 랍비는 떠날 결심을 했다. 그는 프라하에 도착해서 그 다리를 발견했지만, 보초가 밤낮으로 지키고 있어서 다리 밑을 파볼 수 없었다. 계속 다리 주위를 어슬렁거리던 그는 보초 대장의 주목을 끌게 되었다. 보초 대장이 그에게 뭔가를 잃어버렸느냐고 친절하게 물었다. 우직하게도 랍비는 자신의 꿈 이야기를 해주었다. 그의 말을 들은 장교가 웃음을 터뜨리며 말했다. "이런 불쌍한 사람을 보았나. 아니 그래 당신은 그 꿈 때문에 신발을 닳게 하며 이 먼 길을 왔단 말이오? 제정신을 가진 사람이라면 그 꿈을 믿겠소?" 장교는 자신도 꿈속에서 어떤 목소리를 들었다고 말해주었다. "꿈속의 그 목소리는 내게 크라쿠프에 대해 말하면서, 그곳으로 가면 제켈의 아들, 즉 에제키엘이라는 이름을 가진 랍비가 있는데 그 사람의 집에 엄청난 보물이 있으니 찾으러 가라고 했소. 보물은 먼지 낀 구석, 난로 뒤에 묻혀 있으니 거기서 찾으라고 했소." 그러나 장교는 꿈속에서 들은 말을 믿지 않았다. 그는 합리적인 사람이었던 것이다. 랍비는 장교에게 깊이 머리 숙여 인사하고는 서둘러서 크라쿠프로 돌아왔다. 그러고는 자기 집의 버려둔 구석을 파헤쳐 보물을 찾아냈다. 이렇게 해서 그는 비참한 가난을 끝냈다.

이 이야기는 치머Heinrich Zimmer 박사가 부버Martin Buber가 소장했던 자료들에서 찾아낸 것이다. 치머는 말하기를, "우리의 빈곤함, 우리의 시련들을 끝내게 해주는 진정한 보물은 결코 멀리 있지 않으므로 그것을 찾으러 먼 나라까지 갈 필요가 없다. 그것은 우리 자신의 집, 즉 우리 자신의 존재의 가장 내밀한 구석에 묻혀 있다. 그것은 난로 뒤, 생명과 온기를 주면서 우리의 존재를 통솔하는 생명과 온기의 중심지, 심장의 심장에 있다. 우리는 단지 그것을 파낼 줄 알기만 하면 된다. 그런데 기이하면서도 변치 않는 사실이 있으니 먼 지역, 이방의 나라, 새로운 땅으로 여행을 하고 난 후에야 우리의 탐구를 이끄는 이 내면의 목소리가 우리에게 드러날 수 있다는 것이다. 거기에다 또 하나 덧붙일 것은, 신비로운 우리 내면 여행의 의미를 우리에게 드러내주는 이는 바로 이방인, 다른 믿음을 가진 다른 인종의 이방인이라는 사실이다." 바로 이것이 모든 참된 만남의 깊은 의미로, 전 세계적 규모의 새로운 휴머니즘의 출발점을 이룰 것이다.[27]

이성과 영혼의 화합, 현대 서구 정신과 동양 정신과의 창조적 조우란 탈성화된 서구 사회에 중세와 같은 기독교 왕국을 부활시킴으로써 종교적 삶을 회복하자는 것이 아니다. 유대-기독교는 이미 지나치게 역사화되어, 고대 종교나 아시아 종교, 원시 종교가 추구했던 존재론의 소중한 면모들을 상실해버린 지 오래다.

3. 자연 신앙의 쇠락 : 축복인가, 재앙인가

(1) 헤브라이즘의 자연관
'기독교의 창조 신학은 인간을 원시적 정신에서 해방시키고 문명을 발전시켜 오늘의 기술 사회가 오게 했다'고 주장하는 기독교 신학자들이 있다. 그들은 '기독교의 창조 신학이 없었다면 어

---

27) 앞의 책, 70쪽.

쩌면 인류는 아직도 자연 숭배의 그늘에서 헤어나지 못했을지도 모른다'고 강변하면서 인류 문명의 발전과 인간 정신의 지적 개화에 이바지한 〈창세기〉 신학의 공헌을 지적한다. 자연 신앙에서 유일신 신앙으로의 전환이 인간 정신의 지적 개화를 의미하며, 그것이 기술 문명의 도래를 이끌었는지를 판단하기는 어렵다. 그러나 적어도 서구인들의 자연관에 끼친 〈창세기〉 신학의 영향이 지대하다는 것은 확실하다.

〈창세기〉 1~2장은 유대 – 기독교인들의 유일신 야훼(또는 엘로힘)가 엿새에 걸쳐 천지와 만물과 인간을 창조하는 과정을 이야기한다. 신은 빛과 어둠, 하늘과 바다와 땅, 해와 달과 별들, 땅과 물과 대기권의 온갖 생명들을 창조한 후, 마지막 엿새째 되는 날에 인간을 창조한다. 그는 "우리의 형상으로, 우리의 모습처럼 인간을 만들자. 그가 바다의 물고기들, 하늘의 새, 집짐승, 온갖 들짐승, 땅 위를 기어다니는 온갖 기는 것을 다스릴 것이다"[28]라고 말한 후, 자신의 형상대로 아담을, 남자와 여자를 창조한다. 그러고는 "그들에게 복을 내리시고 말씀하셨다". "많아지고 불어나 땅을 채우고 '그것을' 정복하여라. 그리하여 바다의 물고기들, 하늘의 새, 땅 위를 기어다니는 온갖 생물을 다스려라."[29]

자연은 숭배나 경외의 대상이 아니다. 그것은 인간이 정복하고 다스려야 할 대상이다. 유대 – 기독교인들에게 인간의 자연에 대한 지배권은 신이 준 축복으로 간주된다. 기독교의 세계화 과정은 전 세계적으로 퍼져 있던 자연 신앙의 억압과 함께 이루어진 전지

---

28) 《타르굼 옹켈로스 창세기》, 배철현 옮김 · 주석(한님성서연구소, 2001), 119쪽.
29) 앞의 책, 120쪽.

전능한 창조주 유일신 신앙의 확산 과정이다. 그 확산의 폭과 깊이가 얼마나 엄청난지, 오늘날 우리는 이러한 유일신 신앙을 아무런 거부감 없이 자연스러운 것으로 받아들인다. 그러나 이 신앙의 확립은 사실은 유대교의 수많은 예언자들이 유대인의 정체성을 찾기 위해 치열하게 노력한 결과다.

헤시오도스는 《신통기》에서 고대 그리스인들이 신이라 불렀던 모든 신들을 하나의 일관된 체계로 정리해보고자 했다. 그 신들이란 자연에 내재해 있는 온갖 힘들, 사회 속에서 작동하는 갖가지 다양한 힘들, 인간의 온갖 정념들이었다. 인도의 베다서와 후기 문헌에 나타나는 신들도, 중국과 이집트와 메소포타미아를 비롯한 세계 전 지역의 원시 사회나 고대 사회의 구성원들이 신 또는 조상이라 부르는 존재들도 마찬가지다. 흔히 자연신, 조상신, 기능신 등으로 분류되기도 하는 이 신들은 다름 아니라 현대 과학이 온갖 추상적 개념으로 설명하는 자연의 힘, 사회적 · 정치적 힘, 경제적 힘, 심미적 · 문화적 힘 및 인간 속에 내재해 있는 여러 힘이다.

히브리인들의 조상 아브라함에게 나타났던 엘 샷다이 신도 원래는 산(山)의 주(主), 혹은 바위의 주를 의미했던 것으로 알려져 있다.[30] 아브라함이 속한 종족의 신이었던 이 자연신이 모세에게 나타나 자신을 히브리 민족의 유일신으로 숭배할 것을 요구했으며,[31] 이 민족의 고난의 역사가 예언자들로 하여금 셈족들의 역동적이고 풍부한 감정을 지닌 다신 신앙을 물리치고 근엄한 유일신

---

30) J. B. 노스, 《세계종교사(상)》, 201쪽.
31) 〈출애굽기〉, 3장 1~16절.

체계를 정립하게 했다. 그리고 바로 이 뿌리에서 기독교, 이슬람교라는 유일신 종교가 탄생했다. 이 세 유일신 종교의 신자들은 기존의 다신적 신앙 체계를 우상 숭배, 미신으로 치부하여 억압했으며, 인간의 역사는 자신들의 신의 거룩한 의도가 실현되는 신성의 역사라고 주장했다.

근대 이후 역사학은 이 신성의 역사에서 벗어나 인간의 의지에 의해 구축되는 역사를 확립하고자 노력해왔다. 그럼에도 자연과 인간의 관계에 대한 서구인들의 인식은 〈창세기〉 신학의 전통을 그대로 이어받고 있다. "역사는 인간이 그 이성을 작용시켜서 환경을 이해하려 하고, 환경에 작용하려고 한 오랜 투쟁의 과정이다", "역사는 인간이 시간의 흐름을 자연적 과정(사계절의 순환이라든가, 인간의 일생)이라는 관점에서가 아니라, 거기에 인간이 의식적으로 관계되고 또 인간이 의식적으로 영향을 줄 수 있는 특수한 사건의 연쇄라는 관점에서 볼 때 시작된다"라고 역사가들은 말한다.[32]

오늘날 우리 인간은 우리의 환경을 얼마나 이해하고 있으며, 환경에 얼마만한 영향을 미칠 수 있을까? 과연 인간사는 자연적 과정과 무관하게 또는 자연의 움직임에 영향을 받지 않고 오직 인간의 의식적 관여로만 움직이는가? 역사는 인간이 환경을 정복하기 위해 벌여온 오랜 투쟁의 과정이기만 할까? 남미 최대의 과일 수출국 칠레의 농업 문명은 이에 대해 부정적으로 답하게 하는 한 예에 불과하다.

---

32) E. H. 카, 《역사란 무엇인가》, 182쪽.

안데스 산맥.

　칠레의 기후는 햇빛이 강하게 내리쬐지만 강수량은 그다지 많지 않다. 강한 햇빛과 적은 강수량은 경작에 적합한 기후 조건이 결코 아니다. 그럼에도 칠레가 농산물 경쟁력을 갖게 된 것은 바로 적도 지역에서 남극 지역까지 길게 뻗으며 칠레를 위에서 아래로 관통하는 안데스 산맥 덕분이다. 햇빛은 강하나 강수량이 적은 자연 환경에서, 거대한 안데스 산맥은 눈을 조금씩 녹여내며 1년 내내 칠레의 농지에 충분한 물을 공급해주고 있다. 그 덕분에 칠레는 강한 햇빛과 충분한 물이라는 최적의 경작 조건을 갖추게 된 것이다. 게다가 위로는 적도에, 아래로는 남극에 닿아 있는 지리적 특성상 열대에서 한대에 이르는 기운을 모두 아우르고 있어서, 농산물 수출 대상 국가와 똑같은 기후 조건에서 맞춤 재배를 할 수 있다는 강점까지 갖추고 있다.

만일 칠레인들이 안데스 산맥을 안데스 신으로, 강한 햇빛을 발하는 태양을 생명 에너지를 공급하는 태양신으로, 안데스 산맥의 눈을 젖줄을 흘려보내는 물의 여신으로 이야기했다면, 그들의 농업 문명은 발달하지 못했거나 발달을 멈추게 될까? 그래서 칠레에서는 산업화도 이루어지지 못하고, 칠레 국민들은 미개한 상태로 남아 있게 되었을까?

신화는 인간이 대자연 속에 조화롭게 안주하려 노력했던 역사, 신과 조상이 개입하는 인간의 역사를 이야기하며, 자연을 경외하고 조상들과 대화하며 살았던 인간의 삶을 이야기한다. 앞에서 살아 있는 신화로서의 그리스 신화의 면모를 살펴보기는 했지만, 거듭 말하건대 사실 그리스 문화 속에서 신화는 오랜 분석과 재해석으로 탈신화화되었고, 그 결과 우리는 진정한 의미에서 살아 있는 그리스 신화, 의례의 맥락에 있는 그리스 신화는 거의 알고 있지 못하다. 반면 자연 신앙에 토대를 둔 민간 신앙과 실천 체계들로 이루어져 있는 한국의 무속은 아득한 신화 시대의 삶을 이미 지나가버린 과거의 삶이 아니라 지금도 생생하게 살아 있는 의례적 삶의 모습으로 보여준다.

(2) 한국 무가에 나타난 칠성 신앙과 굿판에서의 신화 살기

단군 신화는 천제의 아들 환웅이 땅으로 내려와 웅녀와 결혼하여 단군을 낳고, 단군이 고조선을 세웠다고 이야기한다. 우리나라

용화사 칠성각의 칠성탱. 칠성 신화는 한국 불교 전통
에서 7여래로 변용되었다.

서사 무가(巫歌)에는 이와 동일한 구조를 가진 창세(創世) 시조
신화가 많이 있다. 오산(烏山)의 〈시루말〉도 그 하나로, 여기서는
환웅 대신 당칠성이, 웅녀 대신 매화부인이 등장하고, 그 사이에
서 태어난 선문이와 후문이에 의해 대한국과 소한국이라는 나라
가 확립된다.

　그 내용을 간단히 살펴보면 다음과 같다. 천하궁 당칠성이 지하궁에 내려와서 매화뜰 매화부인과 인연을 맺고, 그녀가 아들 형제를 잉태할 것임을 예언한 후 가버린다. 매화부인은 아들 형제를 낳아서 선문이, 후문이로 이름 짓고 양육한다. 선문이와 후문이 형제는 십여 세가 되어 글방에 다니다가 동료들에게 '아비 없는 자식'이라는 욕을 듣게 되고, 매화부인에게 아버지의 근본을 알아낸 뒤 당칠성을 찾아 천하궁으로 올라간다. 당칠성은 아들 형제를 만나, 선문이는 대한국을 지녀 먹고 후문이는 소한국을 지녀 먹도록 주선한다.

그런데 왜 하필 당칠성과 매화부인이라는 이름이 쓰였을까? 이 이름들은 별다른 의미 없이 그냥 우연히 붙여진 것일까? 북두칠성에 관한 중국 고대 문헌의 기록들, 그리고 천지개벽에 관한 몇몇 서사 무가에 주목해보면, 이 이름들이 결코 우연히 붙여진 것이 아니고 고대의 역법과 관련된 것임을 알 수 있다.

창세에 관한 무가에서는 종종 하늘, 땅, 인간이 각각 12지(支)의 자(子), 축(丑), 인(寅)과 연결되어 있다.

> 인간(人間) 사람이 하날이 열릴 적에 자방(子方)으로 열리시고
> 이 땅이라 벽할 적에 축신방(丑辰方)으로 벽합시고
> 사람이 인방(寅方)으로 법을 시게 놓고……[33]

> 복원 천존지비하사 세상천지 마련할 제
> 천개어자하야 하날이 자시에 생겨나니
> 천황씨 나계시어 삼십삼천 일월성신을 마련하니
> 시방제천군의 열위천군의 열위천존 나계시고
> 지벽어축하야 땅은 축시에 생겨나니
> 지황씨 나계시어 생재만물하옵시니 열위지존 나계시고

---

33) 〈셍굿〉. 임석재 · 장주근, 《관북 지방 무가》(문교부, 1966), 1~2쪽.

인생어인하야 사람은 인시에 생겨나니……[34]

　하늘(天) - 자(子), 땅(地) - 축(丑), 인간(人) - 인(寅)의 대응은 중국인들이 삼통력(三統曆)이라 부르는 역법과 관련된 관념으로, 이는 북두칠성의 움직임을 관찰하여 한 해의 첫 달을 결정하던 고대의 천체력법에서 비롯된 것이다. 중국 고대 천문 체계에서 함지 (咸池)라는 별과 북두칠성, 즉 두성(斗星)은 사계절과 열두 달을 구분하는 시간 지표 별들이었다.

　고대 중국인들은 천체의 중심을 북극성으로 삼고 모든 별들이 북극성 주위를 돌고 있다고 생각했다. 함지가 춘·추분과 하지·동지의 절기 지표 별들을 가리키며 한 바퀴 돌면 1년이 경과하므로, 고대인들은 함지를 태세(太歲)라고도 불렀다. 함지의 한 번의 운행(一運行)이 춘·추분 및 하지·동지를 알려주며 사계절을 구분한다면, 두성의 움직임은 열두 달을 구분하면서 한 바퀴 돌아 1년의 경과를 알려준다. 국자 모양의 두성은, 북두칠성이라고도 불리는 데서 드러나듯이 일곱 개의 별로 이루어져 있으며, 국자 모양에서 자루에 해당하는 별 셋을 중국인들은 특별히 두병(斗柄)이라 불렀다. 두병은 십이지에 해당하는 별을 차례로 가리키며 북극성 주위를 도는데 일 년 안에 일주를 끝내고 다시 제자리로 돌아온다.[35] 그래서 고대 중국인들은 두성을 소세(小歲) 또는 소요 (逍搖)라 불렀다.[36] 함지와 소요(昭遙 또는 消遙), 즉 두성은 북극

---

34) 〈축원문(祝願文)〉. 김영진, 《충청도 무가》(형설출판사, 1976), 197쪽.
35) 경주 첨성대의 꼭대기에서는 1년 내내 북두칠성의 움직임을 관찰할 수 있다고 하는데, 이러한 사실은 왜 첨성대가 건축되었는지 이해하게 해준다.
36) 《淮南子》, 〈天文訓〉·〈時測訓〉.

태양 수레의 바퀴.
인도 코나라크에 있는 태
양신 수리야의 사원.

성 주위를 한 바퀴 돌면서 각각 1년 사시(四時)와 열두 달을 구별
해주었던 셈이다.

왕조의 창건은 곧 새로운 시대가 열림을 뜻한다. 그래서 고대
왕조들은 제각각 새해의 시작을 달리했는데, 두병이 가리키는 간
지——이를 월건(月建)이라 불렀다——를 관찰하여 해의 첫 달인
세수(歲首)를 정했다. 고대 전승에 의하면, 하(夏) 왕조는 두병이
인(寅)을 가리키는 달을 세수로 삼았고,[37] 상(商, 또는 殷) 왕조는
두병이 축을 가리키는 달을 세수로 삼았으며, 주(周) 왕조는 두병

(왼쪽) 천 개의 살을 가진 태양 수레 바퀴. (오른쪽) 사방으로 황금 화살을 쏘는 태양을 형상화한 태양 수레 바퀴는 불교에서 붓다의 가르침을 전파하는 법륜의 수레 바퀴로 해석되어 붓다의 족적 속에 새겨지기도 한다.

이 자(子)를 가리키는 달[즉, 자월(子月)[38]의 월건]을 세수로 삼았다고 한다. 이러한 하의 역법(夏曆)은 인통력(人統曆), 은의 역법(殷曆)은 지통(地統), 주의 역법(周曆)은 천통력(天統曆)으로 간주되었다.[39] 고대 중국인들은 한때 이 세 역법이 교대로 이어진다고

37) 입춘의 달에 해당된다.
38) 동지의 달에 해당된다.
39)《漢書藝文志》,〈數術略〉;《史記》,〈曆書〉.

생각했으며, 그래서 이를 삼통력이라 불렀다.

천지의 조화로운 기운이 결합하여 인간이 생겨난다는 것이 동아시아인들의 전통적 인간관이다. 이 관념과 삼통력의 단편이 천지개벽 신화와 최초로 인간 세상 또는 한 나라를 여는 선문이와 후문이의 혈통에 반영된 것이다.

앞의 신화들은 무당의 굿거리 서두에서 구연(口演)되는데, 이는 곧 천지가 열리고 인간 세상이 열리는 아득한 태초의 순간을 기억하여 되살리는 행위다. 그렇게 함으로써 굿거리가 행해지는 '지금, 이곳'에 태초의 신화적 시공간이 펼쳐지고, 굿의 참여자들은 역사적 시공에서 잠시 벗어나 천지가 처음 열리고 인간 세상이 처음 열리던 신화적 시공간으로 거슬러 올라간다.

인월(寅月)을 정월(正月)로 하는 천통력(天統曆)에서는 입춘의 달이 한 해의 시작이 된다. 입춘의 달에는 동풍이 언 땅을 녹이고(東風解凍), 동면하던 벌레가 움직이기 시작하고(蟄蟲始振), 물고기가 얼음 밑을 돌아다니며(魚涉負冰), 초목에 싹이 트기 시작한다(草木萌動). 춘분이 들어 있는 중춘의 달에는 매화꽃을 비롯해 복숭아꽃이 피기 시작한다(桃始華). 따라서 하늘의 당칠성이 땅의 매화부인과 만나 선문이와 후문이를 낳는 그 신화적 시공은 천(天)―지(地)―인(人)이 조화롭게 소통하는 공간, 저 하늘의 별들과 이 땅이 감싸 안고 있는 뭇 생명체들이 조화롭게 화답하여 운우지정(雲雨之情)을 나누는 때다.

하늘이 자시(子時)에 자방(子方)으로 열리고, 땅이 축시(丑時)에 축방(丑方)으로 열리며 인간 세상이 인시(寅時)에 인방(寅方)으로 열리는 신화적 시공간. 무당이 기억하여 읊조려 '지금, 이곳'에

펼치는 그 시원의 때, 큰 춤사위와 노래로 굿의 참여자들을 이끌고가는 그 태초는 어둠에 묻혀 있던 빛이 깨어나 우주 만물과 인간이 어울려 약동하는 생명의 춤을 추는 바로 그곳, 그 순간이다.

역사는 인간의 "의식이 각성함으로써 생긴 자연과의 단절"이라고 부르크하르트Jacob Burckhardt가 말했듯이,[40] 인간의 역사는 대자연과의 소통이 끊긴 단절의 역사, 부조화의 역사다. 이 어긋남의 골이 깊어지면, 일그러진 질서에 분노한 자연은 그의 파괴적 힘을 행사한다. 화산이 폭발하고 지진이 발생하며, 대홍수와 가뭄이 들이닥치고, 이어서 질병이 퍼져나간다. 그래서 무당이 행하는 치병 의례와 기우제는 대자연과 인간의 조화를 회복하려는 우주-인간 원융회통(圓融回通)의 몸짓과 노래로 치러진다.

현대 역사학자들은 사건들의 배후에서 작용하는 여러 원인들——정치적·경제적·개인적 원인 등——이 서로 밀접하게 얽혀 있음을 안다. 무당들은 이미 오래전부터 현상계 배후의 여러 힘들이, 위와 아래가, 과거와 현재와 미래가 서로 얽혀 있음을 꿰뚫어 보았으며, 그래서 인간 세상과 자연계의 복잡한 문제들을, 그 잘못 얽혀 있는 매듭들을 풀어 해결하려 했다. 만일 우리가 샤머니즘의 토대를 이루는 민간 신앙과 자연 신앙을 근거 없는 미신 체계로 규정하지 않고 그 신앙과 실천 체계가 어떤 의미를 지니고 있는지를 묻는다면, 또 원시 정신, 고대 정신, 전근대 정신의 산물인 신화를 비합리적 망상의 산물로 치부하지 않고 터무니없어 보이는 그 내용 속에 담겨 있는 메시지가 무엇인지를 묻는다면, 그

---

40) Jacob Burckhardt, *Reflections on History* : E. H. 카, 《역사란 무엇인가》, 182쪽에서 재인용.

리하여 그 삶의 방식과 정신 세계를 '지금, 이곳'에서 추체험하려 노력한다면, 오늘날 우리는 태곳적부터 전해져온 우리 조상들의 지혜, 즉 자연과 인간, 죽은 자와 산 자가 서로 소통하는 원융회통의 지혜를 우리 것으로 만들 수 있지 않을까?

과학자들 중에는 태풍이 '조물주의 섭리'라고 말하는 사람도 있다. 한 지구환경 연구자는 "지구 전체의 에너지 분포를 보면 태양 에너지를 많이 받는 저위도에선 에너지가 남고, 태양 에너지를 적게 받는 고위도에선 에너지가 부족해진다"며 "태풍은 저위도의 남아도는 열을 고위도로 수송하는 절묘한 자연 현상"이라고 설명한다.[41] 자연을 대상화해 미세 단위로 분리하여 설명하는 자연과학자들조차 자연의 그 오묘한 질서 앞에서는 어떤 초월적 힘을 느끼는 것일까?

'우주 만물에 불성(佛性)이 있다'는 불교의 가르침에 진실로 공감하고, "함께 머물고, 꽃을 배우며, 홀가분히(빛처럼) 가자"고 노래하면서 스스로 토속적인 인디언들의 삶을 선택한 게리 스나이더Gary Snyder, 사람들은 그를 생태 시인이라고 부른다. 그는 생태 시인이라기보다는 그야말로 이성과 감성을 아우르며 대자연의 문명 속에서 신화적 삶을 사는 현대인, 동서양의 영적 정신을 창조적으로 융화시킨 '신휴머니즘'의 실천자다. 오늘날 우리 모두가 스나이더처럼 살기는 불가능하다. 그러나 레비스트로스의 말대로, '우리는 매우 소중한 것을 잃어버렸으며, 그 잃어버린 것을 복원하기 위해 노력해야 한다'. 만일 '현대 과학이 잃어버린

---

41) 대기화학·태풍 연구센터장인 권혁조의 칼럼을 참조하라.《한겨레신문》, 2003년 8월 6일자.

것들에서 점점 멀어지는 것이 아니라 오히려 과학적인 설명의 장
(場)에서 그 잃어버린 것들을 통합하려 한다'면, 그리고 시인과
예술가들이 '어린이들을 위해서' 다시 신화를 노래한다면, 미래
의 어린이들은 자연과 신들과 인간, 그리고 우주의 뭇 별들이 조
화롭게 어울리는 대동(大同)의 낙원에서 살 수 있지 않을까?

맺는말 : 21세기의 화두

1. 다양한 문화들의 조화로운 공존

　　　　　　　지구촌 전체가 세계화, 신자유주
의를 부르짖는 가운데 인류의 일상생활이 획일화되고 있는 이 시
대에 '어떻게 하면 각 지역이 문화적 특수성을 유지하여 세계 문
화의 다양성을 조화롭게 공존시킬 수 있을까' 하는 문제가 21세
기 유네스코(국제연합 교육과학문화기구)의 핵심 과제가 되고 있
다. 공통적 가치라는 것도 필요하긴 하지만 오늘날과 같은 문화
세계화는 자유로운 정신의 창조력을 배양하지는 못하게 하므로
이는 곧 인류의 비극적 미래로 이어질 공산이 크기 때문이다. 각
사회의 신화에는 그 공동체 구성원들이 자신들이 처한 자연 환
경, 지리적 여건, 역사적 상황들에 적응하며 터득한 전통적 지혜
와 가치들이 숨어 있으므로, 세계 도처에서 나타나는 신화에 대
한 관심은 문화 다양성의 보존과 공존이라는 점에서 바람직스

럽다.

　그러나 그리스 신화에 대한 편식이 두드러지는 작금의 우리나라 신화 열풍은 다른 나라에 비해 정도가 지나쳐 보인다. 이는 다양한 문화와 접촉하지 못한다는 점에서 그다지 긍정적인 현상이 아니다. 인터넷 게임들이 그리스 신화뿐 아니라 북유럽, 인도 등 세계의 여러 신화들을 소재로 하여 만들어지고 있으나, 신들의 이름이나 지역명이 낯선 탓인지 대다수 일반인들의 관심은 주로 그리스 신화에 집중되고 있다. 게다가 일반인들 사이에서의 신화 열풍은 주로 게임이나 애니메이션, 영화 등의 상업적 동기에 의해 촉발된 면이 있는데, 이런 것들은 신화의 내용마저 현대인의 입맛에 맞게 각색하기 때문에 신화의 진수가 제대로 알려지지 못하고 있다.

　게다가 파괴된 자연 환경을 되살릴 수 있는 환경 친화적, 생태적 사고는 서구 신화 속에서는 만나기 어렵고, 인도, 중국, 아메리카나 아프리카의 원주민들의 신화 속에서나 만날 수 있다. 이 신화들은 비록 그리스 신화나 북유럽 신화들에 비해 탄탄한 스토리를 갖추고 있지 못해 독자들의 흥미를 즉각적으로 유발하지는 못하나, 환경적 사고보다 더 자연을 존중하는 사고를 보여준다. 고대 그리스인들이 온갖 인간적 속성들에 종교성을 부여했다면 고대 동양인이나 이른바 현대 원시인들은 자연의 온갖 힘들에 신성을 부여했기 때문이다.

　앞서 지적했듯이 그리스 신화가 여타 지역의 신화에 결여돼 있는 몇몇 요소들을 갖추고 있고, 그래서 우리에게 부족한 어떤 소질들을 길러줄 수 있는 것은 사실이지만, 지나치게 편파적인 문화

〈기도하는 신관〉. 기원전 9세기의 청동상. 파리, 루브르 박물관.

수용은 여러 면에서 바람직하지 못하다. 오늘날 서구인들이 오랜 기간 자신들을 감싸왔던 나르시시즘의 껍질을 벗어버리고 동양 의 사고 및 신화적 사고와의 조화를 통해 근대 합리적 이성의 한 계를 극복하여 더욱 나은 시대를 창조하려 노력하고 있는 판에, 우리가 그 낡은 껍질을 받아 온통 뒤집어쓸 이유가 없지 않은가.

신화에의 관심이 방향을 제대로 찾기만 하면 우리는 인류의 역 사와 사상, 종교, 의례, 상징물, 문화재를 태곳적부터 총체적으로 재미있게 접할 수 있다. 그러다 보면 현대인들이 의식적 또는 무 의식적으로 삶의 일부로 지니고 살아가는 전통의 단편들에 담긴 의미를 올바로 이해하게 된다. 결국 신화는 현대인들에게 자신의 뿌리를 제대로 인식하게 해줄 뿐 아니라, 정신의 또 다른 차원을 확인해 지난 근대 문명의 질곡을 벗어버리고 새 시대를 열어가는 주체가 되게 해줄 것이다. 그러나 만일 신화에의 관심이 단지 한 때의 열기로, 서구 유행의 모방으로 그친다면 우리는 계속 자아를 상실한 채 나르키소스를 흠모하는 에코로 남게 될 것이다.

2. 현재와 미래의 상생을 위한 자연 보호

　　　　　　　　　　　　　　신화적 사고가 지배하는 시대 또는 사회에서는 구성원들의 삶이 자연과 밀접히 연관되어 있다. 인간이 자연을 마음대로 지배할 수 있다고 생각하는 시대나 사회에서는 신화적 사고가 다른 유형의 사고에 자리를 내준다. 현대에는 과학적 사고가 지배적인 위치를 차지하고 있다. 하지만 극단적인 과학적 사고는 20세기에 곳곳에서 폐해를 노출시켰다. '피와 눈물의 세기'인 20세기를 보내면서 21세기 사람들이 통합과 조화의 메시지를 담고 있는 신화를 다시 불러들인 것은 고대로의 회귀, 환상적 과거에 대한 낭만적 갈구는 분명 아닐 것이다. 그것은 잃어버린 낙원을 되찾아 인류의 생존을 지속시키기 위한 몸부림, 절박한 구원의 신호다.

　망가져 황폐해진 자연 속에서의 삶, 신적 축복과 정신적 풍요를 상실한 채 일상에 함몰된 삶, 이것은 바로 고대 신화들이 묘사하는 지옥에서의 삶이다. '자연 보호', '생명 윤리'라는 21세기의 화두는 현대인이 처한 위험하고 피폐한 삶의 정황을 잘 말해준다. 이 위기 상황을 벗어나기 위해서는 먼저 사고의 혁신적인 전환이 필요하다고 사람들은 이구동성으로 말한다. 환경생태적 사고는 인간과 자연, 생태계가 한 유기체의 통합적 구성 요소들처럼 떼려야 뗄 수 없는 관계에 있어서 상호 의존한다고 생각한다. 그래서 대다수의 사람들이 환경적 사고를 21세기의 대안적 사고 패러다임으로 간주한다.

신화적 사고는 자연, 인간, 생태계 사이에 유기체적 상호 의존 관계를 설정했다는 점에서 환경생태적 사고와 유사하다. 그러나 신화적 사고는 환경생태적 사고를 넘어선다. 후자가 인간 중심적인 사고가 아니라 '우리'라는 상호 관계적 사고라고 주장되긴 하나, 생태주의적 문제 의식의 바탕에서는 여전히 인간이 모든 것의 중심에 자리잡고 있음을 부인할 수 없다. 그러나 신화적 사고에서 인간은 세계의 중심이 아니다. 인간은 오히려 거대한 우주의 극히 작은 일부분에 불과하다.

신화적 사고는 우주 내의 모든 존재——아무리 하잘것없어 보이는 존재라도——에게서 위대한 신의 음성과 몸짓을 느끼며, 자연의 일부인 인간에게서도 신의 모습을 본다. 신화적 사고에서 자연의 죽음은 곧, 신의 죽음이자 자연의 일부인 인간의 죽음이다. 그렇기 때문에 신화적 사고는 끊임없이 자연과 신을 찬미하면서 자기 삶을 성찰하고 그 경이로운 질서 속에 자신을 동화시키려고 애썼던 종교적 사고이자, 전 우주와 원융회통하는 우주 철학적 사고, 우주의 다채로운 몸짓과 소리와 색채에 민감한 심미적 사고다.

과학, 철학, 예술, 종교, 역사, 문학이 온통 녹아들어 있는 신화는 오늘날 그 역동적인 생명력을 제대로 발휘하지 못하고 있다. 신화적 사고의 총체성이 현대를 사는 우리의 사유 방식과 전혀 달라서 신화가 옛날과 같은 성격을 가질 수 없고, 또 과학적 사고의 출현과 함께 신화가 공중분해되어버려 이제는 파편들만 남아 있기 때문이다. 그래서 레비스트로스는 현대를 '신화 분산의 시대', '신화 해체의 시대'라고 부른다. 그러나 신화의 생명력이 완전히 소멸되지는 않았고, 또 그랬던 적이 한 번도 없었다. 신화적 사고는 무의식의 심층에서, 예술가나 시인의 정신 속에서, 또는 민중 집단의 의식 속에서 늘 생생하게 살아 작용하면서 인간의 삶을 온기 있고 풍요롭게 해주었다. 그래서 오늘날에도 많은 사람들이 여전히 '살아 있는 신화'의 힘을 느낀다.

찾아보기

【ㅎ】

하(夏) 44, 83, 118, 173

하기아 트리아다 104

하데스 87~88, 225

하라파 93

하의 역법 317

《한진춘추》 159

함지 315

해를 구하는 활 125

해석학 51

헤겔, G. W. F. 40, 181

헤라 23, 178

헤라클레스 101, 105, 120, 122, 300

헤로도토스 120, 174

헤르메스 224~225

헤브라이즘 262

헤시오도스 84, 308

헤카톤케이레 176

헤파이스토스 23, 255

헥토르 113

헬레니즘 262

헬리오스 254

호루스 167, 296

호메로스 23, 113~114

호오라이 256

호일, 프레드 108

호텐토트족 238

혼돈 176

화(和) 46

화공술 160

환웅 24, 311~312

《황금가지》 28

황도 12궁 258

황소 살해 107

《회남자》 172

후냐디 116, 128

후문이 312~314, 318

후와와 103

훔바바 → 후와와

흄, 데이비드 41

홍수 120

희(羲) 46

희화 46

신화, 신들의 역사 인간의 이미지

초판 1쇄 펴낸날 | 2004년 11월 30일
초판 2쇄 펴낸날 | 2017년 3월 25일

지은이 | 김현자
펴낸이 | 김현태
펴낸곳 | 책세상

주소 | 서울시 종로구 경희궁길 33 내자빌딩 3층(03176)
전화 | 02-704-1251
팩스 | 02-719-1258
이메일 | bkworld11@gmail.com
홈페이지 | www.bkworld.co.kr
등록 1975. 5. 21 제1-517호

ISBN 978-89-7013-477-2 03210